何以卓越

浙江省第 12 批特级教师发展研究

张寿松　著

浙江工商大学出版社 | 杭州
ZHEJIANG GONGSHANG UNIVERSITY PRESS

图书在版编目（CIP）数据

何以卓越：浙江省第 12 批特级教师发展研究 / 张寿
松著 . — 杭州：浙江工商大学出版社 , 2022.12
　ISBN 978-7-5178-5206-3

　Ⅰ . ①何… Ⅱ . ①张… Ⅲ . ①师资培养－研究
Ⅳ . ① G451.2

中国版本图书馆 CIP 数据核字（2022）第 219416 号

何以卓越：浙江省第 12 批特级教师发展研究

HEYI ZHUOYUE: ZHEJIANGSHENG DI 12 PI TEJI JIAOSHI FAZHAN YANJIU

张寿松　著

出 品 人	鲍观明
策划编辑	郑　建
责任编辑	黄拉拉
责任校对	林莉燕　徐　凌
封面设计	浙信文化
责任印制	包建辉
出版发行	浙江工商大学出版社
	（杭州市教工路 198 号　邮政编码 310012）
	（E-mail：zjgsupress@163.com）
	电话：0571-88904980，88831806（传真）
排　　版	杭州浙信文化传播有限公司
印　　刷	浙江全能工艺美术印刷有限公司
开　　本	710mm×1000mm　1/16
印　　张	24.25
字　　数	367 千
版 印 次	2022 年 12 月第 1 版　2022 年 12 月第 1 次印刷
书　　号	ISBN 978-7-5178-5206-3
定　　价	80.00 元

前　言

从 2018 年至今，有 3 年多时间了。这个研究是在《特级教师发展研究》（浙大出版社 2014 年版）基础上的深入，也是浙江省哲社规划课题《卓越教师的品质特征与成长要素研究》（16NDJC269YB）的后续研究成果之一，耗费了我们很多精力，当然我们也从中获得了收获，感受到了愉悦。喧嚣时代，已经很难较长时间地沉浸在某一领域，何况这还是一个很枯燥、很费劲的事情，谢天谢地，幸好我们坚持下来了。

这个研究是基于统计数据的研究，运用自编问卷量表进行调查，主要选择封闭式题型。封闭式试题按李克特五点量表题和选择题加以设计，每个维度根据实际情况均有相应的题目与之对应。我们回收问卷并将问卷题目编码数量化，利用 SPSS 22.0 软件包对数万个原始数据进行统计分析。

有什么样的数据，就说什么样的话，本书不主张在数据之外的推演。其实若能静下心来读几页，或许便会从中感受到一些有意思或不乏启发的内容。

本书研究了浙江省第 12 批 187 位特级教师的个性特质、身心状况、生存状态、职业认知、职业认同、职业倦怠、职业幸福、成长经历、成长原因、现实愿景等 10 个方面的近百个问题。比如，就职业认同这个问题，不同类型特级教师（不同性别、年龄、学段、学科、性格、职别）在具体项目上所呈现的状况是不一样的，并且是很有趣的。如在"喜欢学生、喜欢孩子"这一问题上，不同学段的特级教师所体现出来的比例差异就很大：幼儿园特级教师为 91.7%，小学特级教师为 68.4%，初中特级教师为 54.0%，普高特级教师为 59.1%，职高特级教师为 41.7%，可见幼儿特级教师才是 5 个学段特级教师中最"喜欢学生喜欢孩子"的。

再比如，特级教师发展过程中的成长关键期、关键人物、关键事件、关键物件、外因、内因、职业倦怠、幸福指数、具体希望等，皆呈现出因类因别而有所不同，发人深省。

又比如，特级教师最想做的事是什么呢？研究呈现，主要集中在"某一领域的专家""成立工作室带徒授业""继续教书育人，没有什么想做的事情""著书立说立功立言""创办一所理想的学校"这几个方面。如若再具体到不同类型的特级教师，则同样呈现出较大的不同。

数据背后有料、有趣，期盼能得到有缘同道的感应批评和指导。

感谢学校和学院的全方位支持，感谢浙江工商大学出版社郑建先生的加持指导，感谢卓越教师发展研究所的诸位同仁，感谢容容斋这个温暖大家庭的每一位成员，特别感谢各位特级教师的热情支持，特别感谢郑子颖、章鲍思琦、姚佳盈、孔璇璇、倪晓红、李晓岩、董臻、周唯、钱卓辉、刘佩云、贺琳佳等同学 / 老师为此研究开展的卓有成效的工作。

虽然经过多次修改完善，但问题肯定在所难免。恳请专家、读者批评、指导。

值此出版之际，写下前言，是为铭记，唯有感怀。

张寿松

浙江外国语学院教授

卓越教师发展研究所所长

岁壬寅荷月时 2022 年 7 月于杭州西溪容容斋

目录
CONTENTS

绪　论

特级教师是卓越教师的代表，是师德的表率、育人的模范、教学的专家、科研的能手，是优秀教师中的佼佼者。研究特级教师的自身成长、专业发展、所思所想、愿景目标，对教师专业发展和教师管理会有一定的借鉴意义。本论著对浙江省第 12 批特级教师的身心状况、职业认知、职业认同、现实愿景等内容进行了较全面的研究。

一、研究目的

本研究以特级教师为样本，探究特级教师的个性特质、身心状况、职业发展、憧憬与期盼等 10 个方面的问题，旨在揭示特级教师的成长密码，试图为教师专业发展与教师管理提供借鉴。

二、研究对象

浙江省约有 57 万名中小学（含幼儿园、中职）教师，其中：幼儿园教师有 12.5 万人，小学教师有 20.51 万人，初中教师有 12.47 万人，普通高中教师有 6.96 万人，中职教师（含职业高中、普通中等专业学校、成人中等专业学校和技工学校）有 4.27 万人。①2018 年评出的 248 名特级教师中，从事高中教育、职业教育工作的特级教师有 95 名，从事初中教育、小学教育、幼儿教育、特殊教育工作的特级教师有 153 名。

本研究以浙江省第 12 批的 248 名特级教师为样本，发放问卷 224 份，回收有效问卷 187 份。具体见表 0-1 和图 0-1。

表 0-1　调查取样表

性别	幼儿园	小学	初中	普高	职高	合计
男/人	0	33	29	32	16	110
女/人	12	24	21	12	8	77
合计/人	12	57	50	44	24	187
占比/%	6.4	30.5	26.7	23.5	12.8	100.0

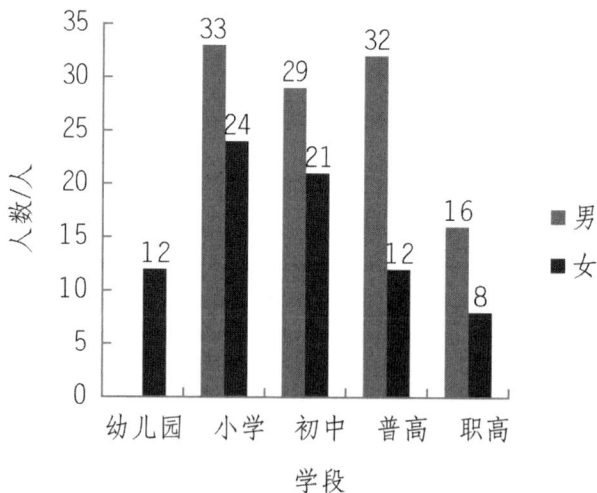

图 0-1　调查取样图

---

① 《2017 年浙江教育事业发展统计公报》，浙江省教育厅编辑，2018 年 4 月。

三、研究方法

采用自编问卷进行调查。问卷分导语（说明）和主体两部分，其中，主体部分涉及 10 个维度，经 2 轮预测后，确定 54 道试题。试题主要选择封闭式类型，封闭式试题按李克特五点量表题和选择题设计，其中：五点量表题 27 道，选择题 27 题。根据实际情况均有题目与每个维度对应，并将问卷题目编码数量化，利用 SPSS 22.0 软件包进行统计分析。

四、研究内容

本研究围绕特级教师的个性特质、身心状况、生存状态、职业认知、职业认同、职业倦怠感、职业幸福、成长经历、成长原因、现实愿景等 10 个方面展开。

五、研究样本的具体情况

1. 总体样本各学段人数分布

总体样本在各学段的分布为幼儿园 12 人、小学 57 人、初中 50 人、普高 44 人、职高 24 人。具体见表 0-2 和图 0-2。

表 0-2　特级教师各学段分布

所属学段	人数/人	占比[①]/%
幼儿园	12	6.4
小学	57	30.5
初中	50	26.7

---

① 该列各数字因只取小数点后一位，故各项之和为 99.9%，不正好等于 100%，此处均按四舍五入处理为 100%，特此说明。后文中类似情况不再一一说明。

续　表

所属学段	人数/人	占比[①]/%
普高	44	23.5
职高	24	12.8
合计	187	100

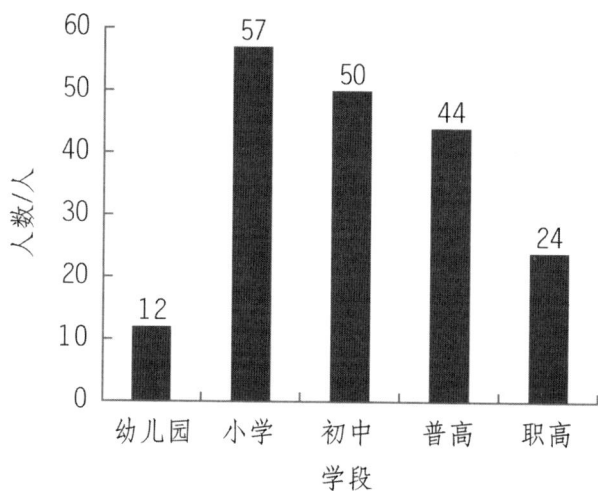

图 0-2　特级教师各学段分布

2. 总体样本的性别分布

关于总体样本的性别状况，男性特级教师为 110 人，女性特级教师为 77 人。具体见表 0-3 和图 0-3。

表 0-3　特级教师的性别分布

性别	人数/人	占比/%
男	110	58.8
女	77	41.2
合计	187	100

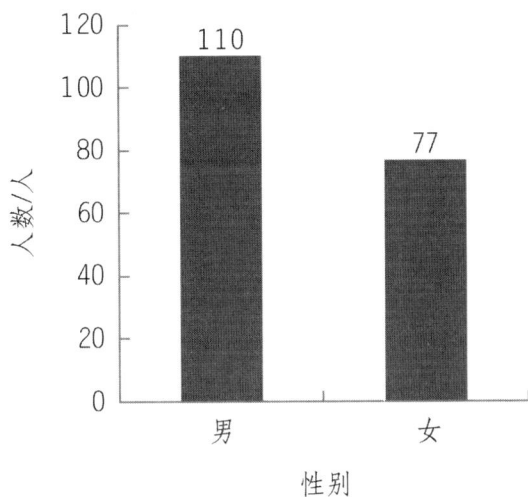

图 0-3　特级教师的性别分布

3. 总体样本的年龄段分布

总体样本的年龄段分布状况为：40 岁及以下有 15 人，41—45 岁有 90 人，46—50 岁有 68 人，51 岁及以上有 14 人。具体见表 0-4 和图 0-4。

表 0-4　不同性别特级教师的年龄分布

年龄段	男/人	女/人	合计/人	占比/%
≤40 岁	11	4	15	8.0
41—45 岁	50	40	90	48.1
46—50 岁	39	29	68	36.4
≥51 岁	10	4	14	7.5

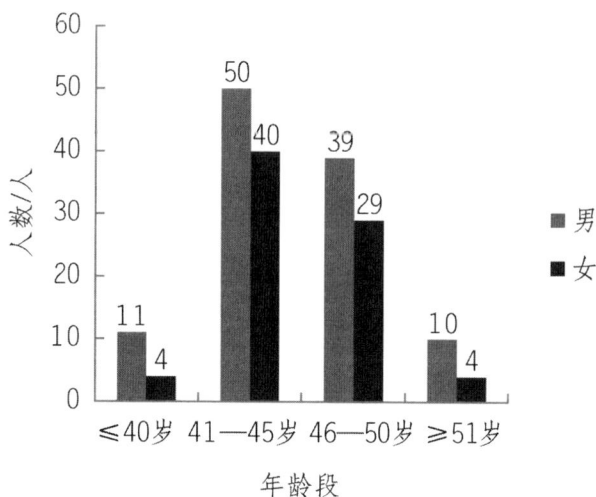

图 0-4　不同性别特级教师的年龄段分布

4. 总体样本的教龄分布

（1）不同性别教龄平均值

总体样本的教龄平均值为 25.0 年，其中：男性特级教师的教龄平均值为 24.8 年，女性特级教师的教龄平均值为 25.4 年。具体见表 0-5 和图 0-5。

表 0-5　不同性别特级教师的教龄平均值 [①]

性别	人数/人	平均教龄/年
男	108	24.8
女	71	25.4

---

① 本表格中合计总数为 179，样本总数为 187，是因为其中有 8 份问卷漏选，但问卷的其他部分是有效的，故统计在内。在本书的相关数据中，有时统计数会小于该项的总数，也是由于有对象在该项上漏选，特此说明。

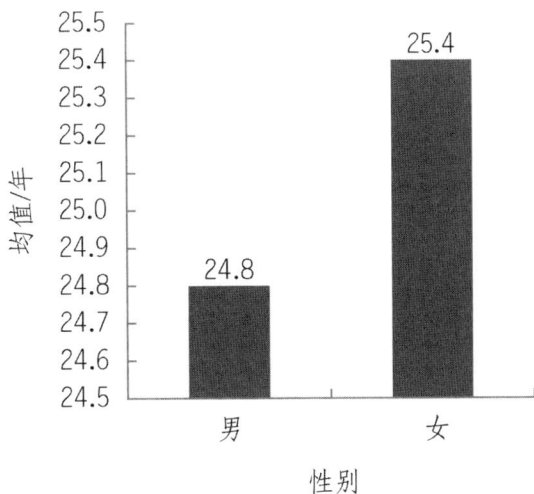

图 0-5 不同性别特级教师的教龄平均值

（2）不同学段特级教师的教龄平均值

总体样本的教龄平均值为 25.0 年，其中：幼儿园特级教师的教龄平均值为 28.3 年，小学特级教师的教龄平均值为 24.9 年，初中特级教师的教龄平均值为 24.5 年，普高特级教师的教龄平均值为 25.3 年，职高特级教师的教龄平均值为 24.3 年。具体见表 0-6 和图 0-6。

表 0-6 不同学段特级教师的教龄平均值[①]

所属学段	人数/人	平均教龄/年
幼儿园	12	28.3
小学	54	24.9
初中	48	24.5
普高	41	25.3
职高	24	24.3
合计	179	25.0

① 样本总数为 187，但在本表中的总数为 179，是因为有 8 位特级教师在教龄年限这一选项上漏选，特此说明。

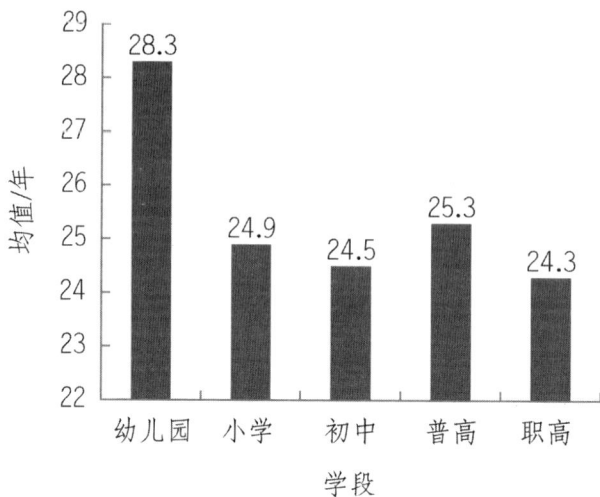

图 0-6　不同学段特级教师的教龄平均值

5. 总体样本的班主任年限分布

（1）不同性别特级教师的班主任年限平均值

总体样本的班主任年限平均值为 10.9 年，其中：男性特级教师的班主任年限平均值为 10.8 年，女性特级教师的班主任年限平均值为 11.2 年。具体见表 0-7 和图 0-7。

表 0-7　不同性别特级教师的班主任年限平均值[①]

性别	人数/人	班主任年限平均值/年
男	107	10.8
女	70	11.2

---

① 样本总数为 187，但在本表中的总数为 177，是因为有 10 位特级教师在班主任年限这一选项上漏选，特此说明。

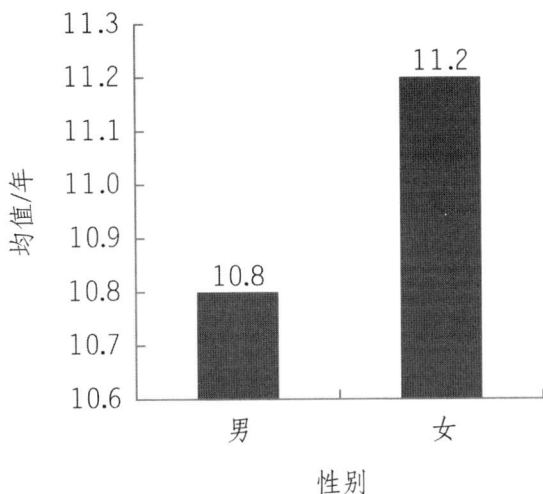

图 0-7   不同性别特级教师的班主任年限平均值

（2）不同学段特级教师的班主任年限平均值

总体样本的班主任年限平均值为 10.9 年，其中：幼儿园特级教师的班主任年限平均值为 13.3 年，小学特级教师的班主任年限平均值为 9.0 年，初中特级教师的班主任年限平均值为 11.8 年，普高特级教师的班主任年限平均值为 12.6 年，职高特级教师的班主任年限平均值为 9.6 年。具体见表 0-8 和图 0-8。

表 0-8   不同学段特级教师的班主任年限平均值 [1]

所属学段	人数/人	班主任年限平均值/年
幼儿园	12	13.3
小学	53	9.0
初中	48	11.8
普高	40	12.6

---

[1]   样本总数为 187，但在本表中的总数为 177，是因为有 10 名特级教师在班主任年限这一选项上漏选。

续 表

所属学段	人数/人	班主任年限平均值/年
职高	24	9.6
合计	177	10.9

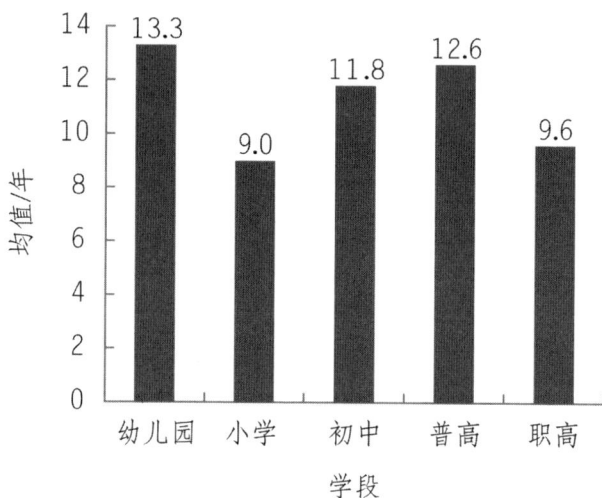

图 0-8 不同学段特级教师的班主任年限平均值

6. 总体样本的职称分布

总体样本的职称状况为：中高 162 人，正高 25 人。具体见表 0-9 和图 0-9。

表 0-9 特级教师的职称分布

职称类型	人数/人	占比/%
中高	162	86.6
正高	25	13.4
合计	187	100

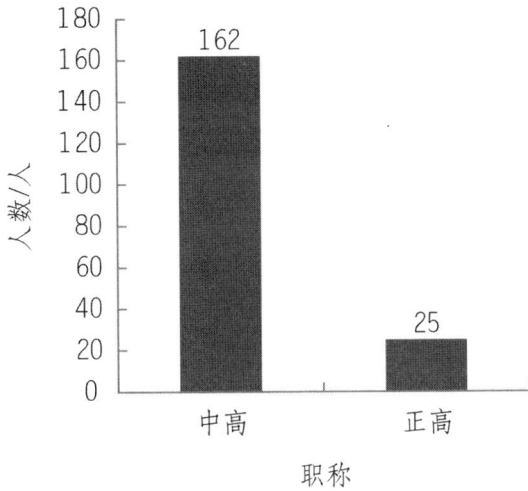

图 0-9　特级教师的职称分布

7. 总体样本的学历分布

总体样本的学历状况为：专科 2 人，本科 156 人，研究生 26 人。具体见表 0-10 和图 0-10。

表 0-10　不同性别特级教师的学历分布 [①]

学历/人数	男/人	女/人	合计/人	占比/%
专科	2	0	2	1.1
本科	89	67	156	84.8
研究生	18	8	26	14.1
合计	109	75	184	100

---

① 　样本总数为 187，但在本表中的总数为 184，是因为有 3 名特级教师在学历这一选项上漏选，特此说明。

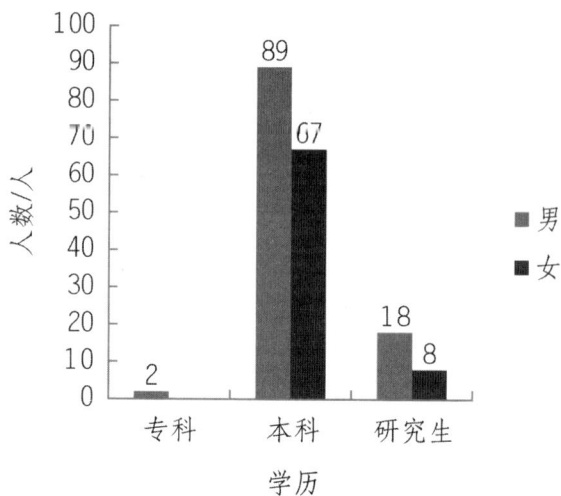

图 0-10　不同性别特级教师的学历分布

8. 总体样本的服务机构分布

总体样本的服务机构（工作单位）分布为：教育教研部门 19 人，各类学校 168 人。具体见表 0-11 和图 0-11。

表 0-11　总体样本的服务机构分布

所属部门	人数/人	占比/%
教育教研部门	19	10.2
各类学校	168	89.8
合计	187	100

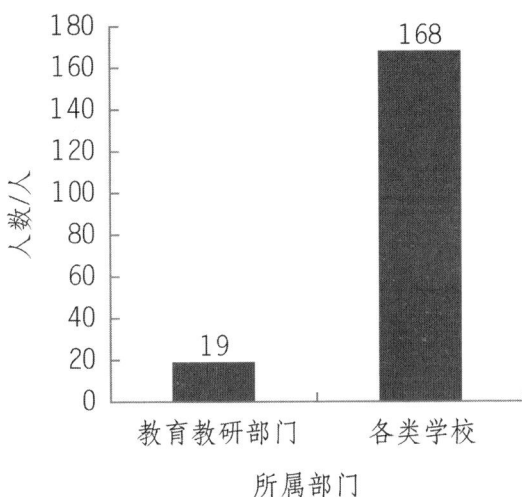

图 0-11　总体样本的服务机构分布

9. 总体样本的任教学科分布

总体样本的任教学科分布为：文科 65 人，理（工）科 82 人，艺体及其他学科 31 人。具体见表 0-12 和图 0-12。

表 0-12　特级教师的任教学科分布[①]

任教学科	男/人	女/人	合计/人	占比/%
文科	34	31	65	36.5
理（工）科	61	21	82	46.1
艺体及其他	13	18	31	17.4
合计	108	70	178	100

---

① 　样本总数为 187，但在本表中的总数为 178，是因为有 9 名特级教师在任教学科这一选项上漏选，特此说明。

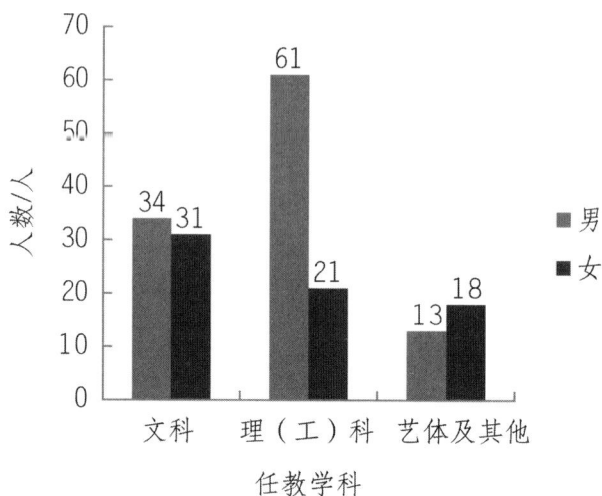

图 0-12　特级教师的任教学科分布

10. 总体样本的首次工作学校分布

总体样本的首次工作学校分布为：特级教师首次工作学校为村校、乡镇校的有 103 人，特级教师首次工作学校为县、市城区校的有 78 人。具体见表 0-13 和图 0-13。

表 0-13　特级教师的首次工作学校分布 [①]

学校类型	人数/人	占比/%
村校、乡镇校	103	56.9
县、市城区校	78	43.1
合计	181	100

① 样本总数为 187，但在本表中的总数为 181，是因为有 6 名特级教师在学校类型这一选项上漏选，特此说明。

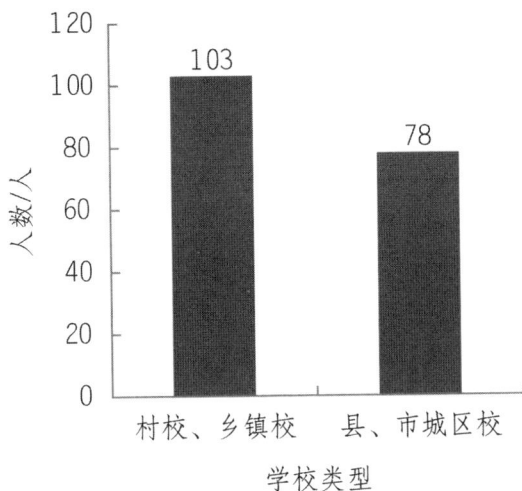

图 0-13　特级教师的首次工作学校分布

11. 总体样本的第一学历（参加工作时学历）分布

总体样本的第一学历（参加工作时学历）分布为：高中／中师学历的有 65 人，大专学历的有 73 人，本科学历的有 48 人，研究生学历的有 0 人。具体见表 0-14 和图 0-14。

表 0-14　特级教师的第一学历（参加工作时学历）分布[①]

第一学历	人数/人	占比/%
高中/中师	65	34.9
大专	73	39.2
本科	48	25.8
研究生	0	0
合计	186	100

---

① 样本总数为 187，但在本表中的总数为 186，是因为有 1 名特级教师在学历这一选项上漏选，特此说明。

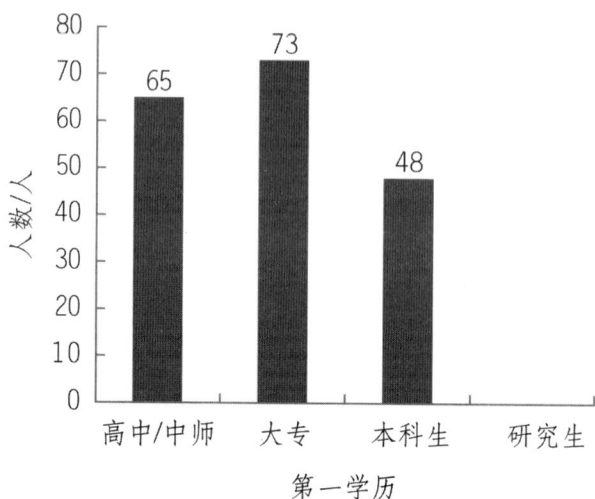

图 0-14 特级教师的第一学历（参加工作时学历）分布

12. 总体样本的第一学历专业分布

总体样本的第一学历专业分布为：师范类专业 170 人，非师范类专业 12 人。具体见表 0-15 和图 0-15。

表 0-15 特级教师的第一学历专业分布 [1]

第一学历专业	人数/人	占比/%
师范类专业	170	93.4
非师范类专业	12	6.6
合计	182	100

[1] 样本总数为 187，但在本表中的总数为 182，是因为有 5 名特级教师在专业分布这一选项上漏选，特此说明。

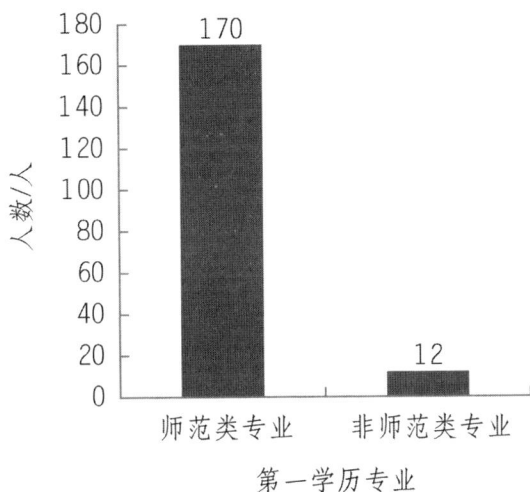

图 0-15 特级教师的第一学历专业分布

13. 总体样本的职位（单位领导 / 普通教师）分布

总体样本的职位分布为：担任单位领导职务的有 79 人，仅是普通教师的有 101 人。具体见表 0-16 和图 0-16。

表 0-16 总体样本的职位（单位领导 / 普通教师）分布[①]

职位	人数/人	占比/%
单位领导	79	43.9
普通教师	101	56.1
合计	180	100

① 样本总数为 187，但在本表中的总数为 180，是因为有 7 名特级教师在职位这一选项上漏选，特此说明。

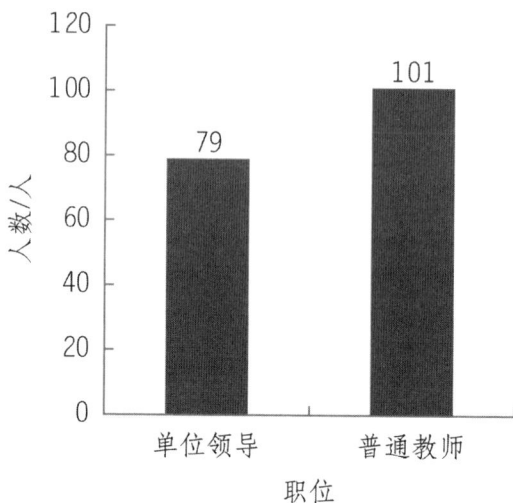

图 0-16　总体样本的职位（单位领导／普通教师）分布

14. 总体样本的所属地区分布

总体样本的所属地区分布为：杭州 39 人，宁波 28 人，温州 26 人，嘉兴 13 人，湖州 9 人，绍兴 13 人，金华 16 人，台州 20 人，丽水 5 人，衢州 11 人，舟山 1 人。具体见表 0-17 和图 0-17。

表 0-17　总体样本的所属地区分布 [①]

所属地区	人数/人	占比/%
杭州	39	21.5
宁波	28	15.5
温州	26	14.4
嘉兴	13	7.2

---

① 样本总数为 187，但在本表中的总数为 181，是因为有 6 名特级教师在所属区域这一选项上漏选，特此说明。

所属地区	人数/人	占比/%
湖州	9	4.9
绍兴	13	7.2
金华	16	8.8
台州	20	11.0
丽水	5	2.8
衢州	11	6.1
舟山	1	0.6
合计	181	100

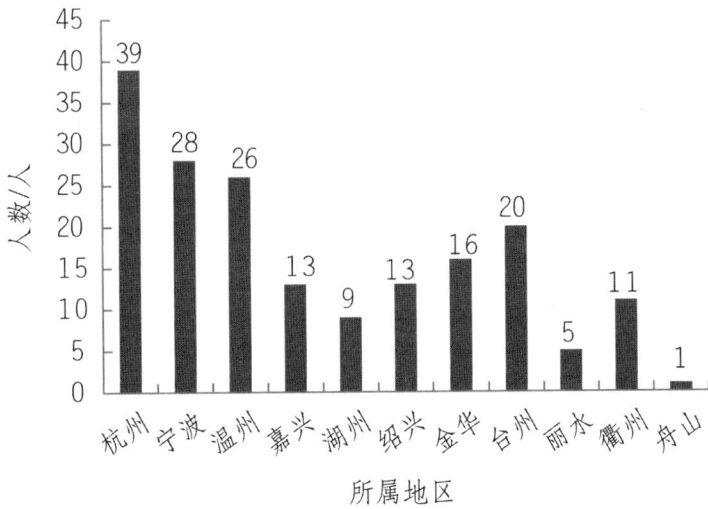

图 0-17　总体样本的所属地区分布

第一章　个性特质

这一章我们将讨论不同类型特级教师的性格、气质、做事风格、兴趣爱好等4个方面的问题。

第一节　性格与气质

一、性格倾向

本维度只有一道题目，采用单选题形式进行设计，题目为"您觉得自己属于哪一类型的人"，一共有3个选项，试图探究研究对象的性格趋向。

（一）不同性别特级教师的性格

由表1-1和图1-1可知，从总体样本来看，3种性格趋向差异明显，内向沉稳的占比为36.4%，外向开朗的占比为21.9%，处于两者之间的占比为41.7%。

相比较而言，在"内向沉稳"选项上，体现出了明显的性别差异：49.1%的男性特级教师的性格是内向沉稳的，而女性特级教师的性格是内向沉稳的仅有18.2%，前者高出后者将近31个百分比。在"外向开朗"和"两者之间"这2个选项上，女性特级教师的比例均高于男性特级教师13个百分比以上。这反映出男性特级教师的性格相对于女性特级教师而言较内向沉稳，女性特级教师的性格相对于男性特级教师而言较外向开朗。

表 1-1　不同性别特级教师的性格比较

性格	男		女		合计	
	N/人	占比/%	N/人	占比/%	N/人	占比/%
外向开朗	16	14.5	25	32.5	41	21.9
内向沉稳	54	49.1	14	18.2	68	36.4
两者之间	40	36.4	38	49.4	78	41.7
合计	110	100.0	77	100.0	187	100.0

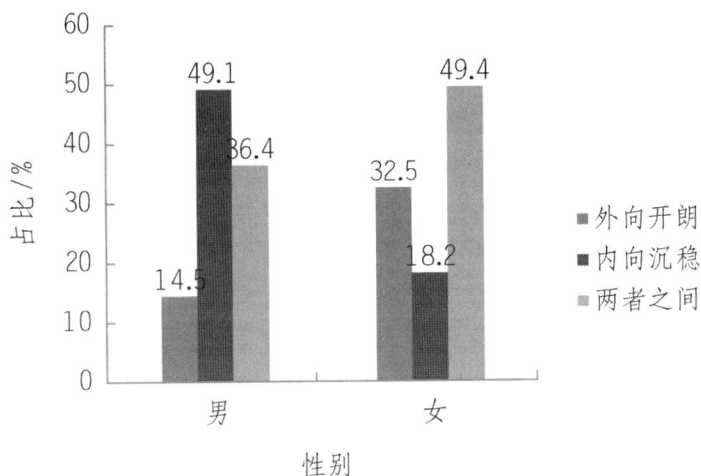

图 1-1　不同性别特级教师的性格比较

（二）不同年龄段特级教师的性格

由表 1-2 和图 1-2 可知，从总体样本来看，不管是 45 岁及以下的特级教师还是 46 岁及以上的特级教师，在性格具体项目上的比例从高到低依次都为"两者之间""内向沉稳""外向开朗"。

从不同年龄段比较来看，特级教师的性格在具体项目上差异不大，具体而言，有 41.7% 的特级教师的性格处于外向开朗和内向沉稳之间，有 36.4% 的特级教师的性格是内向沉稳的，有 21.9% 特级教师的性格是外向开朗的，且这 2 个年龄段在 3 个选项的比例上与总样本之间最高只有 1.2% 的差异，这反映出不同年龄段特级教师在性格特点分布上比较均匀。

表 1-2　不同年龄段特级教师的性格比较

性格	≤ 45 岁		≥ 46 岁		合计	
	N/人	占比/%	N/人	占比/%	N/人	占比/%
外向开朗	24	22.9	17	20.7	41	21.9
内向沉稳	38	36.2	30	36.6	68	36.4
两者之间	43	41.0	35	42.7	78	41.7
合计	105	100.0	82	100.0	187	100.0

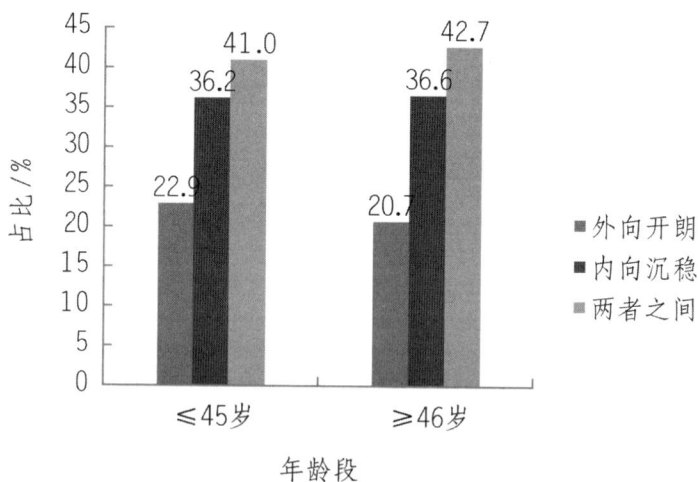

图 1-2　不同年龄段特级教师的性格比较

（三）不同学段特级教师的性格

由表 1-3 和图 1-3 可知，从总体样本来看，不同学段特级教师的性格在具体项目上呈现一定差异，且不同学段特级教师的性格处于两者之间的比例相对较高。

　　从不同学段比较来看，幼儿园特级教师的性格处于两者之间的比例最高，为75.0%，而且没有幼儿园特级教师认为自己的性格是内向沉稳的，反映出幼儿园特级教师的性格较开朗；小学特级教师的性格是内向沉稳的和处于两者之间的比例均为40.4%，有19.3%的性格是外向开朗的，前两者均高出后者21个百分比，反映出小学特级教师的性格偏向内向沉稳；初中特级教师的性格处于两者之间的比例（46.0%）最高，有38.0%的性格是内向沉稳的，性格是外向开朗的比例（16.0%）在全学段中最低，反映出初中特级教师的性格在全学段中最为内向沉稳；普高特级教师的性格是内向沉稳的占38.6%，有31.8%的性格处于两者之间，性格是外向开朗的比例（29.5%）在全学段中最高，反映出普高特级教师的性格最为多样；职高特级教师的性格是内向沉稳的和处于两者之间的比例均为37.5%，有25.0%的性格是外向开朗的，前两者均高出后者12.5个百分比，反映出职高特级教师的性格偏向于外向开朗和内向沉稳两者之间。

表1-3　不同学段特级教师的性格比较

性格	幼儿园		小学		初中		普高		职高		合计	
	N/人	占比/%	N/人	占比/%	N/人	占比/%	N/人	占比/%	N/人	占比/%	N/人	占比/%
外向开朗	3	25.0	11	19.3	8	16.0	13	29.5	6	25.0	41	21.9
内向沉稳	0	0.0	23	40.4	19	38.0	17	38.6	9	37.5	68	36.4
两者之间	9	75.0	23	40.4	23	46.0	14	31.8	9	37.5	78	41.7
合计	12	100.0	57	100.0	50	100.0	44	100.0	24	100.0	187	100.0

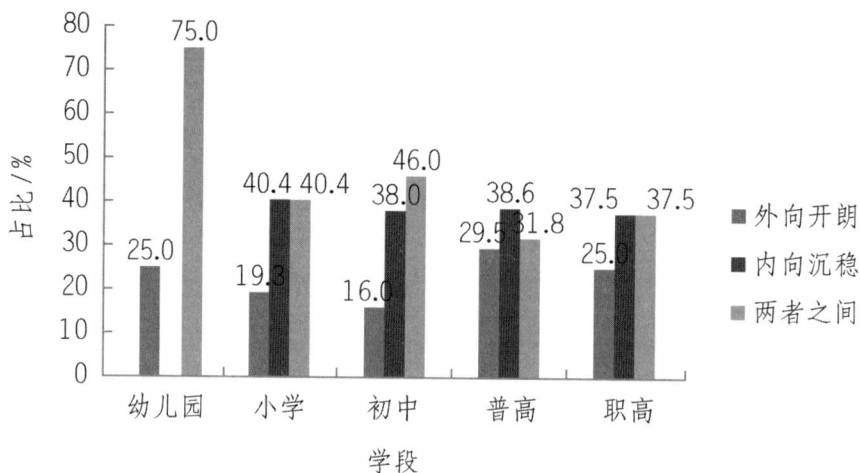

图 1-3　不同学段特级教师的性格比较

（四）不同任教学科特级教师的性格

由表 1-4 和图 1-4 可知，从总体样本来看，不管是文科特级教师、理（工）科特级教师还是艺体及其他学科特级教师，在性格具体项目上的比例从高到低依次都为"两者之间""内向沉稳""外向开朗"。

从特级教师任教的不同学科比较来看，文科特级教师的性格处于两者之间的占 36.9%，有 35.4% 的性格是内向沉稳的，性格是外向开朗的比例（27.7%）在全学科中最高，反映出文科特级教师的性格最为多样；理（工）科特级教师的性格处于两者之间的比例（43.9%）最高，性格是内向沉稳的比例（40.2%）仅低于前者 3.7 个百分比，性格是外向开朗的比例（15.9%）最低，反映出理（工）科特级教师的性格偏向于内向沉稳；艺体及其他学科特级教师的性格处于两者之间的比例（51.6%）在全学科中最高，性格分别是内向沉稳和外向开朗的比例均在全学科中较低，分别为 32.2% 和 16.1%，反映出艺体及其他学科特级教师的性格偏向于外向开朗和内向沉稳之间。

表1-4 不同任教学科特级教师的性格比较 [1]

性格	文科		理（工）科		艺体及其他		合计	
	N/人	占比/%	N/人	占比/%	N/人	占比/%	N/人	占比/%
外向开朗	18	27.7	13	15.9	5	16.1	36	20.2
内向沉稳	23	35.4	33	40.2	10	32.2	66	37.1
两者之间	24	36.9	36	43.9	16	51.6	76	42.7
合计	65	100.0	82	100.0	31	100.0	178	100.0

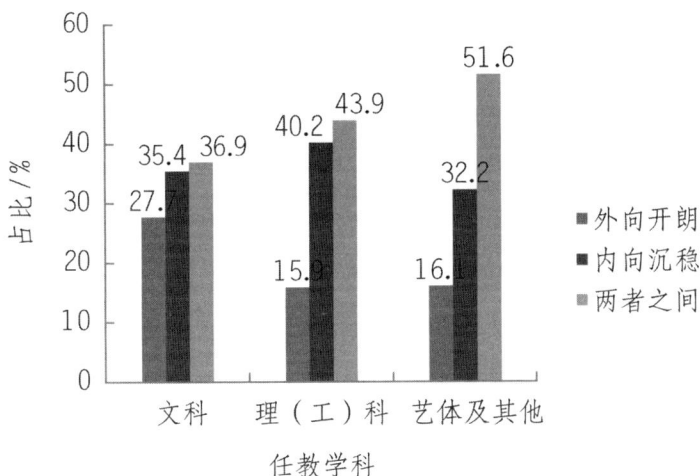

图1-4 不同任教学科特级教师的性格比较

（五）不同职别特级教师的性格

由表1-5和图1-5可知，从总体样本来看，不管是职别为单位领导的特级教师还是仅为普通教师的特级教师，在性格具体项目上的比例从高到低依次都为"两者之间""内向沉稳""外向开朗"。

---

[1] 本表格中合计总数为178，样本总数为187，是因为其中有9份问卷漏选，但问卷的其他部分是有效的，故统计在内。在本书的相关数据中，有时统计数会小于该项的总数，也是由有对象在该项上漏选导致的，特此说明。

从不同职别的比较来看，职别为单位领导的特级教师的性格处于两者之间的比例（40.5%）最高，性格是内向沉稳的比例（39.2%）仅低于前者 1.3 个百分比，性格是外向开朗的比例（20.3%）最低；仅为普通教师的特级教师的性格处于两者之间的比例（43.6%）最高，性格是内向沉稳的比例（33.7%）低于前者将近 10 个百分比，性格是外向开朗的比例（22.8%）低于性格是内向沉稳的 10 个百分比左右。这反映出职别为单位领导的特级教师的性格相对于仅为普通教师的特级教师而言较内向沉稳。

表 1-5　不同职别特级教师的性格比较

性格	单位领导		普通教师		合计	
	N/人	占比/%	N/人	占比/%	N/人	占比/%
外向开朗	16	20.3	23	22.8	39	21.7
内向沉稳	31	39.2	34	33.7	65	36.1
两者之间	32	40.5	44	43.6	76	42.2
合计	79	100.0	101	100.0	180	100.0

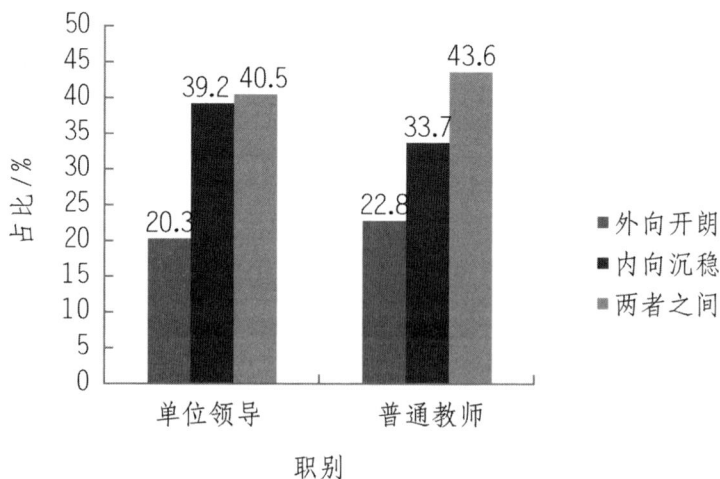

图 1-5　不同职别特级教师的性格

二、气质类型

本维度只有一道题目，采用单选题形式进行设计，题目为"您觉得自己更偏向于下列哪种气质类型"，一共有 4 个选项，试图探究研究对象的气质类型。

（一）不同性别特级教师的气质类型

由表 1-6 和图 1-6 可知，从总体样本来看，不管是男性特级教师还是女性特级教师，在气质类型具体项目上的比例从高到低依次均为"多血质""黏液质""胆汁质""抑郁质"。

从不同性别的比较来看，气质类型在具体项目上呈现一定差异，36.9% 的男性特级教师的气质类型是多血质，52.7% 的女性特级教师的气质类型是多血质，前者低于后者近 16 个百分比，反映出女性特级教师气质类型是多血质的比例远大于男性特级教师；男性特级教师的气质类型是抑郁质的有 13.6%，而女性特级教师的气质类型是抑郁质的仅有 5.4%，前者高出后者 8 个百分比左右，反映出男性特级教师气质类型是抑郁质的比例高于女性特级教师。

表 1-6　不同性别特级教师的气质类型比较

气质类型	男		女		合计	
	N/人	占比/%	N/人	占比/%	N/人	占比/%
抑郁质	14	13.6	4	5.4	18	10.2
黏液质	34	33.0	19	25.7	53	29.9
多血质	38	36.9	39	52.7	77	43.5
胆汁质	17	16.5	12	16.2	29	16.4
合计	103	100.0	74	100.0	177	100.0

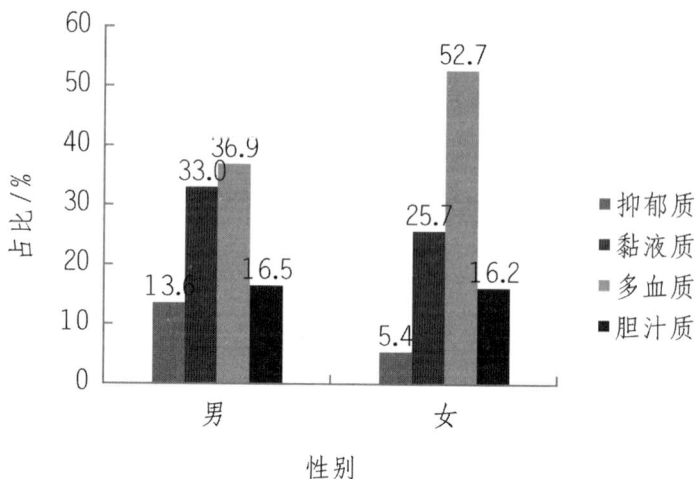

图 1-6 不同性别特级教师的气质类型比较

（二）不同年龄段特级教师的气质类型

由表 1-7 和图 1-7 可知，从总体样本来看，不管是 45 岁及以下特级教师还是 46 岁及以上特级教师，在气质类型具体项目上的比例从高到低依次均为"多血质""黏液质""胆汁质""抑郁质"。

从不同年龄段的比较来看，气质类型在具体项目上差异不大。45 岁及以下特级教师的气质类型是多血质的占 44.1%，46 岁及以上特级教师占 42.7%，在多血质选项上，不同年龄段特级教师的差异不大；45 岁及以下特级教师的气质类型是抑郁质、黏液质的比例均稍高于 46 岁及以上特级教师，分别高出 3.8 和 3.4 个百分比。

在"胆汁质"选项上，体现出了明显的年龄差异，12.7% 的 45 岁及以下特级教师的气质类型是胆汁质；21.3% 的 46 岁及以上特级教师的气质类型是胆汁质，后者高出前者 8.6 个百分比。

表1-7 不同年龄段特级教师的气质类型比较

气质类型	≤45岁		≥46岁		合计	
	N/人	占比/%	N/人	占比/%	N/人	占比/%
抑郁质	12	11.8	6	8.0	18	10.2
黏液质	32	31.4	21	28.0	53	29.9
多血质	45	44.1	32	42.7	77	43.5
胆汁质	13	12.7	16	21.3	29	16.4
合计	102	100.0	75	100.0	177	100.0

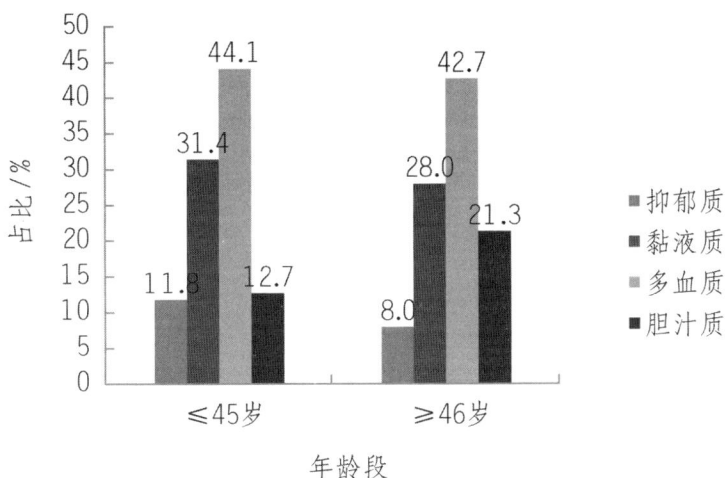

图1-7 不同年龄段特级教师的气质类型比较

（三）不同学段特级教师的气质类型

由表1-8和图1-8可知，从总体样本来看，不同学段特级教师的气质类型在具体项目上呈现一定差异，且不同学段特级教师的气质类型是多血质的比例相对较高。

从不同学段的比较来看,幼儿园特级教师的气质类型是多血质的比例(75.0%)最高,没有幼儿园特级教师认为自己的气质类型是抑郁质和胆汁质的,反映出幼儿园特级教师的气质类型偏向于多血质;小学特级教师的气质类型是黏液质和胆汁质的比例在全学段中最高,分别为37.0%和22.2%,气质类型是多血质的比例(33.3%)在全学段中最低;初中特级教师的气质类型是多血质的比例为34.8%,气质类型是胆汁质的比例为15.2%,两者相差近20个百分比,而抑郁质的气质类型比例(21.7)在全学段中最高,反映出初中特级教师的气质类型分布较均匀;普通高中特级教师的气质类型是多血质的占46.3%,有7.3%的气质类型是抑郁质;职业高中特级教师的气质类型是多血质的比例为62.5%,是抑郁质、黏液质、胆汁质的比例分别为4.2%、20.8%和12.5%,反映出职业高中特级教师的气质类型集中表现为多血质。

表1-8　不同学段特级教师的气质类型比较

气质类型	幼儿园		小学		初中		普高		职高		合计	
	N/人	占比/%	N/人	占比/%	N/人	占比/%	N/人	占比/%	N/人	占比/%	N/人	占比/%
抑郁质	0	0.0	4	7.4	10	21.7	3	7.3	1	4.2	18	10.2
黏液质	3	25.0	20	37.0	13	28.3	12	29.3	5	20.8	53	29.9
多血质	9	75.0	18	33.3	16	34.8	19	46.3	15	62.5	77	43.5
胆汁质	0	0.0	12	22.2	7	15.2	7	17.1	3	12.5	29	16.4
合计	12	100.0	54	100.0	46	100.0	41	100.0	24	100.0	177	100.0

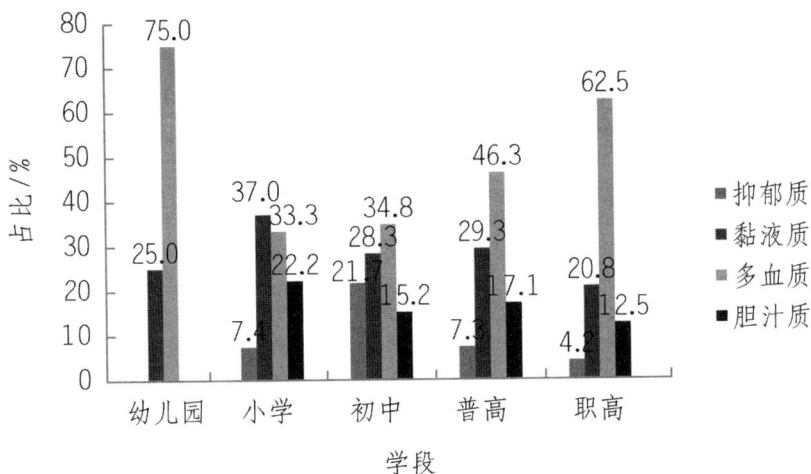

图 1-8 不同学段特级教师的气质类型比较

（四）不同任教学科特级教师的气质类型

由表 1-9 和图 1-9 可知，从总体样本来看，不管是文科特级教师、理（工）科特级教师还是艺体及其他学科特级教师，在气质类型具体项目上的比例从高到低依次均为"多血质""黏液质""胆汁质""抑郁质"。

从不同任教学科的比较来看，文科特级教师的气质类型是多血质的占 33.9%，稍高出黏液质 1.6 个百分比，气质类型是抑郁质和胆汁质的比例在全学科中最高，分别为 14.5% 和 19.4%，反映出文科特级教师的气质类型分布较均匀；理（工）科特级教师的气质类型是多血质的比例（42.9%）最高，其次是黏液质（32.5%），气质类型是抑郁质的比例（10.4%）最低；艺体及其他学科特级教师的气质类型是多血质的比例（58.6%）在全学科中最高，没有艺体及其他学科特级教师认为自己的气质类型是抑郁质，艺体及其他学科特级教师的气质类型是黏液质和胆汁质的比例均在全学科中最低，分别为 27.6% 和 13.8%，可见艺体及其他特级教师的气质类型更多地集中在多血质。

表 1-9　不同任教学科特级教师的气质类型比较

气质类型	文科		理（工）科		艺体及其他		合计	
	N/人	占比/%	N/人	占比/%	N/人	占比/%	N/人	占比/%
抑郁质	9	14.5	8	10.4	0	0.0	17	10.1
黏液质	20	32.3	25	32.5	8	27.6	53	31.5
多血质	21	33.9	33	42.9	17	58.6	71	42.3
胆汁质	12	19.4	11	14.3	4	13.8	27	16.1
合计	62	100.0	77	100.0	29	100.0	168	100.0

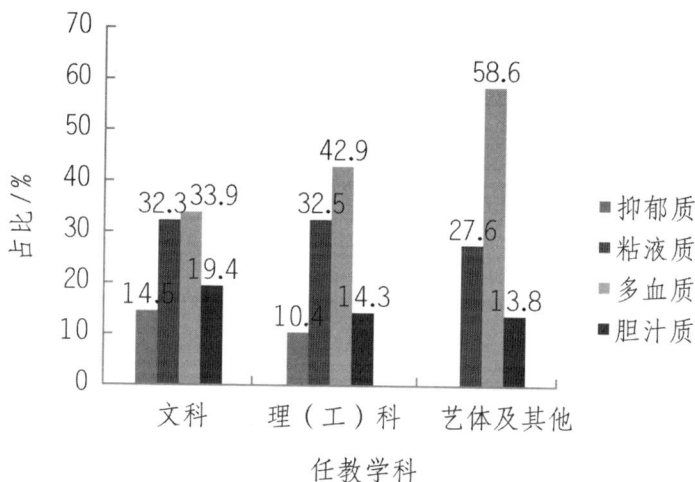

图 1-9　不同任教学科特级教师的气质类型比较

（五）不同职别特级教师的气质类型

由表 1-10 和图 1-10 可知，从总体样本来看，不管是职别为单位领导的特级教师还是仅为普通教师的特级教师，在气质类型具体项目上的比例从高到低依次均为"多血质""黏液质""胆汁质""抑郁质"。

从不同职别的比较来看，特级教师的气质类型是多血质的比例均最高，分别为 41.9% 和 44.8%；仅为普通教师的特级教师气质类型是多血质和抑郁质的比例均稍高于职别为单位领导的特级教师，分别高出 2.9 和 4.7 个百分比；在"胆汁质"选项上，职别为单位领导的特级教师的比例高于仅为普通教师的特级教师，前者高出后者 6.8 个百分比。

表 1-10　不同职别特级教师的气质类型比较

气质类型	单位领导		普通教师		合计	
	N/人	占比/%	N/人	占比/%	N/人	占比/%
抑郁质	5	6.8	11	11.5	16	9.4
黏液质	23	31.1	29	30.2	52	30.6
多血质	31	41.9	43	44.8	74	43.5
胆汁质	15	20.3	13	13.5	28	16.5
合计	74	100.0	96	100.0	170	100.0

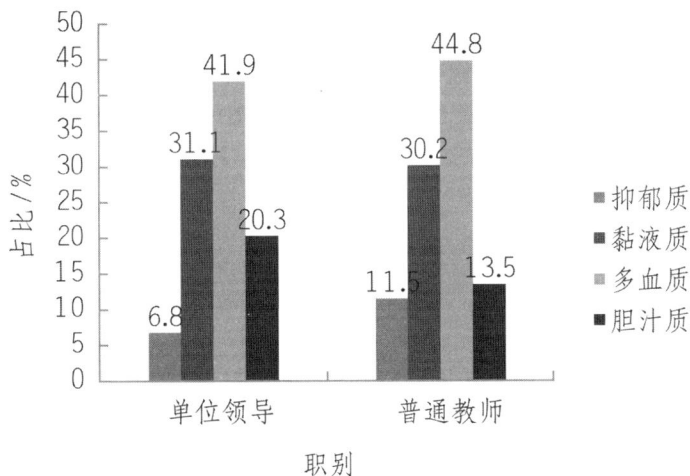

图 1-10　不同职别特级教师的气质类型比较

三、做事风格

本维度有 2 道题目，均采用五点量表题形式设计，题目为"我平时做事及时迅速而且总想尽善尽美"和"今天能做的事情一般不会拖到明天"。本小节将 2 道题视为一组，试图探究研究对象的做事风格。

（一）不同性别特级教师的做事风格

由表 1-11 和图 1-11 可知，不同性别特级教师在这一维度上的平均得分分别为 4.30 和 4.28，平均得分几乎一致，说明不同性别特级教师对自身做事风格状况的评价高度肯定，对"我平时做事及时迅速而且总想尽善尽美"和"今天能做的事情一般不会拖到明天"高度认同（最佳状况评价得分为 5 分）。独立样本 t 检验表明，不同性别特级教师在做事风格这一维度上的得分不存在显著差异。

表 1-11　不同性别特级教师的做事风格比较 [1]

性别	N/人	均值	标准差	t
男	109	4.30	0.590	0.241
女	76	4.28	0.629	

注：$p > 0.05$ [2]

---

[1]　表中的 N 指的是该项目类别中的具体人数。为表格和行文简洁，后文类似情况不再一一注释说明。

[2]　"$p > 0.05$"表示该检验结果在 5% 的水平上不显著，后文类似情况不再一一注释说明。

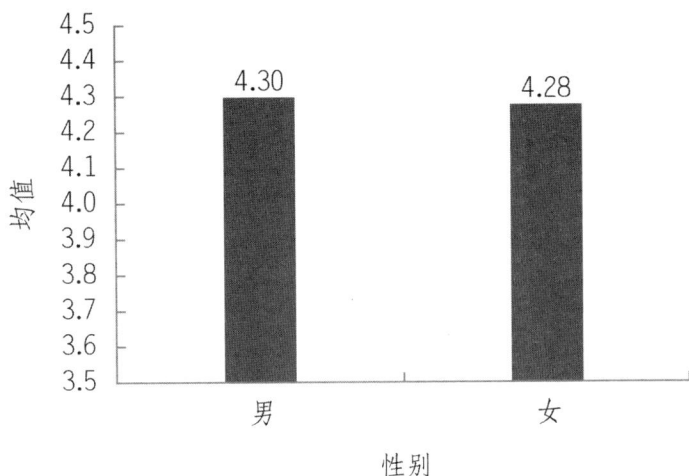

图 1-11　不同性别特级教师的做事风格比较

（二）不同年龄段特级教师的做事风格

由表 1-12 和图 1-12 可知，45 岁及以下和 46 岁及以上的特级教师在这一维度上的平均得分分别为 4.22 和 4.38，说明不同年龄段的特级教师对自身做事风格状况的评价比很高，做事及时负责且追求完美（最佳状况评价得分为 5 分）。独立样本 t 检验表明，不同年龄段特级教师在做事风格这一维度上的得分不存在显著差异。

表 1-12　不同年龄段特级教师的做事风格比较

年龄段	N/人	均值	标准差	t
≤45 岁	104	4.22	0.602	−1.869
≥46 岁	81	4.38	0.598	

注：$p > 0.05$

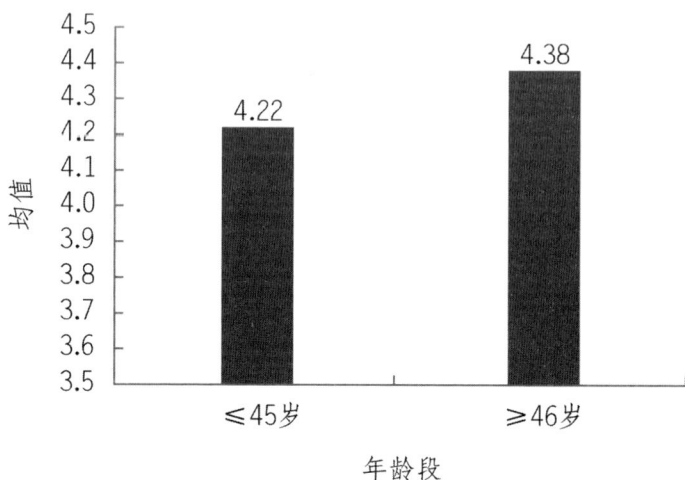

图 1-12　不同年龄段特级教师的做事风格比较

（三）不同学段特级教师的做事风格

由表 1-13 和图 1-13 可知，不同学段特级教师在做事风格这一维度上的差异并不显著。幼儿园特级教师的平均得分为 4.50，小学特级教师的为 4.30，初中特级教师的为 4.24，普高特级教师的为 4.30，职高特级教师的为 4.25，说明不同学段特级教师对自身做事风格状况的评价都很好（最佳状况评价得分为 5 分），预示着不同学段特级教师都有良好的做事风格。

单因素方差分析检验结果显示，$F(4, 180) = 0.47$，$p = 0.756$。这表明不同学段特级教师在做事风格这一维度上的得分没有显著差异。

表 1-13　不同学段特级教师的做事风格比较

学段	N/人	均值	标准差	F	p
幼儿园	12	4.50	0.426	0.47	0.756
小学	57	4.30	0.611		
初中	50	4.24	0.608		
普高	42	4.30	0.663		

续 表

学段	N/人	均值	标准差	F	p
职高	24	4.25	0.571		
总数	185	4.29	0.605		

注：$p > 0.05$

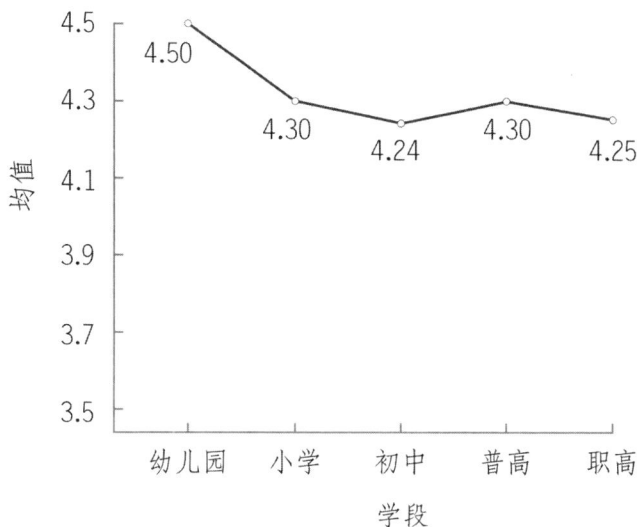

图 1-13 不同学段特级教师的做事风格比较

（四）不同任教学科特级教师的做事风格

由表 1-14 和图 1-14 可知，不同任教学科的特级教师在做事风格这一维度上的差异并不显著。文科特级教师的平均得分为 4.18，理（工）科特级教师的为 4.29，艺体及其他学科特级教师的为 4.44，这说明不同学科特级教师对自身做事风格状况的评价都很好（最佳状况评价得分为 5 分）。艺体及其他学科特级教师的平均得分稍高于文、理（工）科特级教师，预示着不同任教学科特级教师都有良好的做事风格。

单因素方差分析检验结果显示，$F_{(2, 173)} = 1.84$，$p = 0.162$。这表明不

同任教学科特级教师在做事风格这一维度上的得分没有显著差异。

表 1-14 不同任教学科特级教师的做事风格比较

任教学科	N/人	均值	标准差	F	p
文科	63	4.18	0.674	1.84	0.162
理（工）科	82	4.29	0.593		
艺体及其他	31	4.44	0.496		
总数	176	4.28	0.611		

注：$p > 0.05$

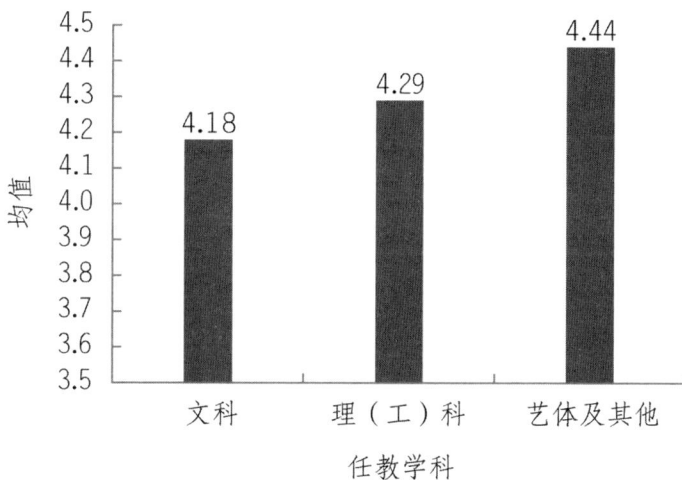

图 1-14 不同任教学科特级教师的做事风格比较

（五）不同职别特级教师的做事风格

由表 1-15 和图 1-15 可知，不同职别特级教师在做事风格这一维度上的平均得分分别为 4.29 和 4.25，说明不同职别的特级教师对自身做事风格状况的评价都很好，做事均及时且负责（最佳状况评价得分为 5 分），职别为单位领导的特级教师的得分稍高于仅为普通教师的特级教师。独立样本 t 检验表明，不同职别的特级教师在做事风格这一维度上的得分不存在显著差异。

表 1-15　不同职别特级教师的做事风格比较

职别	N/人	均值	标准差	t
单位领导	79	4.29	0.592	0.355
普通教师	99	4.25	0.612	

注：$p > 0.05$

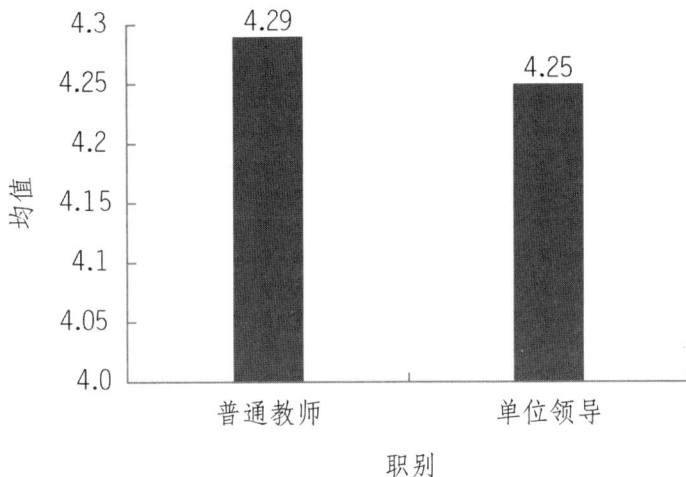

图 1-15　不同职别特级教师的做事风格比较

第二节　兴趣爱好

一、广度

本维度只有一道题目，采用五点量表题形式设计，题目为"我的兴趣爱好非常广"，试图探究研究对象的兴趣爱好的广度。

（一）不同性别特级教师的兴趣爱好广度

由表 1-16 和图 1-16 可知，男、女性特级教师在这一维度上的平均得分分别为 3.85 和 3.43，说明男、女性特级教师对兴趣爱好广度的评价较好（最佳状况评价得分为 5 分），男性特级教师的得分稍高于女性特级教师。独立样本 t 检验表明，男、女性特级教师在兴趣爱好广度这一维度上的得分不存在显著差异。

表 1-16　不同性别特级教师的兴趣爱好广度比较

性别	N/人	均值	标准差	t
男	110	3.85	1.033	2.819
女	77	3.43	0.938	

注：$p > 0.05$

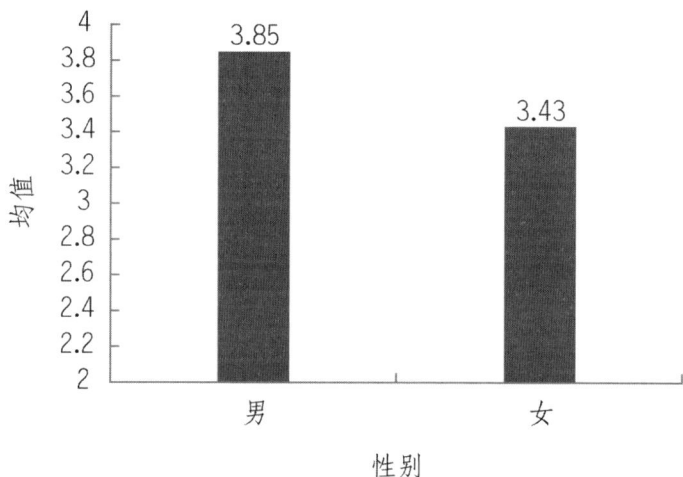

图 1-16　不同性别特级教师的兴趣爱好广度比较

（二）不同年龄段特级教师的兴趣爱好广度

由表 1-17 和图 1-17 可知，不同年龄段的特级教师在这一维度上的平均得分分别为 3.62 和 3.74，说明不同年龄段特级教师对兴趣爱好广度的评价较好（最佳状况评价得分为 5 分）。46 岁及以上特级教师的得分稍高于 45 岁及以下特级教师。独立样本 t 检验表明，不同年龄段特级教师在兴趣爱好广度这一维度上的得分不存在显著差异。

表 1-17 不同年龄段特级教师的兴趣爱好广度比较

年龄段	N/人	均值	标准差	t
≤45岁	105	3.62	1.041	0.835
≥46岁	82	3.74	0.979	

注：$p > 0.05$

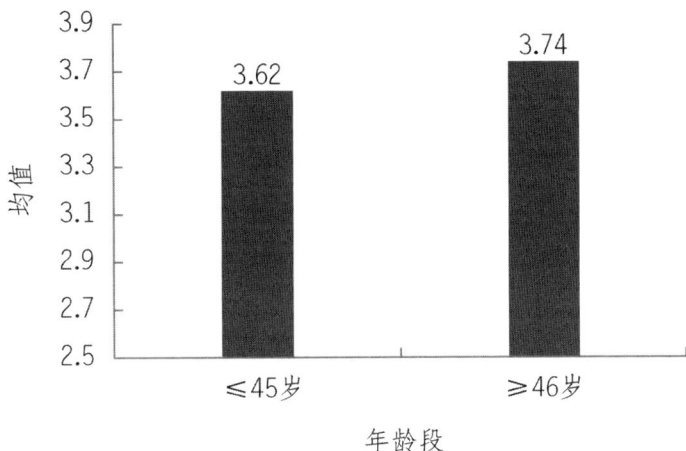

图 1-17 不同年龄段特级教师的兴趣爱好广度比较

（三）不同学段特级教师的兴趣爱好广度

由表 1-18 和图 1-18 可知，不同学段特级教师的兴趣爱好广度差异不显著。幼儿园特级教师的平均得分为 3.58，初中特级教师的为 3.50，普高特级教师的为 3.66，职高特级教师的为 3.71，小学特级教师的兴趣爱好最广泛（3.84），得分最低的是初中特级教师（3.50）。分数越高，说明对兴趣爱好广度的评价越好（最佳状况评价得分为 5 分）。其中，幼儿园特级教师的得分稍低于普高特级教师，普高特级教师的得分和职高特级教师差异不大。

单因素方差分析检验结果显示，F（2，175）＝ 0.79，p ＝ 0.533。这表明不同学段特级教师在兴趣爱好广度这一维度上的得分没有显著差异。

表 1-18　不同学段特级教师的兴趣爱好广度比较

学段	N/人	均值	标准差	F	p
幼儿园	12	3.58	0.996	0.79	0.533
小学	57	3.84	0.996		
初中	50	3.50	1.074		
普高	44	3.66	0.987		
职高	24	3.71	0.999		

注：p ＞ 0.05

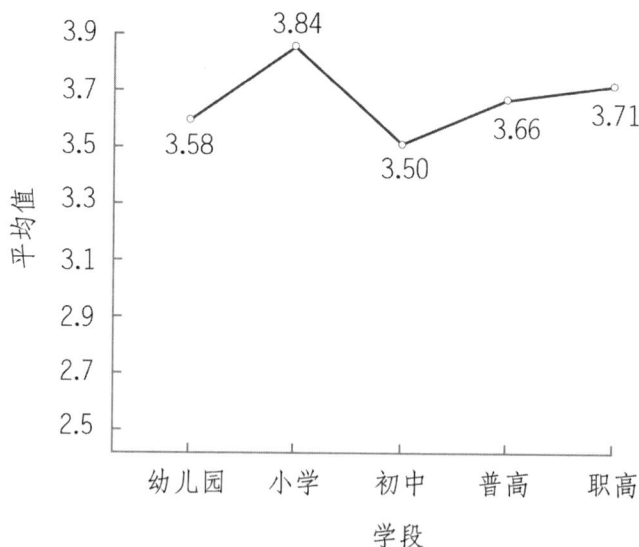

图 1-18　不同学段特级教师的兴趣爱好广度比较

（四）不同任教学科特级教师的兴趣爱好广度

由表 1-19 和图 1-19 可知，不同任教学科特级教师的兴趣爱好广度差异不显著。文科特级教师的平均得分为 3.57，理（工）科特级教师的为 3.66，艺体及其他学科特级教师的为 3.90，说明艺体及其他学科特级教师对兴趣爱好广度的评价最好（最佳状况评价得分为 5 分）。

单因素方差分析检验结果显示，$F_{(4, 182)} = 1.10$，$p = 0.334$。这表明不同任教学科特级教师在兴趣爱好广度这一维度上的得分没有显著差异。

表 1-19　不同任教学科特级教师的兴趣爱好广度比较

任教学科	N/人	均值	标准差	F	p
文科	65	3.57	1.060	1.10	0.334
理（工）科	82	3.66	1.045		
艺体及其他	31	3.90	0.944		

注：$p > 0.05$

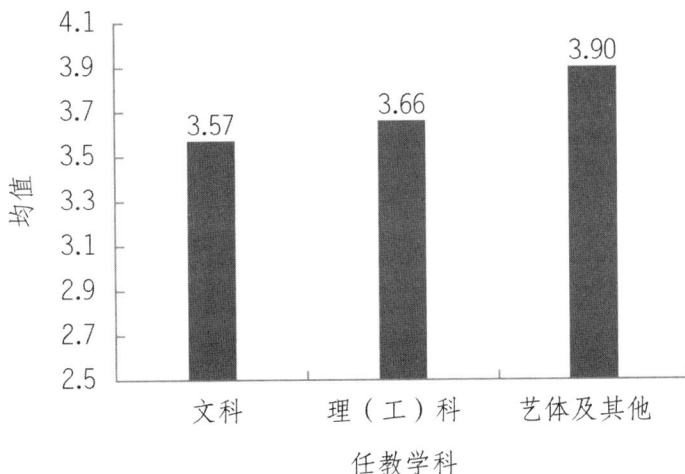

图 1-19　不同任教学科特级教师的兴趣爱好广度比较

（五）不同职别特级教师的兴趣爱好广度

由表 1-20 和图 1-20 可知，不同职别特级教师在这一维度上的平均得分分别为 3.71 和 3.66，说明不同职别特级教师对兴趣爱好广度的评价较好（最佳状况评价得分为 5 分），职别为单位领导特级教师的得分稍高于仅为普通教师的特级教师。独立样本 t 检验表明，不同职别特级教师在兴趣爱好广度这一维度上的得分不存在显著差异。

表 1-20　不同职别特级教师的兴趣爱好广度比较

职别	N/人	均值	标准差	t
单位领导	79	3.71	1.052	0.296
普通教师	101	3.66	1.003	

注：$p > 0.05$

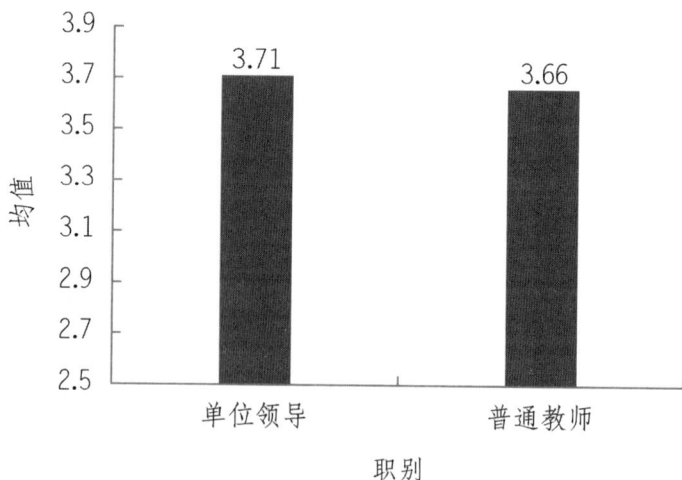

图 1-20　不同职别特级教师的兴趣爱好广度比较

二、内容指向

本维度只有一道题目，采用多项选择题形式设计，题目为"我的兴趣爱好是（可多选）"，试图探究研究对象兴趣爱好的内容指向。

（一）不同性别特级教师的兴趣爱好内容指向

从总体样本来看，不同性别特级教师的兴趣爱好主要集中在以下 5 个方面：阅读写作、休闲旅游、歌舞运动、美食购物、艺术活动，有 61.0% 的特级教师将阅读写作作为自己的兴趣爱好，喜欢休闲旅游的特级教师占 60.4%。相对而言，养花养宠和游戏娱乐所占比例较低，分别为 11.8% 和 13.4%。

由表 1-21 可知，男性特级教师的兴趣爱好内容前 3 项依次为"阅读写作""休闲旅游""歌舞运动"，女性特级教师的兴趣爱好内容前 3 项依次为"休闲旅游""阅读写作""美食购物"。

相比较而言，女性特级教师选择"阅读写作""歌舞运动""美食购物""休闲旅游"的比例均高出男性特级教师，其中女性特级教师"美食购物"的比例高出男性特级教师将近 38 个百分比。

表 1-21　不同性别特级教师的兴趣爱好内容指向比较

兴趣爱好	男		女		合计	
	N/人	占比/%	N/人	占比/%	N/人	占比/%
阅读写作	66	60.0	48	62.3	114	61.0
歌舞运动	38	34.5	29	37.7	67	35.8
美食购物	17	15.5	41	53.2	58	31.0
艺术活动	33	30.0	23	29.9	56	29.9
养花养宠	9	8.2	13	16.9	22	11.8
休闲旅游	62	56.4	51	66.2	113	60.4
游戏娱乐	17	15.5	8	10.4	25	13.4

续　表

兴趣爱好	男		女		合计	
	N/人	占比/%	N/人	占比/%	N/人	占比/%
没什么爱好	6	5.5	4	5.2	10	5.3
其他	18	16.4	5	6.5	23	12.3

（二）不同年龄段特级教师的兴趣爱好内容指向

由表 1-22 可知，45 岁及以下特级教师的兴趣爱好内容前 3 项依次为"阅读写作""休闲旅游""艺术活动"，46 岁及以上特级教师的兴趣爱好内容前 3 项依次为"休闲旅游""阅读写作""歌舞运动"。

相比较而言，45 岁及以下特级教师选择"艺术活动"的比例高出 46 岁及以上特级教师 5.6 个百分比，而其选择"歌舞运动"的比例低于 46 岁及以上特级教师约 10 个百分比。

表 1-22　不同年龄段特级教师的兴趣爱好内容指向比较

兴趣爱好	≤45 岁		≥46 岁		合计	
	N/人	占比/%	N/人	占比/%	N/人	占比/%
阅读写作	66	62.9	48	58.5	114	61.0
歌舞运动	33	31.4	34	41.5	67	35.8
美食购物	32	30.5	26	31.7	58	31.0
艺术活动	34	32.4	22	26.8	56	29.9
养花养宠	12	11.4	10	12.2	22	11.8
休闲旅游	60	57.1	53	64.6	113	60.4
游戏娱乐	13	12.4	12	14.6	25	13.4
没什么爱好	8	7.6	2	2.4	10	5.4
其他	15	14.3	8	9.8	23	12.3

（三）不同学段特级教师的兴趣爱好内容指向

由表1-23可知，小学、初中和普高的特级教师兴趣爱好内容前3项依次均为"阅读写作""休闲旅游""歌舞运动"，幼儿园特级教师兴趣爱好内容前4项依次为"美食购物""阅读写作""歌舞运动""休闲旅游"，职高特级教师兴趣爱好内容前3项依次为"休闲旅游""阅读写作""艺术活动"。

相比较而言，职高特级教师选择"休闲旅游"的比例（79.2%）均高出其他学段的特级教师，最少高出15.6个百分比；幼儿园特级教师选择"美食购物"的比例（66.7%）均高出其他学段的特级教师；在"阅读写作"选项上，5个学段特级教师所选比例有一定差异，其中初中特级教师最高（68.0%），职高特级教师次之（62.5%），普高特级教师最低（54.5%）。

表1-23 不同学段特级教师的兴趣爱好内容指向比较

兴趣爱好	幼儿园		小学		初中		普高		职高		合计	
	N/人	占比/%	N/人	占比/%	N/人	占比/%	N/人	占比/%	N/人	占比/%	N/人	占比/%
阅读写作	7	58.3	34	59.6	34	68.0	24	54.5	15	62.5	114	61.0
歌舞运动	7	58.3	21	36.8	15	30.0	16	36.4	8	33.3	67	35.8
美食购物	8	66.7	16	28.1	13	26.0	13	29.5	8	33.3	58	31.0
艺术活动	5	41.7	19	33.3	12	24.0	11	25.0	9	37.5	56	29.9
养花养宠	0	0.0	7	12.3	6	12.0	5	11.4	4	12.9	22	11.8
休闲旅游	7	58.3	28	49.1	31	62.0	28	63.6	19	79.2	113	60.4
游戏娱乐	1	8.3	5	8.8	7	14.0	8	18.2	4	16.7	25	13.4
没什么爱好	0	0.0	4	7.0	4	8.0	2	4.5	0	0.0	10	5.3
其他	0	0.0	8	14.0	5	10.0	4	9.1	6	25.0	23	12.3

（四）不同任教学科特级教师的兴趣爱好内容指向

由表1-24可知，文科特级教师兴趣爱好内容前3项依次为"阅读写作""休闲旅游""美食购物"；理（工）科特级教师兴趣爱好内容前3项依次为"休闲旅游""阅读写作""歌舞运动";艺体及其他学科特级教师兴趣爱好内容前3项依次为"阅读写作""休闲旅游""歌舞运动"。

相比较而言,在"阅读写作"选项上,3个任教学科特级教师所选比例有一定差异:文科特级教师最高(78.5%),艺体及其他学科特级教师次之(61.3%),理(工)科特级教师最低(46.3%),文科特级教师所选比例高出理(工)科特级教师32.2个百分比。在"歌舞运动"选项上,3个任教学科特级教师所选比例存在较大差异:艺体及其他学科特级教师最高(54.8%),理(工)科特级教师次之(37.8%),文科特级教师最低(24.6%),艺体及其他学科特级教师所选比例高出理(工)科特级教师17个百分比。

表1-24 不同任教学科特级教师的兴趣爱好内容指向比较

兴趣爱好	文科		理(工)科		艺体及其他		合计	
	N/人	占比/%	N/人	占比/%	N/人	占比/%	N/人	占比/%
阅读写作	51	78.5	38	46.3	19	61.3	108	60.7
歌舞运动	16	24.6	31	37.8	17	54.8	64	36.0
美食购物	21	32.3	20	24.4	13	41.9	54	30.3
艺术活动	15	23.1	23	28.0	15	48.4	53	29.8
养花养宠	9	13.8	8	9.8	4	12.9	21	11.8
休闲旅游	43	66.2	44	53.7	19	61.3	106	59.6
游戏娱乐	8	12.3	13	15.9	4	12.9	25	14.0
没什么爱好	6	9.2	4	4.9	0	0.0	10	5.6
其他	6	9.2	13	15.9	4	12.9	23	12.9

（五）不同职别特级教师的兴趣爱好内容指向

由表1-25可知,职别为单位领导的特级教师兴趣爱好内容前3项依次为"休闲旅游""阅读写作""歌舞运动";仅为普通教师的特级教师兴趣爱好内容前3项依次为"阅读写作""休闲旅游""美食购物"。

相比较而言，在"阅读写作""休闲旅游""美食购物"这3个选项上，不同职别的特级教师所选比例差异不大；职别为单位领导的特级教师选择"歌舞运动"的比例高出身为普通教师的特级教师18.1个百分比。

表1-25　不同职别特级教师的兴趣爱好内容指向比较

兴趣爱好	单位领导		普通教师		合计	
	N/人	占比/%	N/人	占比/%	N/人	占比/%
阅读写作	47	59.5	63	62.4	110	61.1
歌舞运动	37	46.8	29	28.7	66	36.7
美食购物	24	30.4	31	30.7	55	30.6
艺术活动	26	32.9	26	25.7	52	28.9
养花养宠	8	10.1	13	12.9	21	11.7
休闲旅游	48	60.8	61	60.4	109	60.6
游戏娱乐	9	11.4	16	15.8	25	13.9
没什么爱好	4	5.1	6	5.9	10	5.6
其他	8	10.1	15	14.9	23	12.8

第三节　本章小结

（一）特级教师的性格处于外向开朗和内向沉稳之间的居多。在"外向开朗"和"两者之间"选项上，女性特级教师的比例均高于男性特级教师13个百分比以上，女性特级教师的性格相对于男性特级教师而言较外向开朗。不管是45岁及以下的特级教师还是46岁及以上的特级教师，在性格具体项目上的比例由处于两者之间、内向沉稳到外向开朗呈现递减趋势，且递减幅度几乎一致。不同学段的特级教师在性格具体项目上呈现较大差异，其中：普高特级教师的性格是外向开朗的比例在全学段中最高，为 29.5%；而初中特级教师的性格是外向开朗的比例在全学段中最低，仅有 16.0%。不同任教学科的 3 类特级教师的性格由处于两者之间、内向沉稳到外向开朗呈现递减趋势，其中：文科特级教师递减幅度小，而艺体及其他学科特级教师递减幅度大，性格处于两者之间的比例高出性格是外向开朗的约 35 个百分比，可见文科特级教师性格分布相对较均匀。职别为单位领导的特级教师的性格相对于仅为普通教师的特级教师而言较内向沉稳。

（二）特级教师的气质类型属于多血质的居多，其中：男性特级教师比女性特级教师的比例更高，13.6% 的男性特级教师的气质类型是抑郁质，高出女性特级教师 8.2 个百分比，反映出男性特级教师气质类型是抑郁质的比例高于女性特级教师。21.3% 的 46 岁及以上特级教师的气质类型是胆汁质，高出 45 岁及以下特级教师 8.6 个百分比，说明随着年龄的增长，特级教师的气质类型会偏向于胆汁质。不同学段的特级教师在气质类型具体项目上呈现较大差异，其中，小学特级教师的气质类型是黏液质和胆汁质的比例在全学段中最高，气质类型是多血质的比例（33.3%）在全学段中最低；初中特级教师的气质类型是抑郁质的比例在全学段中最高，为 21.7%，这说明不同的学段对气质类型有一定的影响。不同任教学科的特级教师在气质类型具体项目上也呈现较大差异，其中：没有一个艺体及其他学科特级教师认为自己的气质类型是抑郁质，而其黏液质和胆汁质的比例均在全学科中最低，分别为 27.6% 和 13.8%，艺体及其他学科特级教师的气质类型更多是多血质。不管是职别为单位领导的特级教师还是仅为普通教师的特级教师，在气质具体项目上的比例由多血质、黏液质、胆汁质到抑郁质呈现递减趋势，且差异不大。

（三）不同类型特级教师对自身做事风格与状态的评价良好；高度认同"平时做事及时迅速而且总想尽善尽美"。46 岁及以上特级教师的"做事风格"稍优于 45 岁及以下特级教师，追求"平时做事及时迅速而且总想尽善尽美"。在不同学段中，幼儿园特级教师更注重"做事风格"，小学和普高特级教师次之，初中和职高特级教师居后。

（四）不同类型特级教师对兴趣爱好广度的评价较好。男性特级教师的兴趣爱好广度稍优于女性特级教师。在不同学段中，小学特级教师兴趣爱好最广泛，职高特级教师次之，初中特级教师居后；在不同任教学科中，艺体及其他学科特级教师的兴趣爱好最广泛，理（工）科特级教师次之，文科特级教师居后。

（五）阅读写作、休闲旅游是特级教师主要的兴趣爱好，其次是歌舞运动、美食购物和艺术活动。分别有 61.0% 和 60.4% 的特级教师选择"阅读写作"和"休闲旅游"，远高于其他选项的比例。从不同维度来看，53.2% 的女特级师选择"美食购物"，高出男性特级教师将近 38 个百分比；45 岁及以下特级教师选择"艺术活动"的比例高出 46 岁及以上特级教师 5.6 个百分比，而其在"歌舞运动"上的比例要低于 46 岁及以上特级教师约 10 个百分比；职别为单位领导的特级教师选择"歌舞运动"的比例高出仅为普通教师的特级教师约 18 个百分比。不同学段的特级教师在这一维度上的比例也存在一定的差异，其中：职高特级教师选择"休闲旅游"的比例（79.2%）均高于其他学段特级教师，最少高出约 16 个百分比；幼儿园特级教师选择"美食购物"的比例（66.7%）均高于其他学段特级教师。不同任教学科的特级教师在这一维度上的比例也存在一定的差异：文科特级教师选择"阅读写作"比例（78.5%）高出理（工）科特级教师（46.3%）32.2个百分比；艺体及其他学科特级教师选择"歌舞运动"的比例（54.8%）高出文科特级教师（24.6%）30.2 个百分比。

参考文献

［1］周春良. 卓越教师的个性特征与成长机制研究［D］. 上海：华东师范大学，2014.

［2］张寿松. 特级教师与普通教师的教学能力提升及其困惑的比较研究［J］. 上海教育科研，2009（6）：47-49.

［3］张雾. 教师自主研究的新视角：个体需要和特性特质［J］. 重庆大学学报（社会科学版），2016（4）：201-205.

［4］张寿松. 特级教师与普通教师的性格特征与做事风格的比较研究［J］. 当

代教师教育，2012（2）：29-32.

［5］杜瑞军. 从教学学术到教学实践：卓越教师基本特征探析［J］. 新疆师范大学学报（哲学社会科学版），2014（2）：119-126.

［6］罗静. 美国优秀教师的人格特征及启示［J］. 现代教育论丛，2011（2）：65-67.

［7］李琼，吴丹丹，李艳玲. 中小学卓越教师的关键特征：一项判别分析的发现［J］. 教育学报，2012（8）：89-95.

第二章　身心状况

这一章我们将讨论不同类型特级教师的身体状况、心理状况 2 个方面的问题。

第一节　身体状况

一、健康状况

本维度只有一道题目,采用五点量表题形式设计,题目为"我的身体很健康",试图探究研究对象的健康状况。

（一）不同性别特级教师的健康状况

由表 2-1 和图 2-1 可知,不同性别的特级教师在这一维度上的平均得分分别为 3.80 和 3.77,平均得分几乎一致,说明不同性别的特级教师对自身健康状况的评价较好,身体较为健康（最佳状况评价得分为 5 分）。独立样本 t 检验表明,不同性别的特级教师在健康状况这一维度上的得分不存在显著差异。

表 2-1　不同性别特级教师的健康状况比较

性别	N/人	均值	标准差	t
男	110	3.80	0.956	0.248
女	77	3.77	0.857	

注：$p > 0.05$

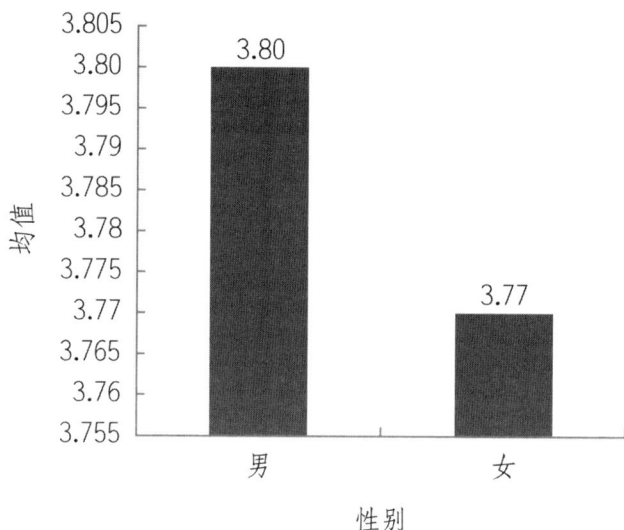

图 2-1　不同性别特级教师的健康状况比较

（二）不同年龄段特级教师的健康状况

由表 2-2 和图 2-2 可知，不同年龄段的特级教师在这一维度上的平均得分分别为 3.72 和 3.87，说明不同年龄段的特级教师对自身健康状况的评价比较好，身体较为健康（最佳状况评价得分为 5 分），45 岁及以下的特级教师的得分稍低于 46 岁及以上的特级教师。独立样本 t 检验表明，不同年龄段的特级教师在身体健康这一维度上的得分不存在显著差异。

表 2-2 不同年龄段特级教师的健康状况比较

年龄段	N/人	均值	标准差	t
≤ 45 岁	105	3.72	0.925	−1.055
≥ 46 岁	82	3.87	0.899	

注：$p > 0.05$

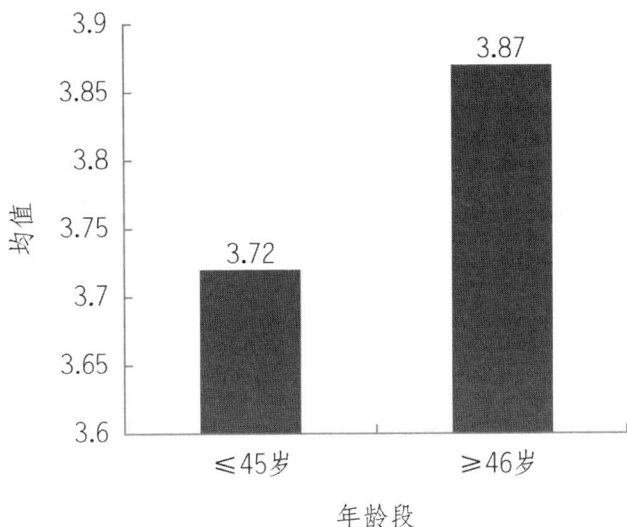

图 2-2 不同年龄段特级教师的健康状况比较

（三）不同学段特级教师的健康状况

由表 2-3 和图 2-3 可知，不同学段的特级教师在健康状况这一维度上的差异并不显著：幼儿园特级教师的平均得分为 3.83，小学特级教师的为 3.67，初中特级教师的为 3.94，普高特级教师的为 3.86，职高特级教师的为 3.58。这说明不同学段的特级教师对自身健康状况的评价比较好（最佳状况评价得分为 5 分），也预示着不同学段的特级教师都有良好的健康状况。

单因素方差分析检验结果显示，$F_{(4, 182)} = 0.979$，$p = 0.420$。这表明不同学段特级教师在健康状况这一维度上的得分没有显著差异。

表 2-3　不同学段特级教师的健康状况比较

学段	N/人	均值	标准差	F	p
幼儿园	12	3.83	0.937	0.979	0.420
小学	57	3.67	0.970		
初中	50	3.94	0.867		
普高	44	3.86	0.905		
职高	24	3.58	0.881		

注：$p > 0.05$

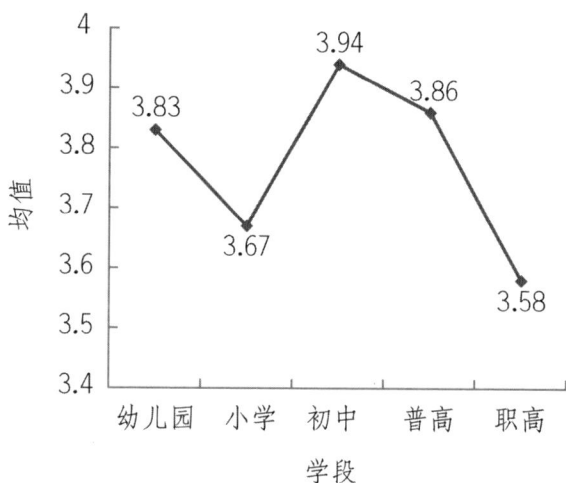

图 2-3　不同学段特级教师的健康状况比较

（四）不同任教学科特级教师的健康状况

由表 2-4 和图 2-4 可知，不同任教学科的特级教师在这一维度上的差异并不显著：文科特级教师的平均得分为 3.78，理（工）科特级教师的平均得分为 3.78，艺体及其他学科特级教师的平均得分为 3.81。这说明不同任教学科特级教师对自身健康状况的评价比较好（最佳状况评价得分为 5 分），艺体及其他学科特级教师的得分稍高于文、理（工）科特级教师，预示着不同任教学科特级教师都有良好的健康状况。

单因素方差分析检验结果显示，$F_{(2, 175)} = 0.009$，$p = 0.991$。这表明不同任教学科特级教师在健康状况这一维度上的得分没有显著差异。

表 2-4　不同任教学科特级教师的健康状况比较

任教学科	N/人	均值	标准差	F	p
文科	65	3.78	0.875	0.009	0.991
理（工）科	82	3.78	1.006		
艺体及其他	31	3.81	0.792		

注：$p > 0.05$

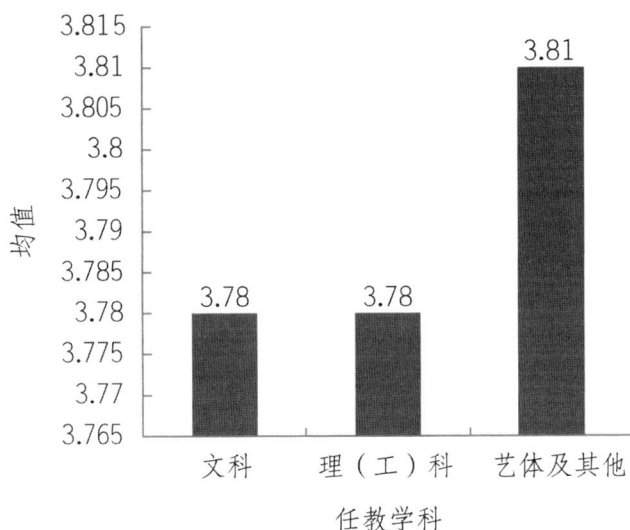

图 2-4　不同任教学科特级教师的健康状况比较

（五）不同职别特级教师的健康状况

由表 2-5 和图 2-5 可知，职别为单位领导的特级教师和身为普通教师的特级教师在这一维度上的平均得分分别为 3.92 和 3.70，说明不同职别的特级教师对自身健康状况的评价比较好（最佳状况评价得分为5分），职别为单位领导特级教师的得分稍高于身为普通教师的特级教师。独立样本 t 检验表明，不同职别的特级教师在健康状况这一维度上的得分不存在显著差异。

表2-5　不同职别特级教师的健康状况比较

职别	N/人	均值	标准差	t
单位领导	79	3.92	0.844	1.622
普通教师	101	3.70	0.954	

注：$p > 0.05$

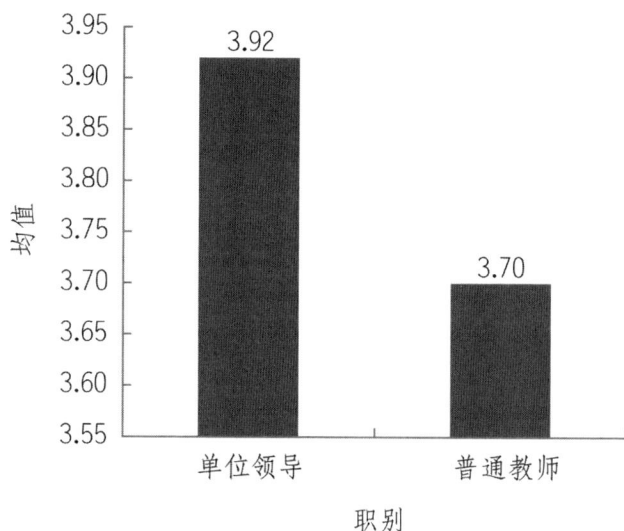

图2-5　不同职别特级教师的健康状况比较

（六）不同性格特级教师的健康状况

由表2-6和图2-6可知，不同性格的特级教师在健康状况这一方面的差异并不显著：外向开朗的特级教师的平均得分为3.80，内向沉稳的特级教师的平均得分为3.76，性格处于两者之间的特级教师的平均得分为3.79。这说明不同性格特级教师对自身健康状况的评价比较好（最佳状况评价得分为5分）。外向开朗和处于两者之间的特级教师的得分稍高于内向沉稳的特级教师，预示着不同性格的特级教师都有良好的健康状况。

单因素方差分析检验结果显示，$F_{(2, 184)} = 0.031$，$p = 0.970$。这表明不同性格特级教师在健康状况这一维度上的得分没有显著差异。

表 2-6　不同性格特级教师的健康状况比较

性格	N/人	均值	标准差	F	p
外向开朗	41	3.80	0.954	0.031	0.970
内向沉稳	68	3.76	0.900		
两者之间	78	3.79	0.917		

注：$p > 0.05$

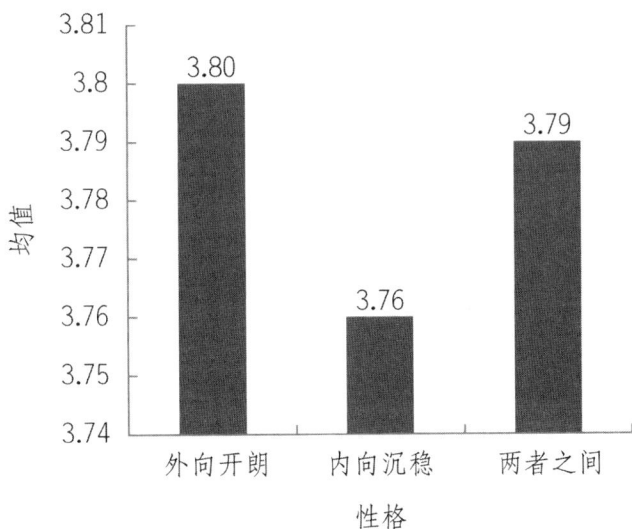

图 2-6　不同性格特级教师的健康状况比较

二、活力状况

本维度只有一道题目，采用五点量标题形式进行设计，题目为"我充满活力和精力旺盛"，试图探究研究对象的活力状况。

（一）不同性别特级教师的活力状况

由表 2-7 和图 2-7 可知，不同性别特级教师在这一维度上的平均得分分别为 4.36 和 4.19，说明不同性别特级教师对自身活力状况的评价较好（最佳状况评价得分为 5 分）。独立样本 t 检验表明，不同性别特级教师在活力状况这一维度上的得分不存在显著差异。

表 2-7　不同性别特级教师的活力状况比较

性别	N/人	均值	标准差	t
男	110	4.36	0.687	1.712
女	77	4.19	0.629	

注：$p > 0.05$

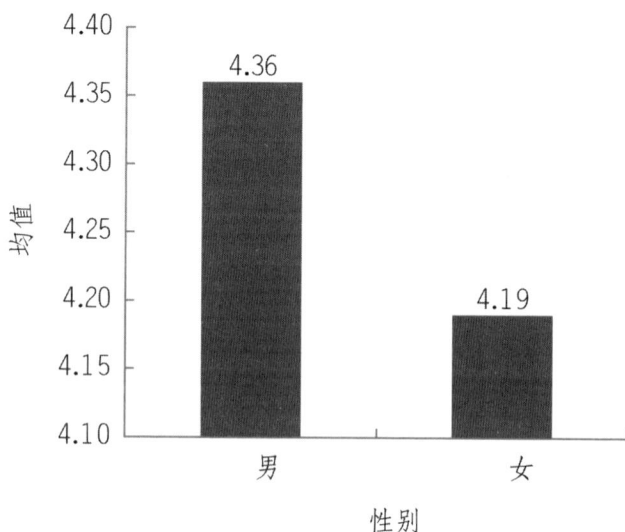

图 2-7　不同性别特级教师的活力状况比较

（二）不同年龄段特级教师的活力状况

由表 2-8 和图 2-8 可知，45 岁及以下和 46 岁及以上的特级教师在这一维度上的平均得分分别为 4.26 和 4.34，说明不同年龄段的特级教师对自身活力状况的评价比较好（最佳状况评价得分为 5 分），同时，45 岁及以下特级教师的得分稍低于 46 岁及以上特级教师。独立样本 t 检验表明，不同年龄段的特级教师在活力状况这一维度上的得分不存在显著差异。

表 2-8　不同年龄段特级教师的活力状况比较

年龄段	N/人	均值	标准差	t
≤ 45 岁	105	4.26	0.665	−0.857
≥ 46 岁	82	4.34	0.671	

注：$p > 0.05$

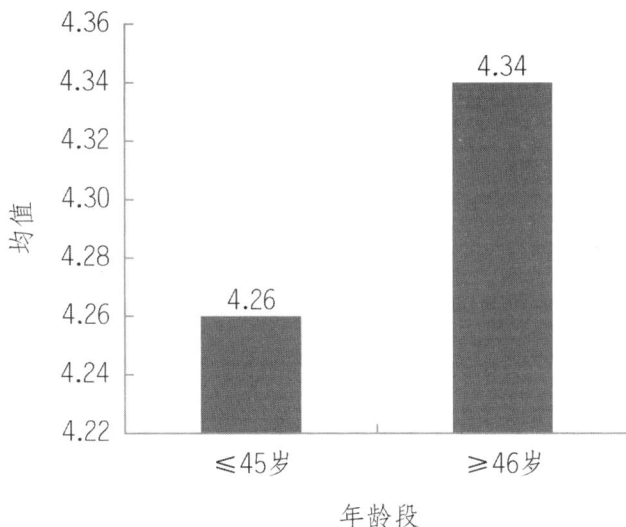

图 2-8　不同年龄段特级教师的活力状况比较

（三）不同学段特级教师的活力状况

由表 2-9 和图 2-9 可知，不同学段的特级教师在活力状况这一维度上的差异并不显著：幼儿园特级教师的平均得分为 4.17，小学特级教师的平均得分为

4.18，初中特级教师的平均得分为 4.26，普高特级教师的平均得分为 4.48，职高特级教师的平均得分为 4.38。这说明不同学段的特级教师对自身活力状况的评价比较好（最佳状况评价得分为 5 分），也预示着不同学段的特级教师都有良好的活力状况。

单因素方差分析检验结果显示，$F(4, 182) = 1.527$，$p = 0.196$。这表明不同学段的特级教师在活力状况这一维度上的得分没有显著差异。

表 2-9　不同学段特级教师的活力状况比较

学段	N/人	均值	标准差	F	p
幼儿园	12	4.17	0.718	1.527	0.196
小学	57	4.18	0.685		
初中	50	4.26	0.694		
普高	44	4.48	0.590		
职高	24	4.38	0.647		

注：$p > 0.05$

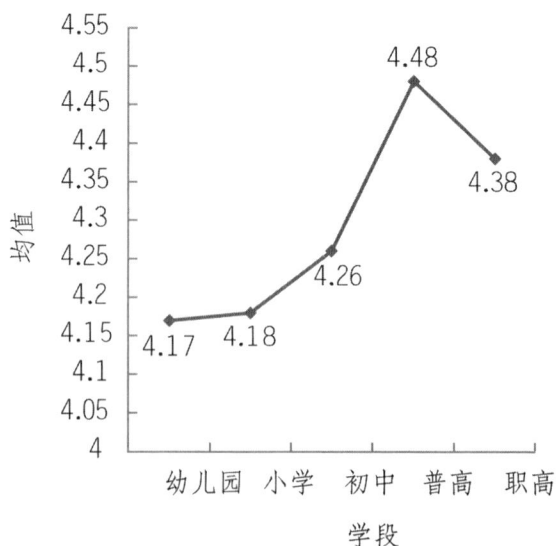

图 2-9　不同学段特级教师的活力状况比较

（四）不同任教学科特级教师的活力状况

由表 2-10 和图 2-10 可知，不同任教学科的特级教师在活力状况这一维度上的差异并不显著：文科特级教师的平均得分为 4.20，理（工）科特级教师的平均得分为 4.30，艺体及其他学科特级教师的平均得分为 4.29。这说明，不同任教学科的特级教师对自身活力状况的评价比较好（最佳状况评价得分为 5 分），文科特级教师的得分稍低于理（工）科、艺体及其他学科特级教师，预示着不同任教学科的特级教师都有良好的活力状况。

单因素方差分析检验结果显示，$F_{(2, 175)} = 0.475$，$p = 0.622$。这表明不同任教学科的特级教师在活力状况这一维度上的得分没有显著差异。

表 2-10 不同任教学科特级教师的活力状况比较

任教学科	N/人	均值	标准差	F	p
文科	65	4.20	0.617	0.475	0.622
理（工）科	82	4.30	0.697		
艺体及其他	31	4.29	0.124		

注：$p > 0.05$

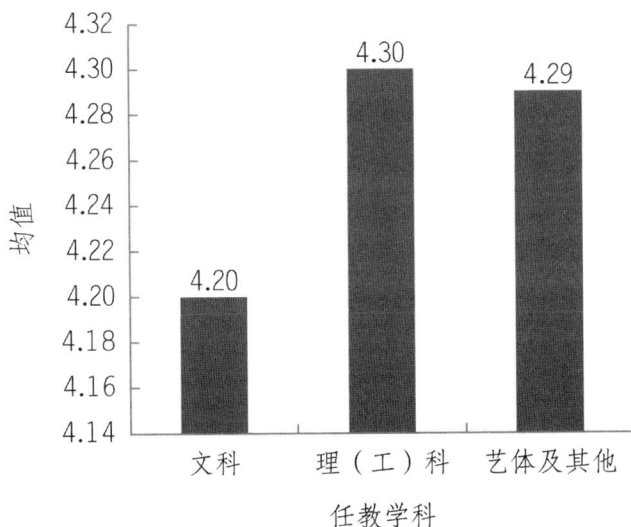

图 2-10 不同任教学科特级教师的活力状况比较

（五）不同职别特级教师的活力状况

由表 2-11 和图 2-11 可知，职别为单位领导的特级教师和身为普通教师的特级教师在这一维度上的平均得分分别为 4.30 和 4.26，说明不同职别的特级教师对自身活力状况的评价比较好（最佳状况评价得分为 5 分），同时，职别为单位领导特级教师的得分稍高于仅为普通教师的特级教师。独立样本 t 检验表明，不同职别的特级教师在活力状况这一维度上的得分不存在显著差异。

表 2-11 不同职别特级教师的活力状况比较

职别	N/人	均值	标准差	t
单位领导	79	4.30	0.627	0.460
普通教师	101	4.26	0.702	

注：$p > 0.05$

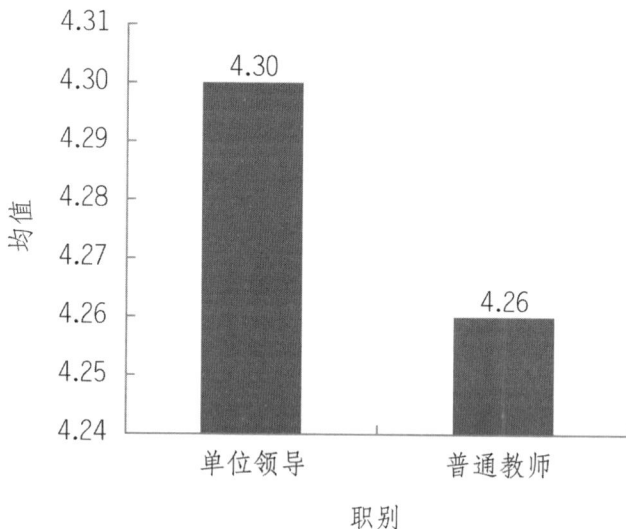

图 2-11 不同职别特级教师的活力状况比较

（六）不同性格特级教师的活力状况

由表 2-12 和图 2-12 可知，外向开朗型特级教师的平均得分为 4.49，内向沉稳型特级教师的平均得分为 4.10，性格处于两者之间的特级教师的平均得分为 4.36。这说明，不同性格的特级教师对自身活力状况的评价比较好（最佳状况评价得分为 5 分），外向开朗型特级教师的得分稍高于内向沉稳型、处于两者之间的特级教师，也预示着不同性格特级教师都有良好的活力状况。

表 2-12 不同性格特级教师的活力状况比较

性格	N/人	均值	标准差	F	p
外向开朗	41	4.49	0.597	5.102	0.007
内向沉稳	68	4.10	0.672		
两者之间	78	4.36	0.664		

注：$p < 0.01$[①]

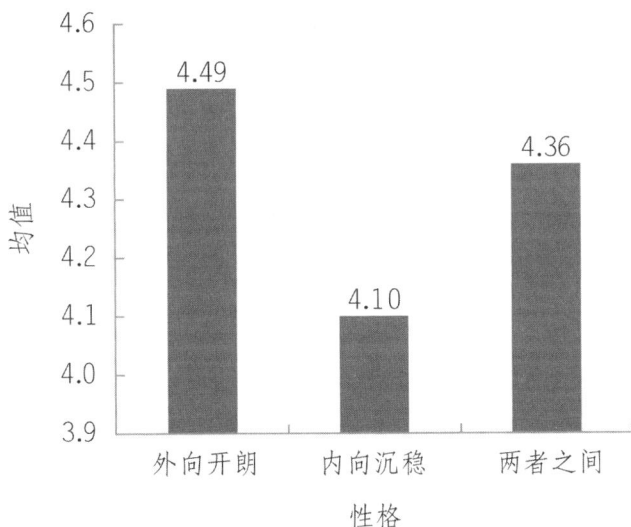

图 2-12 不同性格特级教师的活力状况比较

---

① "$p < 0.01$"表示该统计结果在 1% 的水平上显著，后文类似情况不再一一说明。

单因素方差分析检验结果表明，不同性格的特级教师在活力状况这一方面的差异十分显著。

经方差齐性检验，不同性格特级教师对自身活力状况认识的方差不存在显著性差异，所以我们采用 LSD 方法进行方差分析的事后检验，以便进一步比较不同性格特征的特级教师对自身活力状况的认识。为了清晰起见，我们将分别呈现 3 种性格之间的两两比较。

①外向开朗型与内向沉稳型特级教师的身体健康活力比较

由表 2-13 可知，外向开朗型特级教师活力状况的平均得分为 4.49，内向沉稳型的特级教师则为 4.10，$p = 0.003$，说明这 2 种性格类型的特级教师的活力状况得分差异显著。

表 2-13　外向开朗型与内向沉稳型特级教师的活力状况比较

性格	N/人	均值	标准差	p
外向开朗	41	4.49	0.597	0.003
内向沉稳	68	4.10	0.672	

注：$p < 0.01$

②外向开朗型与两者之间型特级教师的活力状况比较

由表 2-14 可知，外向开朗型特级教师活力状况的平均得分为 4.49，性格处于两者之间的特级教师活力状况的平均得分则为 4.36，$p = 0.308$，说明这 2 种性格特级教师之间的活力状况得分不存在显著差异。

表 2-14　外向开朗型与两者之间型特级教师教师的活力状况比较

性格	N/人	均值	标准差	p
外向开朗	41	4.49	0.597	0.308
两者之间	78	4.36	0.664	

注：$p > 0.05$

③内向沉稳型与两者之间型特级教师的活力状况比较

由表 2-15 可知，内向沉稳型特级教师活力状况的平均得分为 4.10，性格处于两者之间特级教师活力状况的平均得分则为 4.36，$p = 0.019$，这说明两者之间差异显著。

表 2-15　内向沉稳型与两者之间型特级教师的活力状况比较

性格	N/人	均值	标准差	p
内向沉稳	68	4.10	0.672	0.019
两者之间	78	4.36	0.664	

注：$p < 0.05$[①]

三、睡眠状况

本维度只有一道题目，采用单选题形式设计。题目为"我每天的睡眠时间大约是（　　　）小时"，一共有 4 个选项，试图探究研究对象的睡眠状况。

（一）不同性别特级教师的睡眠状况

由表 2-16 和图 2-13 可知，从总体样本来看，不同性别特级教师的睡眠状况在具体项目上大致相同，71.7% 的特级教师的睡眠时长小于或等于 7 个小时。

从不同性别比较来看，有 70.0% 的男性特级教师的睡眠时长小于或等于 7 个小时，而只有 1.8% 的男性特级教师的睡眠时长达到 9 个小时，反映出男性特级教师的睡眠比较缺乏；有 72.7% 的女性特级教师的睡眠时长小于或等于 7 个小时，而有 27.3% 的女性特级教师的睡眠时长达 8 小时，反映出女性特级教师的睡眠也比较缺乏。

---

① "$p < 0.05$"表示该统计结果在 5% 的水平上显著，后文类似情况不再一一说明。

表 2-16 不同性别特级教师的睡眠状况比较

睡眠时长	男		女		合计	
	N/人	占比/%	N/人	占比/%	N/人	占比/%
≤7小时	77	70.0	56	72.7	133	71.1
8小时	31	28.2	21	27.3	52	27.8
9小时	2	1.8	0	0	2	1.1
≥10小时	0	0.0	0	0.0	0	0.0
合计	110	100.0	77	100.0	187	100.0

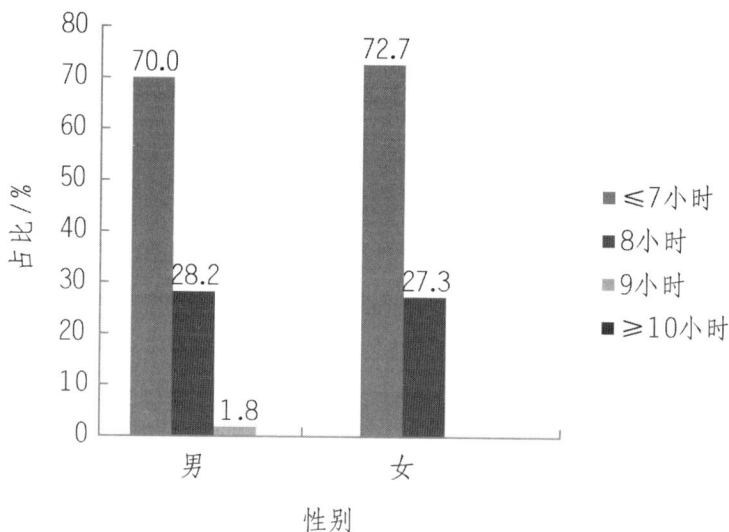

图 2-13 不同性别特级教师的睡眠状况比较

（二）不同年龄段特级教师的睡眠状况

由表 2-17 和图 2-14 可知，从总体样本来看，不同年龄段特级教师的睡眠状况在具体项目上大致相同，71.7% 的特级教师的睡眠时长小于或等于 7 个小时。

从不同年龄段比较来看，45 岁及以下的特级教师中，有 74.3% 的睡眠时长小于或等于 7 个小时，而只有 1.1% 的睡眠时长达到 9 个小时；46 岁及以上的特级教师中，有 67.1% 的睡眠时长小于或等于 7 个小时，而有 32.9% 的睡眠时长达到 8 个小时，反映出 46 岁及以上特级教师的睡眠状况优于 45 岁及以下特级教师的睡眠状况。

表 2-17 不同年龄段特级教师的睡眠状况比较

睡眠时长	≤ 45 岁		≥ 46 岁		合计	
	N/人	占比/%	N/人	占比/%	N/人	占比/%
≤ 7 小时	78	74.3	55	67.1	133	71.1
8 小时	25	23.8	27	32.9	52	27.8
9 小时	2	1.1	0	0	2	1.1
≥ 10 小时	0	0.0	0	0.0	0	0.0
合计	105	100.0	82	100.0	187	100.0

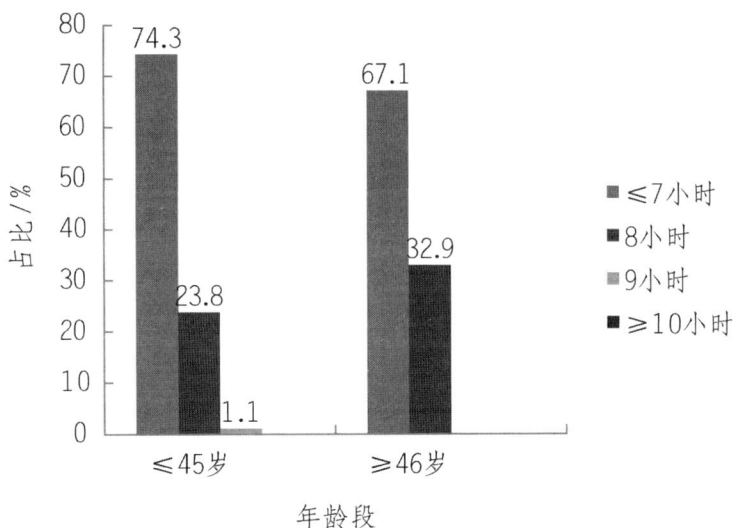

图 2-14 不同年龄段特级教师的睡眠状况比较

（三）不同学段特级教师的睡眠状况

由表 2-18 和图 2-15 可知，从总体样本来看，不同学段特级教师的睡眠状况在具体项目上呈现一定差异，71.1% 的特级教师睡眠时长小于或等于 7 个小时。

从不同学段比较来看，有 91.7% 的幼儿园特级教师的睡眠时长小于或等于 7 个小时，而只有 8.3% 的幼儿园特级教师的睡眠时长达到 8 个小时，反映出幼儿园特级教师的睡眠时间偏少；普高特级教师睡眠时长超过 8 个小时的占比最高，达到 38.7%。各学段睡眠时长占比最高的均为小于或等于 7 个小时，反映出不同学段特级教师的睡眠时间普遍偏少。

表 2-18　不同学段特级教师的睡眠状况比较

睡眠时长	幼儿园		小学		初中		普高		职高		合计	
	N/人	占比/%	N/人	占比/%	N/人	占比/%	N/人	占比/%	N/人	占比/%	N/人	占比/%
≤7 小时	11	91.7	38	66.7	36	72.0	27	61.4	21	87.5	133	71.1
8 小时	1	8.3	18	31.6	14	28.0	16	36.4	3	12.5	52	27.8
9 小时	0	0.0	1	1.8	0	0.0	1	2.3	0	0	2	1.1
≥10 小时	0	0.0	0	0.0	0	0.0	0	0.0	0	0.0	0	0.0
合计	12	100.0	57	100.0	50	100.0	44	100.0	24	100.0	187	100.0

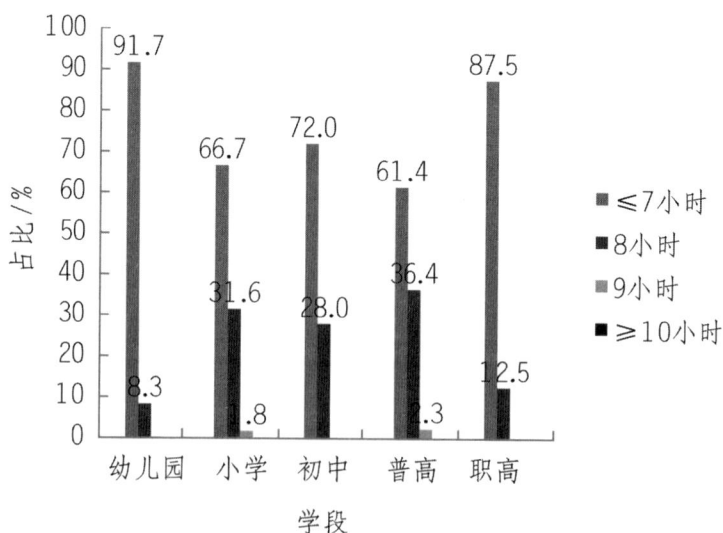

图 2-15　不同学段特级教师的睡眠状况比较

（四）不同任教学科特级教师的睡眠状况

由表2-19和图2-16可知，从总体样本来看，不同任教学科特级教师的睡眠状况呈现一定差异，70.8%的特级教师的睡眠时长小于或等于7个小时。

从不同任教学科比较来看，有80.6%的艺体及其他学科特级教师的睡眠时长小于或等于7个小时，在所有任教学科中的占比最高，反映出艺体及其他学科特级教师的睡眠时间偏少。各任教学科特级教师睡眠时长占比最高的均为小于或等于7个小时，反映出不同任教学科特级教师的睡眠时间普遍偏少。

表2-19 不同任教学科特级教师的睡眠状况比较

睡眠时长	文科		理（工）科		艺体及其他		合计	
	N/人	占比/%	N/人	占比/%	N/人	占比/%	N/人	占比/%
≤7小时	44	67.7	57	69.5	25	80.6	126	70.8
8小时	21	32.3	24	29.3	5	16.1	50	28.1
9小时	0	0.0	1	1.2	1	3.2	2	1.1
≥10小时	0	0.0	0	0.0	0	0.0	0	0.0
合计	65	100.0	82	100.0	31	100.0	178	100.0

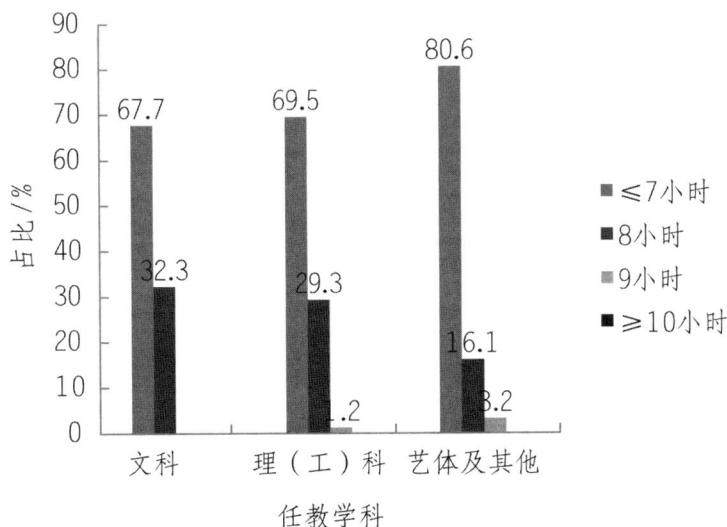

图2-16 不同任教学科特级教师的睡眠状况比较

（五）不同职别特级教师的睡眠状况

由表 2-20 和图 2-17 可知，从总体样本来看，不同职别特级教师的睡眠状况呈现一定差异，70.6% 的特级教师的睡眠时长小于或等于 7 个小时。

从不同职别比较来看，有 73.4% 的身为单位领导的特级教师睡眠时长小于或等于 7 个小时，仅为单位领导的特级教师中睡眠时长在 8 个小时和 9 个小时的分别占 25.3% 和 1.3%，反映出身为单位领导的特级教师睡眠时长大多小于或等于 7 小时；在仅为普通教师的特级教师中，有 68.3% 选择"小于或等于 7 小时"这个选项，睡眠时长在 8 个小时和 9 个小时的分别占 30.7% 和 1.0%，反映出仅为普通教师的特级教师的睡眠时间也倾向小于或等于 7 个小时。

表 2-20　不同职别特级教师的睡眠状况比较

睡眠时长	单位领导		普通教师		合计	
	N/人	占比/%	N/人	占比/%	N/人	占比/%
≤7 小时	58	73.4	69	68.3	127	70.6
8 小时	20	25.3	31	30.7	51	28.3
9 小时	1	1.3	1	1.0	2	1.1
≥10 小时	0	0.0	0	0.0	0	0.0
合计	79	100.0	101	100.0	180	100.0

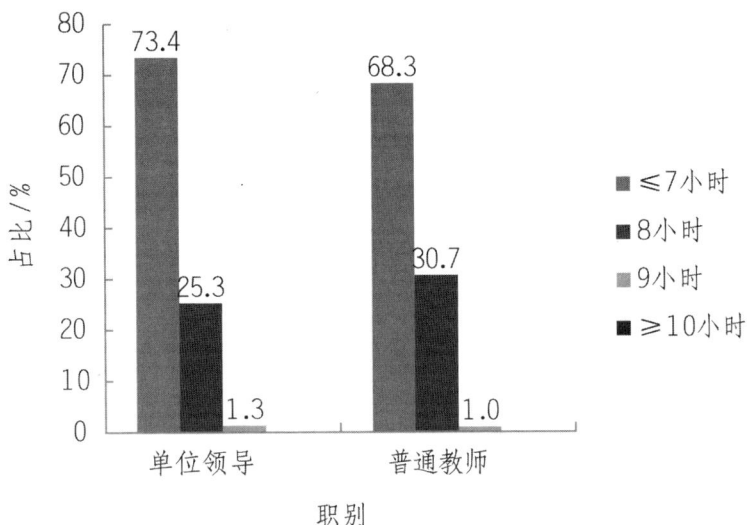

图 2-17　不同职别特级教师的睡眠状况比较

（六）不同性格特级教师的睡眠状况

由表 2-21 和图 2-18 可知，从总体样本来看，不同性格特级教师在睡眠状况这一维度上呈现一定差异，71.1% 的特级教师的睡眠时长小于或等于 7 个小时。

从不同性格比较来看，有 73.2% 性格外向开朗的特级教师的睡眠时长小于或等于 7 小时，而只有 26.8% 性格外向开朗的特级教师的睡眠时长达到 8 个小时，反映出性格外向开朗的特级教师的睡眠时长大都在 7 个小时及以下；有 76.5% 性格内向沉稳的特级教师的睡眠时长小于或等于 7 个小时，而只有 20.6% 性格内向沉稳的特级教师的睡眠时长达到 8 个小时，有 2.9% 性格内向沉稳的特级教师的睡眠时长达到 9 个小时，反映出性格内向沉稳的特级教师的睡眠时长也大都在 7 小时及以下。

表 2-21 不同性格特级教师的睡眠状况比较

睡眠时长	外向开朗		内向沉稳		两者之间		合计	
	N/人	占比/%	N/人	占比/%	N/人	占比/%	N/人	占比/%
≤7 小时	30	73.2	52	76.5	51	65.4	133	71.1
8 小时	11	26.8	14	20.6	27	34.6	52	27.8
9 小时	0	0.0	2	2.9	0	0.0	2	1.1
≥10 小时	0	0.0	0	0.0	0	0.0	0	0.0
合计	41	100.0	68	100.0	78	100.0	187	100.0

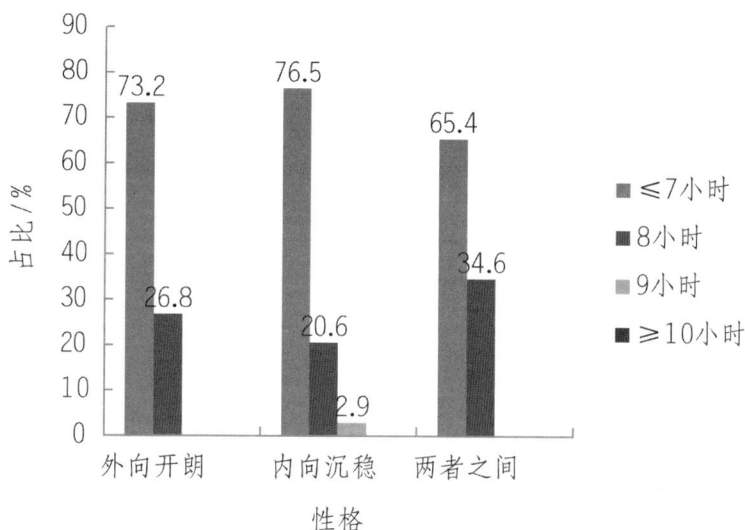

图 2-18 不同性格特级教师的睡眠状况比较

第二节　心理状况

一、教师心态

本维度有两道题目，均采用五点量表题形式设计，题目为"教师工作让我心情愉快、身心和谐"和"教师工作常常让我感到紧张、焦虑和压力（反向题）"，将2道题视为一组，试图探究研究对象的教师心态。

（一）不同性别特级教师的教师心态

由表2-22和图2-19可知，不同性别的特级教师在这一维度上的平均得分分别为3.72和4.04，说明不同性别的特级教师对教师心态的自我评价较好（最佳状况评价得分为5分），同时，女性特级教师的得分高于男性特级教师。独立样本 t 检验表明，不同性别的特级教师在教师心态这一维度上的得分存在显著差异。

表2-22　不同性别特级教师的教师心态比较

性别	N/人	均值	标准差	t
男	108	3.72	1.777	0.006
女	77	4.04	0.747	

注：p ＜ 0.01

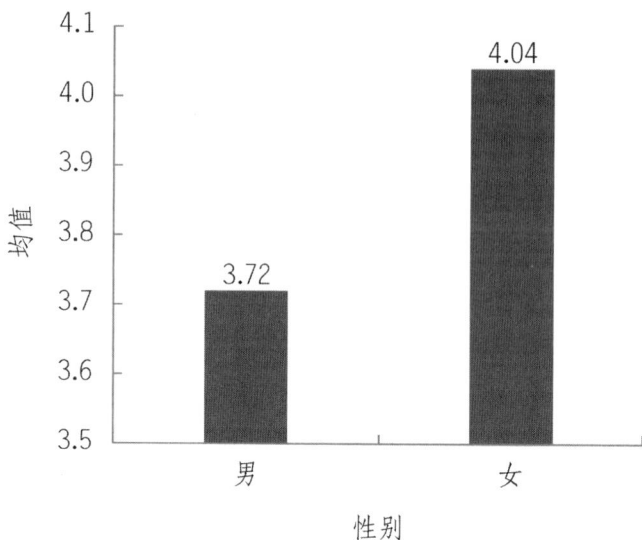

图 2-19 不同性别特级教师的教师心态比较

（二）不同年龄段特级教师的教师心态

由表 2-23 和图 2-20 可知，不同年龄段的特级教师在教师心态这一维度上的平均得分分别为 3.76 和 3.98，说明不同年龄段特级教师对教师心态的评价较好（最佳状况评价得分为 5 分），46 岁及以上特级教师的得分稍高于 45 岁及以下特级教师。独立样本 t 检验表明，不同年龄段特级教师在教师心态这一维度上的得分不存在显著差异。

表 2-23 不同年龄段特级教师的教师心态比较

年龄段	N/人	均值	标准差	t
≤45 岁	105	3.76	1.800	0.052
≥46 岁	80	3.98	0.731	

注：$p > 0.05$

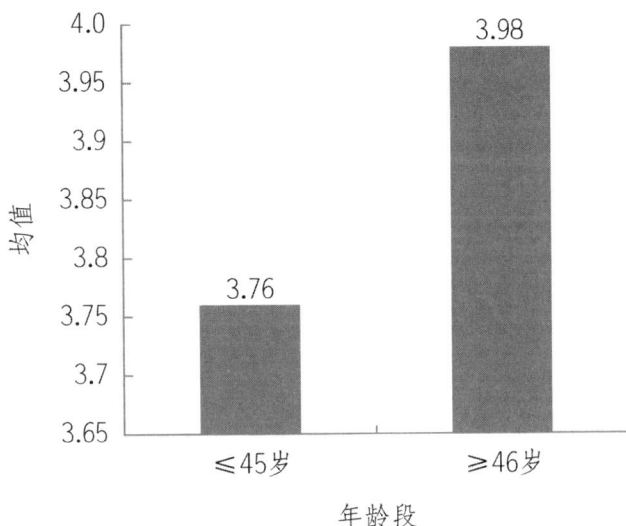

图 2-20 不同年龄段特级教师的教师心态比较

（三）不同学段特级教师的教师心态

由表 2-24 和图 2-21 可知，不同学段特级教师在教师心态这一维度上的得分差异不显著：幼儿园特级教师的平均得分为 4.33，小学特级教师的为 3.81，初中特级教师的为 3.85，普高特级教师的为 3.75，职高特级教师的为 3.92。分数越高，说明不同学段特级教师对教师心态的评价越好（最佳状况评价得分为 5 分）。

单因素方差分析检验结果显示，$F_{(2, 175)} = 1.412$，$p = 0.232$。这表明不同学段特级教师在教师心态这一维度上的得分没有显著差异。

表 2-24 不同学段特级教师的教师心态比较

学段	N/人	均值	标准差	F	p
幼儿园	12	4.33	0.615	1.412	0.232
小学	57	3.81	0.800		
初中	49	3.85	1.779		

续　表

学段	N/人	均值	标准差	F	p
普高	43	3.75	0.812		
职高	24	3.92	0.702		

注：$p > 0.05$

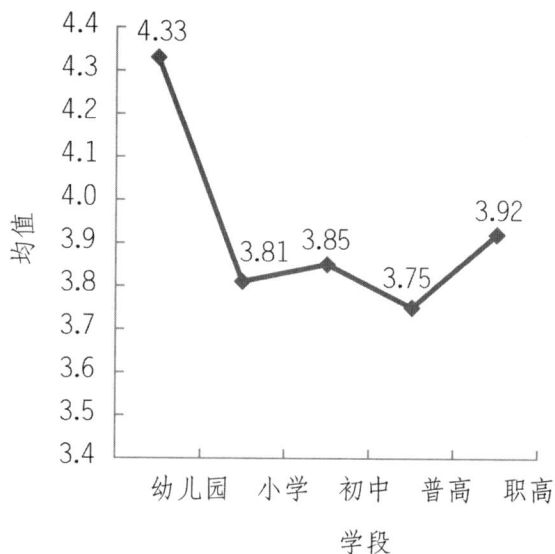

图 2-21　不同学段特级教师的教师心态比较

（四）不同任教学科特级教师的教师心态

由表 2-25 和图 2-22 可知，不同任教学科特级教师在教师心态这一维度上的差异不显著：文科特级教师的平均得分为 3.84，理（工）科特级教师的为 3.74，艺体及其他学科特级教师的为 4.08；分数越高，说明不同任教学科特级教师对教师心态的评价越好（最佳状况评价得分为 5 分）。

单因素方差分析检验结果显示，$F(4, 182) = 1.100$，$p = 0.334$。这表明不同任教学科特级教师在教师心态这一维度上的得分没有显著差异。

表 2-25 不同任教学科特级教师的教师心态比较

任教学科	N/人	均值	标准差	F	p
文科	64	3.84	1.821	1.100	0.334
理（工）科	81	3.74	1.086		
艺体及其他	31	4.08	0.965		

注：$p > 0.05$

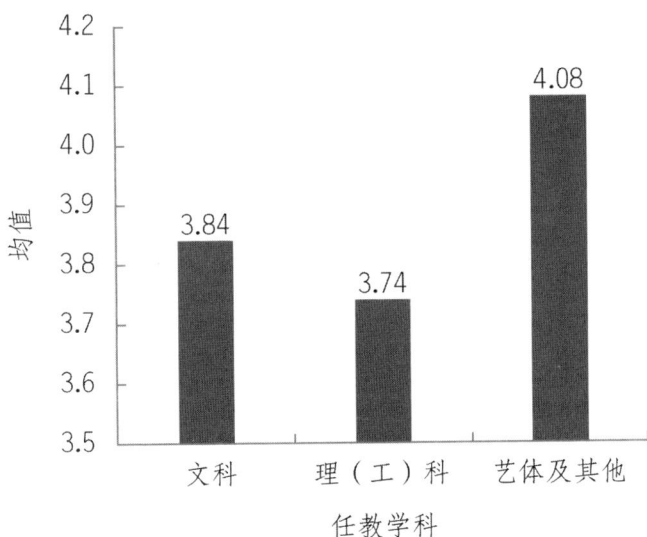

图 2-22 不同任教学科特级教师的教师心态比较

（五）不同职别特级教师的教师心态

由表 2-26 和图 2-23 可知，职别为单位领导的特级教师和仅为普通教师的特级教师在这一维度上的平均得分分别为 3.95 和 3.79，说明不同职别特级教师对教师心态的评价较好（最佳状况评价得分为 5 分），同时，职别为单位领导的特级教师的得分稍高于仅为普通教师的特级教师。独立样本 t 检验表明，不同职别特级教师在教师心态这一维度上的得分不存在显著差异。

表 2-26　不同职别特级教师的教师心态比较

职别	N/人	均值	标准差	t
单位领导	78	3.95	1.750	0.332
普通教师	100	3.79	1.789	

注：$p > 0.05$

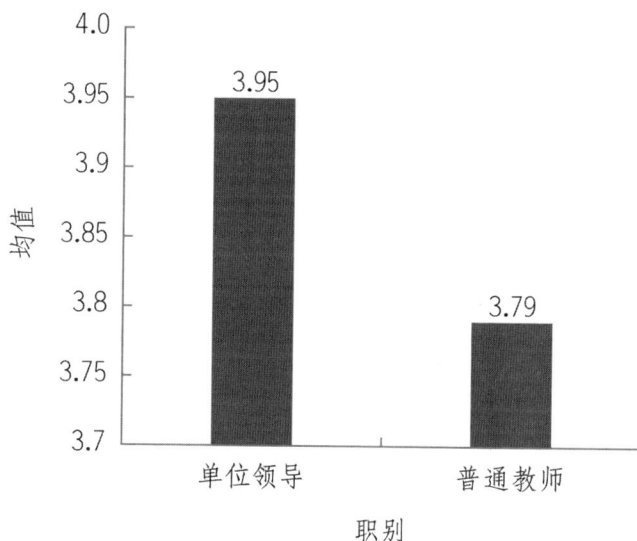

图 2-23　不同职别特级教师的教师心态比较

（六）不同性格特级教师的教师心态

由表 2-27 和图 2-24 可知，不同性格的特级教师在教师心态这一维度上的差异不显著：外向开朗型特级教师的平均得分为 4.10，内向沉稳型特级教师的为 3.68，性格处于两者之间特级教师的为 3.88，同时，外向开朗型特级教师的得分高于内向沉稳型和性格处于两者之间的特级教师，表明外向开朗型特级教师对教师心态的评价好于内向沉稳型和性格处于两者之间特级教师。

单因素方差分析检验结果显示，F（2，182）＝3.844，p＝0.640。这表明不同性格特级教师在教师心态这一维度上的得分不存在显著差异。

表2-27　不同性格特级教师的教师心态比较

性格	N/人	均值	标准差	F	p
外向开朗	41	4.10	0.808	3.844	0.640
内向沉稳	67	3.68	0.716		
两者之间	77	3.88	0.787		

注：$p > 0.05$

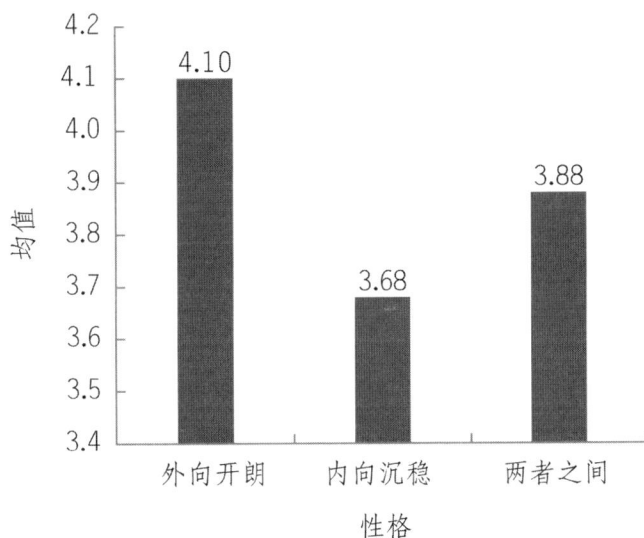

图2-24　不同性格特级教师的教师心态比较

二、情绪控制

本维度有两道题目，均采用五点量表题形式进行设计，题目为"我常常会感觉自己心情不好、情绪很差（反向题）"和"我是一个心境平和、情绪平稳的人"，将两道题视为一组，试图探究研究对象的情绪控制。

（一）不同性别特级教师的情绪控制

由表 2-28 和图 2-25 可知，男、女性特级教师在这一维度上的平均得分分别为 4.11 和 4.16，说明男、女性特级教师对情绪控制的评价较好（最佳状况评价得分为 5 分），同时，女性特级教师的得分稍高于男性特级教师。独立样本 t 检验表明，不同性别特级教师在情绪控制这一维度上的得分不存在显著差异。

表 2-28　不同性别特级教师的情绪控制比较

性别	N/人	均值	标准差	t
男	110	4.11	0.669	−0.408
女	77	4.16	0.731	

注：$p > 0.05$

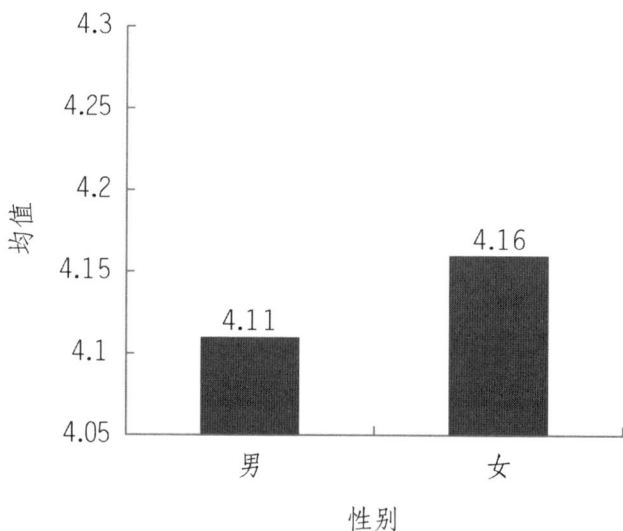

图 2-25　不同性别特级教师的情绪控制比较

（二）不同年龄段特级教师的情绪控制

由表 2-29 和图 2-26 可知，45 岁及以下和 46 岁及以上的特级教师在这一维度上的平均得分分别为 3.98 和 4.33，说明不同年龄段特级教师对情绪控制的评价良好（最佳状况评价得分为 5 分），同时，46 岁及以上特级教师的得分高于 45 岁及以下特级教师。独立样本 t 检验表明，不同年龄段特级教师在情绪控制这一维度上的得分存在显著差异。

表 2-29　不同年龄段特级教师的情绪控制比较

年龄段	N/人	均值	标准差	t
≤ 45 岁	105	3.98	0.715	−3.56
≥ 46 岁	82	4.33	0.615	

注：$p < 0.01$

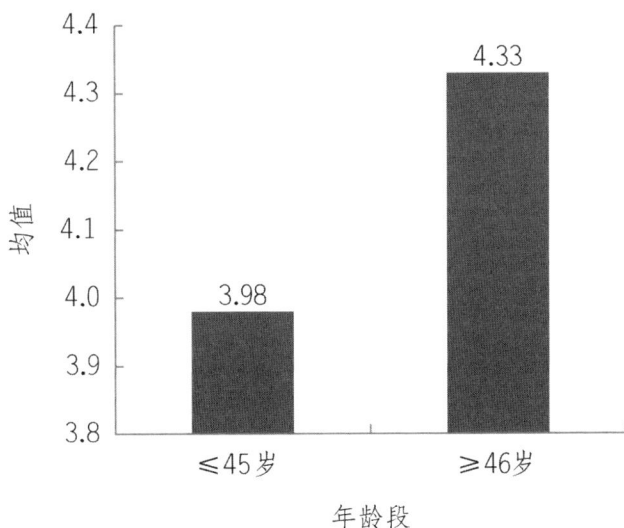

图 2-26　不同年龄段特级教师的情绪控制比较

（三）不同学段特级教师的情绪控制

由表 2-30 和图 2-27 可知，不同学段特级教师在情绪控制这一维度上的得分差异不显著：幼儿园特级教师的平均得分为 4.04，小学特级教师的为 3.96，初中特级教师的为 4.22，普高特级教师的为 4.18，职高特级教师的为 4.29。分数越高，说明对情绪控制的评价越好（最佳状况评价得分为 5 分），其中，职高特级教师的得分最高，对情绪控制能力最好；小学特级教师的得分最低，反映出小学特级教师对情绪控制能力相对较弱。

单因素方差分析检验结果显示，$F_{(4, 182)} = 1.470$，$p = 0.214$。这表明不同学段特级教师在情绪控制这一维度上的得分没有显著差异。

表 2-30　不同学段特级教师的情绪控制比较

学段	N/人	均值	标准差	F	p
幼儿园	12	4.04	0.838	1.470	0.214
小学	57	3.96	0.767		
初中	50	4.22	0.545		
普高	44	4.18	0.674		
职高	24	4.29	0.721		

注：$p > 0.05$

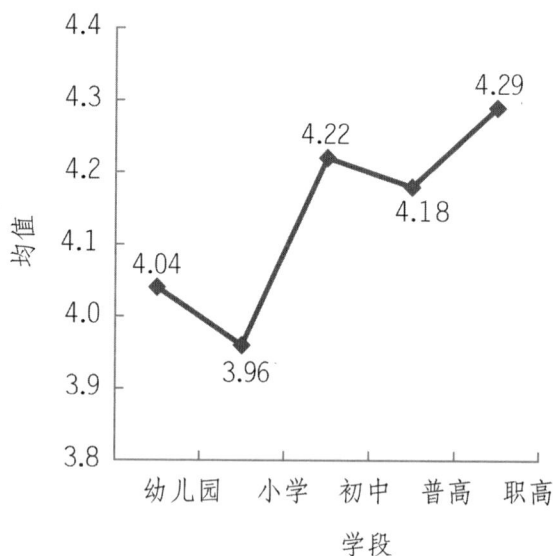

图 2-27　不同学段特级教师的情绪控制比较

（四）不同任教学科特级教师的情绪控制

由表 2–31 和图 2–28 可知，不同任教学科特级教师的情绪控制状况差异不显著：文科特级教师的平均得分为 4.06，理（工）科特级教师的为 4.13，艺体及其他学科特级教师的为 4.21。艺体及其他学科特级教师对情绪控制评价的得分最高，为 4.21；得分最低的是文科特级教师，为 4.06。分数越高，说明对情绪控制的评价越好（最佳状况评价得分为 5 分）。

单因素方差分析检验结果显示，F（2，175）= 0.490，p = 0.615。这表明不同任教学科特级教师在情绪控制这一维度上的得分没有显著差异。

表 2-31　不同任教学科特级教师的情绪控制比较

任教学科	N/人	均值	标准差	F	p
文科	65	4.06	0.653	0.490	0.615
理（工）科	82	4.13	0.715		
艺体及其他	31	4.21	0.750		

注：$p > 0.05$

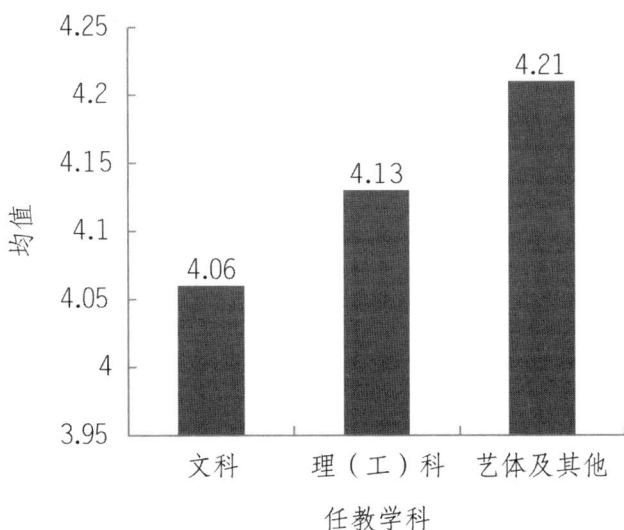

图 2-28　不同任教学科特级教师的情绪控制比较

（五）不同职别特级教师的情绪控制

由表 2–32 和图 2–29 可知，职别为单位领导的特级教师和身为普通教师的特级教师在这一维度上的平均得分分别为 4.17 和 4.09，说明不同职别特级教师对情绪控制的评价较好（最佳状况评价得分为 5 分）。职别为单位领导特级教师的得分稍高于仅为普通教师的特级教师。独立样本 t 检验表明，不同职别特级教师在情绪控制这一维度上的得分不存在显著差异。

表 2–32　不同职别特级教师的情绪控制比较

职别	N/人	均值	标准差	t
单位领导	79	4.17	0.688	0.737
普通教师	101	4.09	0.699	

注：$p > 0.05$

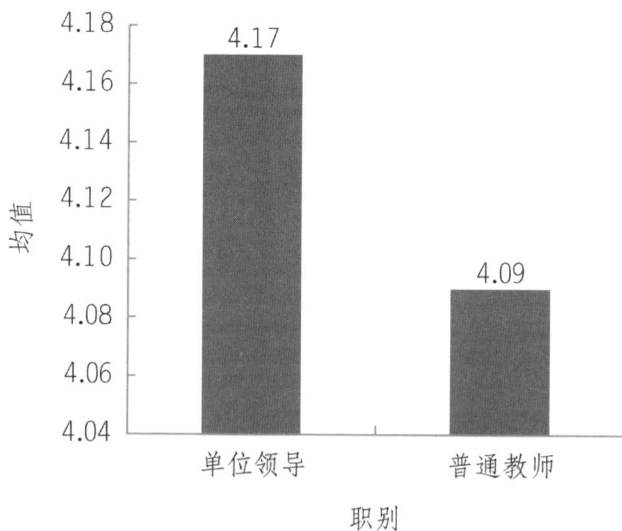

图 2–29　不同职别特级教师的情绪控制比较

（六）不同性格特级教师的情绪控制

由表 2-33 和图 2-30 可知，不同性格特级教师在情绪控制这一维度上的差异并不显著：外向开朗的特级教师的平均得分为 4.27，内向沉稳的特级教师的为 4.07，性格处在两者之间的特级教师的为 4.11，这说明不同性格特级教师对自身情绪控制的评价比较好（最佳状况评价得分为 5 分），外向开朗的特级教师的得分稍高于内向沉稳和处于两者之间的特级教师。

单因素方差分析检验结果显示，$F_{(2, 184)} = 1.080$，$p = 0.343$。这表明不同性格特级教师在情绪控制这一维度上的得分没有显著差异。

表 2-33 不同性格特级教师的情绪控制比较

性格	N	均值	标准差	F	p
外向开朗	41	4.27	0.633	1.080	0.343
内向沉稳	68	4.07	0.698		
两者之间	78	4.11	0.719		

注：$p > 0.05$

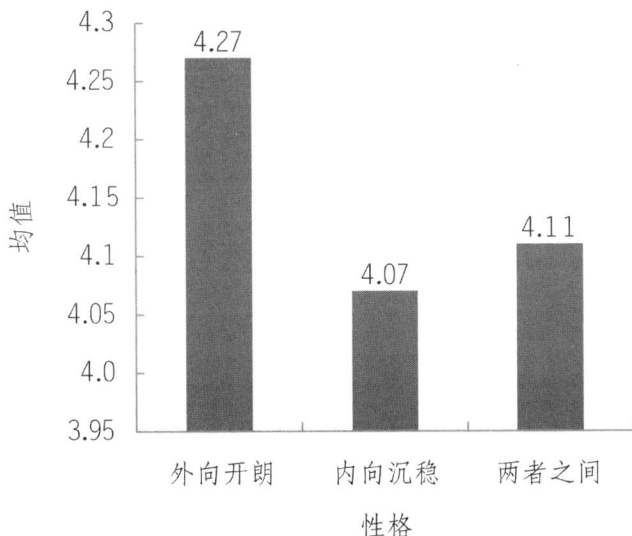

图 2-30 不同性格特级教师的情绪控制比较

三、情绪调节

本维度只有一道题目，采用多项选择题形式设计，题目为"心情不好或压力过大的时候，常常采取什么方式调节（可多选）"，试图探究研究对象的情绪调节情况。

（一）不同性别特级教师的情绪调节情况

从总体样本看来，不同性别特级教师的情绪调节方式主要集中在以下 5 个方面：工作、自我慢慢消解、读写歌舞娱购游、与朋友／同事／领导／家人交流、其他方式。有 57.2% 的特级教师通过读写歌舞娱购游来调节情绪，通过与朋友／同事／领导／家人交流来调节情绪的占 55.1%，自我慢慢消解的占 54.5%；相对而言，靠工作和其他方式所占的比例较低，分别为 13.9% 和 6.4%。

由表 2-34 可知，男性特级教师情绪调节方式的前 3 位为"自我慢慢消解""读写歌舞娱购游""与朋友／同事／领导／家人交流"，女性特级教师情绪调节方式的前 3 位为"读写歌舞娱购游""与朋友／同事／领导／家人交流""自我慢慢消解"。

相比较而言，女性特级教师选择"读写歌舞娱购游""与朋友／同事／领导／家人交流"的比例均高于男性特级教师，其中选择"读写歌舞娱购游"的比例高出男性特级教师将近 16 个百分比，但是男性特级教师选择"工作""自我慢慢消解"的比例均高于女性特级教师。

表 2-34　不同性别特级教师的情绪调节情况比较

情绪调节方式	男		女		合计	
	N/人	占比/%	N/人	占比/%	N/人	占比/%
工作	21	19.1	5	6.5	26	13.9
自我慢慢消解	65	59.1	37	48.1	102	54.5
读写歌舞娱购游	56	50.9	51	66.2	107	57.2
与朋友/同事/领导/家人交流	53	50.9	50	64.9	103	55.1

情绪调节方式	男		女		合计	
	N/人	占比/%	N/人	占比/%	N/人	占比/%
其他方式	8	7.3	4	5.2	12	6.4

注：读写歌舞娱购游是指阅读写作、歌舞运动、美食购物、游戏娱乐、养花养宠和休闲旅游。后文同。

（二）不同年龄段特级教师的情绪调节情况

由表 2-35 可知，45 岁及以下特级教师情绪调节方式的前 3 位为"与朋友 / 同事 / 领导 / 家人交流""读写歌舞娱购游""自我慢慢消解"，46 岁及以上特级教师情绪调节方式的前 3 位为"读写歌舞娱购游""自我慢慢消解""与朋友 / 同事 / 领导 / 家人交流"。

相比较而言，45 岁及以下特级教师选择"与朋友 / 同事 / 领导 / 家人交流"的比例高出 46 岁及以上特级教师 15.6 个百分比。

表 2-35 不同年龄段特级教师的情绪调节情况比较

情绪调节方式	≤45 岁		≥46 岁		合计	
	N/人	占比/%	N/人	占比/%	N/人	占比/%
工作	16	15.2	10	12.2	26	13.9
自我慢慢消解	57	54.3	45	54.9	102	54.5
读写歌舞娱购游	59	56.2	48	58.5	107	57.2
与朋友/同事/领导/家人交流	65	61.9	38	46.3	103	55.1
其他方式	8	7.6	4	4.9	12	6.4

（三）不同学段特级教师的情绪调节情况

由表 2-36 可知，幼儿园、小学、初中、普高、职高特级教师的情绪调节方式前 3 位均为"自我慢慢消解""读写歌舞娱购游""与朋友 / 同事 / 领导 / 家人交流"。

相比较而言，职高特级教师选择"读写歌舞娱购游"的比例（79.2%）均高于其他学段特级教师。

表 2-36　不同学段特级教师的情绪调节情况比较

情绪调节方式	幼儿园		小学		初中		普高		职高		合计	
	N/人	占比/%	N/人	占比/%	N/人	占比/%	N/人	占比/%	N/人	占比/%	N/人	占比/%
工作	1	8.3	5	8.8	6	12.0	10	22.7	4	2.1	26	13.9
自我慢慢消解	4	33.3	33	57.9	31	62.0	22	50.0	12	50.0	102	54.5
读写歌舞娱购游	8	66.7	30	52.6	31	62.0	19	43.2	19	79.2	107	57.2
与朋友/同事/领导/家人交流	6	50.0	31	54.4	30	60.0	21	47.7	15	62.5	103	55.1
其他方式	1	8.3	4	7.0	3	6.0	2	4.5	2	8.3	12	6.4

（四）不同任教学科特级教师的情绪调节情况

由表 2-37 可知，文科、理（工）科和艺体及其他学科特级教师情绪调节方式的前 3 位均为"自我慢慢消解""读写歌舞娱购游""与朋友 / 同事 / 领导 / 家人交流"。

相比较而言，理（工）科特级教师选择"自我慢慢消解"的比例（61.0%）要高于文科和艺体及其他学科特级教师，艺体及其他学科特级教师选择"读写歌舞娱购游"的比例（67.7%）高于文科和理（工）科特级教师，文科特级教师选择"与朋友 / 同事 / 领导 / 家人交流"的比例（53.8%）高于理（工）科和艺体及其他学科特级教师。

表2-37 不同任教学科教师的情绪调节情况比较

情绪调节方式	文科		理（工）科		艺体及其他		合计	
	N/人	占比/%	N/人	占比/%	N/人	占比/%	N/人	占比/%
工作	10	15.4	9	11.0	5	16.1	24	7.2
自我慢慢消解	35	53.8	50	61.0	13	41.9	98	29.7
读写歌舞娱购游	41	63.1	38	46.3	21	67.7	100	30.3
与朋友/同事/领导/家人交流	38	53.8	43	52.4	15	48.4	96	29.18
其他方式	3	4.6	4	4.9	4	12.9	11	3.3

（五）不同职别特级教师的情绪调节情况

由表2-38可知，职别为单位领导的特级教师情绪调节方式的前3位为"读写歌舞娱购游""与朋友/同事/领导/家人交流""自我慢慢消解"，其中选择"读写歌舞娱购游"和"与朋友/同事/领导/家人交流"的比例相同；仅为普通教师的特级教师调节情绪方式的前3位为"自我慢慢消解""读写歌舞娱购游""与朋友/同事/领导/家人交流"。

相比较而言，在"工作"和"读写歌舞娱购游"这2个选项上，不同职别的特级教师所选比例差异不大；仅为普通教师的特级教师选择"自我慢慢消解"的比例高出职别为单位领导的特级教师9个百分比。

表2-38 不同职别特级教师的情绪调节情况比较

情绪调节方式	单位领导		普通教师		合计	
	N/人	占比/%	N/人	占比/%	N/人	占比/%
工作	10	12.7	13	12.9	23	12.8
自我慢慢消解	39	49.4	59	58.4	98	54.4
读写歌舞娱购游	45	57.0	57	56.4	102	56.7

续　表

情绪调节方式	单位领导		普通教师		合计	
	N/人	占比/%	N/人	占比/%	N/人	占比/%
与朋友/同事/领导/家人交流	45	57.0	54	53.5	99	55.0
其他方式	4	5.1	8	7.9	12	6.7

（六）不同性格特级教师的情绪调节情况

由表 2-39 可知，外向开朗的特级教师情绪调节方式的前 3 位为"读写歌舞娱购游""与朋友 / 同事 / 领导 / 家人交流""自我慢慢消解"；内向沉稳的特级教师调节情绪方式的前 3 位为"自我慢慢消解""与朋友 / 同事 / 领导 / 家人交流""读写歌舞娱购游"；性格处于两者之间的特级教师调节情绪方式的前 3 位为"自我慢慢消解""读写歌舞娱购游""与朋友 / 同事 / 领导 / 家人交流"，其中，选择"自我慢慢消解"和"读写歌舞娱购游"的比例相同。

相比较而言，内向沉稳的特级教师调节情绪方式选择"自我慢慢消解"的比例较高，较明显高于其他 2 种性格类型的特级教师。

表 2-39　不同性格特级教师的情绪调节情况比较

情绪调节方式	外向开朗		内向沉稳		两者之间		合计	
	N/人	占比/%	N/人	占比/%	N/人	占比/%	N/人	占比/%
工作	4	9.8	14	20.6	8	10.3	26	13.9
自我慢慢消解	16	39.0	41	60.3	45	57.7	102	54.5
读写歌舞娱购游	27	65.9	35	51.5	45	57.7	107	57.2
与朋友/同事/领导/家人交流	26	63.4	37	54.4	40	51.3	103	55.1
其他方式	1	2.4	3	4.4	8	10.3	12	6.4

第三节　本章小结

一、不同类型特级教师对自身身体健康状态的自我评价良好

46 岁及以上特级教师的身体健康的自我评价稍好于 45 岁及以下特级教师。在不同学段中，初中特级教师的身体健康的自我评价较好，普高和幼儿园特级教师次之，职高特级教师居后。职别为单位领导的特级教师的身体健康状况评价好于普通特级教师。在不同性格中，内向沉稳型特级教师的身体健康状况评价弱于外向开朗型和两者之间型。

二、不同类型特级教师的活力状况评价良好

男性特级教师的活力状况稍优于女性特级教师。45 岁及以下特级教师的活力状况稍差于 46 岁及以上特级教师。在不同学段中，普高特级教师活力状况最佳，职高特级教师次之，幼儿园特级教师居后。在不同任教学科中，理（工）科、艺体及其他学科特级教师的活力状况更好，文科特级教师居后。外向开朗型的特级教师的活力状况远好于内向沉稳型。

三、特级教师的睡眠小于或等于 7 个小时和达到 8 个小时的最多

在"小于或等于 7 个小时"和"达到 8 个小时"的选项上，不同性别特级教师的比例相近。45 岁及以下的特级教师睡眠状况差于 46 岁及以上的特级教师。不同学段的特级教师在睡眠状况上呈现较大差异，其中：普高和小学特级教师的睡眠状况在全学段中最佳，选择 8 个小时的比例分别为 36.4% 和 31.6%，选择 9 个小时的比例分别为 2.3% 和 1.8%，并且只有这 2 个学段的特级教师有 9 个小时的睡眠时长；幼儿园特级教师选择 8 个小时睡眠时长的比例在全学段中最低，仅有 8.3%。艺体及其他学科特级教师睡眠时长小于或等于 7 个小时的比例远高于文、理（工）科特级教师。

四、不同类型特级教师的教师心态普遍良好

女性特级教师的教师心态远好于男性特级教师。46 岁及以上的特级教师的心态好于 45 岁及以下的特级教师。不同学段特级教师的教师心态呈现较大差异：幼儿园特级教师的教师心态最好，远高于其他几个学段；职高和初中特级教师次之，普高特级教师居后。在不同任教学科中，艺体及其他学科特级教师的教师心态较佳。外向开朗型特级教师的教师心态优于内向沉稳型特级教师。

五、不同类型特级教师的情绪控制能力都较强

46 岁及以上特级教师的情绪控制能力明显比 45 岁及以下的特级教师强。在不同学段中，职高特级教师的情绪控制能力最强，小学特级教师的情绪控制能力略低于其他学段特级教师。艺体及其他学科特级教师的情绪控制能力最佳，理（工）科特级教师次之，文科特级教师居后。

六、读写歌舞娱购游是特级教师主要的情绪调节方法，其次是与朋友 / 同事 / 领导 / 家人交流、自我慢慢消解

在"读写歌舞娱购游""与朋友 / 同事 / 领导 / 家人交流""自我慢慢消解"的选项上，分别有 57.2%、55.1% 和 54.5% 的特级教师选择，远高于其他 2 个选项的比例。从不同性别来看，66.2% 的女性特级教师选择"读写歌舞娱购游"，高出男性特级教师将近 16 个百分比；男性特级教师选择"工作""自我慢慢消解"的比例均高于女性特级教师。45 岁及以下特级教师选择"与朋友 / 同事 / 领导 / 家人交流"的比例高出 46 岁及以上特级教师 15.6 个百分比。不同学段的特级教师在这一维度上也存在一定的差异，其中：初中特级教师选择"自我慢慢消解"的比例（62.0%）均高于其他学段特级教师；职高特级教师选择"读写歌舞娱购游"的比例（79.2%）均高于其他学段特级教师。在不同任教学科中，理（工）科特级教师选择"自我慢慢消解"比例（61.0%）高出艺体及其他学科特级教师（41.9%）约 20 个百分比；艺体及其他学科特级教师选择"读写歌舞娱购游"的比例（67.7%）高出理（工）科特级教师（46.3%）约 21 个百分比。

参考文献

［1］张寿松. 特级教师的发展研究［M］. 杭州：浙江大学出版社，2014.

［2］王鹏云，沈岚. 成都市特教教师身心健康现状调查研究［J］. 教育与教学研究，2017，31（12）：70-75＋112.

［3］朱宝善. 北京市高校教师身体健康状况及其影响因素研究［J］. 高教学刊，2019（03）：150-152＋155.

［4］李丹. 郑州市民办高校教师健康状况现状调查及对策研究［J］. 赤峰学院学报（自然科学版），2013，29（18）：265-267.

［5］LESLIE M, KAREN S, HOLLY W. Teacher mental health literacy is associated with student literacy in the adolescent depression awareness program［J］. School mental health, 2019, 11（2）：357-363.

第三章　生存状态

这一章我们将讨论不同类型特级教师的工作状态、工作时间、工作压力来源等3个方面的问题。

第一节　工作状态

一、工作现实

本维度只有一道题目,采用五点量表题形式进行设计,题目为"'考不完的试,做不完的活,操不完的心'是我教师职业生涯的真实写照",试图探究研究对象的工作现实。

（一）不同性别特级教师的工作现实

由表3-1和图3-1可知,不同性别特级教师在这一维度上的平均得分分别为2.59和2.29。该平均得分较低,说明不同性别特级教师对"'考不完的试,做不完的活,操不完的心'是我教师职业生涯的真实写照"这一判断基本不认同（最高认同评价得分为5分）。独立样本t检验表明,不同性别特级教师在工作现实这一维度上的得分存在显著差异,男性特级教师的认同度显著高于女性特级教师。

表 3-1　不同性别特级教师的工作现实比较

性别	N/人	均值	标准差	t
男	110	2.59	1.280	1.726
女	77	2.29	1.122	

注：$p < 0.05$

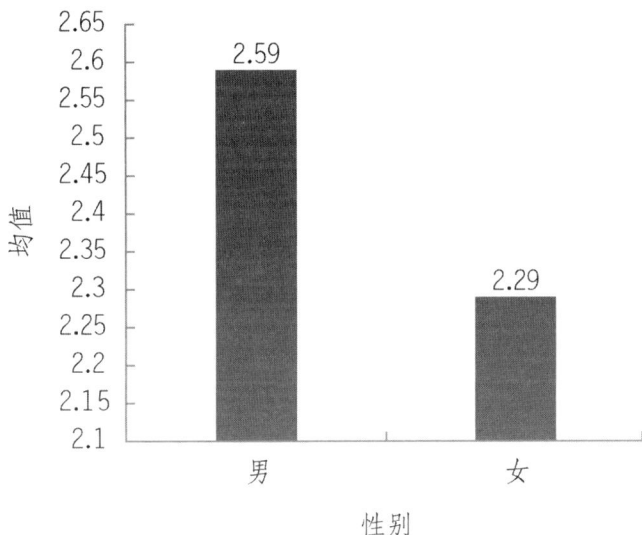

图 3-1　不同性别特级教师的工作现实比较

（二）不同年龄段特级教师的工作现实

由表 3-2 和图 3-2 可知，45 岁及以下和 46 岁及以上的特级教师在这一维度上的平均得分分别为 2.41 和 2.54。该平均得分较低，说明不同年龄段的特级教师对"'考不完的试，做不完的活，操不完的心'是我教师职业生涯的真实写照"这一判断基本不认同（最高认同评价得分为 5 分），45 岁及以下特级教师的得分稍低于 46 岁及以上特级教师。独立样本 t 检验表明，不同年龄段的特级教师在工作现实这一维度上的得分不存在显著差异，46 岁及以上特级教师的认同度高于 45 岁及以下特级教师。

表3-2　不同年龄段特级教师的工作现实比较

年龄段	N/人	均值	标准差	t
≤ 45 岁	105	2.41	1.238	−0.704
≥ 46 岁	82	2.54	1.209	

注：$p > 0.05$

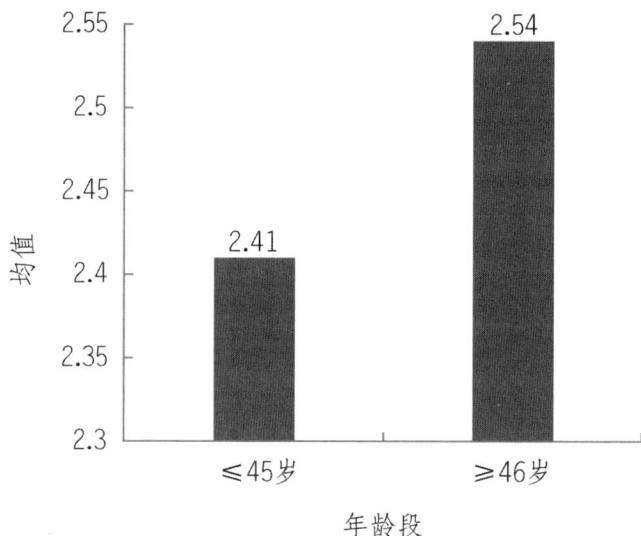

图3-2　不同年龄段特级教师的工作现实比较

（三）不同学段特级教师的工作现实

由表3-3和图3-3可知，不同学段的特级教师在工作现实这一维度上的差异显著：幼儿园特级教师的平均得分为1.92，小学特级教师的平均得分为2.19，初中特级教师的平均得分为2.50，普高特级教师的平均得分为2.95，职高特级教师的平均得分为2.42。这些平均得分较低，说明不同学段的特级教师对"'考不完的试，做不完的活，操不完的心'是我教师职业生涯的真实写照"这一判断基本不认同（最高认同评价得分为5分），也预示着不同学段的特级教师都有较好的工作现实，其中，初中特级教师和普高特级教师的认同度相对较高。

单因素方差分析检验结果显示，F（4，182）= 3.235，p = 0.014。这表明不同学段特级教师在工作现实这一维度上的得分存在显著差异。

表 3-3 不同学段特级教师的工作现实比较

学段	N/人	均值	标准差	F	p
幼儿园	12	1.92	1.084	3.235	0.014
小学	57	2.19	1.043		
初中	50	2.50	1.233		
普高	44	2.95	1.293		
职高	24	2.42	1.316		

注：$p < 0.05$

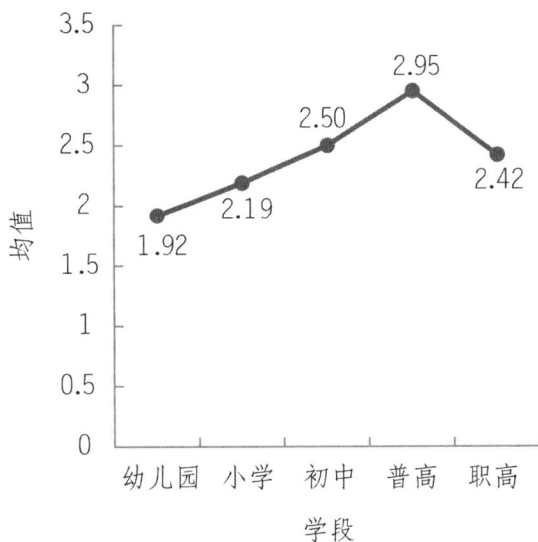

图 3-3 不同学段特级教师的工作现实比较

①幼儿园与小学特级教师的工作现实比较

由表 3-4 可知，幼儿园特级教师的平均得分为 1.92，小学特级教师的平均得分则为 2.19。独立样本 t 检验表明，这两学段特级教师在工作现实这一维度上的得分差异不显著。

表 3-4　幼儿园与小学特级教师的工作现实比较

学段	N/人	均值	标准差	t
幼儿园	12	1.92	1.084	0.468
小学	57	2.19	1.043	

注：$p > 0.05$

②幼儿园与初中特级教师的工作现实比较

由表 3-5 可知，幼儿园特级教师的平均得分为 1.92，初中特级教师的平均得分则为 2.50。独立样本 t 检验表明，这两学段特级教师在工作现实这一维度上的得分差异不显著。

表 3-5　幼儿园与初中特级教师的工作现实比较

学段	N/人	均值	标准差	t
幼儿园	12	1.92	1.084	0.131
初中	50	2.50	1.233	

注：$p > 0.05$

③幼儿园与普高特级教师的工作现实比较

由表 3-6 可知，幼儿园特级教师平均得分为 1.92，普高特级教师的平均得分则为 2.95。独立样本 t 检验表明，这两学段特级教师在工作现实这一维度上的得分差异显著。

表 3-6　幼儿园与普高特级教师的工作现实比较

学段	N/人	均值	标准差	t
幼儿园	12	1.92	1.084	0.008
普高	44	2.95	1.293	

注：$p < 0.05$

④幼儿园与职高特级教师工作现实的比较

由表 3-7 可知，幼儿园特级教师的平均得分为 1.92，职高特级教师的平均得分则为 2.42。独立样本 t 检验表明，幼儿园和职高特级教师在工作现实这一维度上的得分差异不显著。

表 3-7　幼儿园与职高特级教师的工作现实比较

学段	N/人	均值	标准差	t
幼儿园	12	1.92	1.084	0.238
职高	24	2.42	1.316	

注：$p > 0.05$

⑤小学与初中特级教师的工作现实比较

由表 3-8 可知，小学特级教师的平均得分为 2.19，初中特级教师的平均得分则为 2.50。独立样本 t 检验表明，小学和初中特级教师在工作现实这一维度上的得分差异不显著。

表 3-8　小学与初中特级教师的工作现实比较

学段	N/人	均值	标准差	t
小学	57	2.19	1.043	0.187
初中	50	2.50	1.233	

注：$p > 0.05$

⑥小学与普高特级教师的工作现实比较

由表 3-9 可知，小学特级教师的平均得分为 2.19，普高特级教师的平均得分则为 2.95。独立样本 t 检验表明，小学和普高特级教师在工作现实这一维度上的得分差异显著。

表 3-9　小学与普高特级教师的工作现实比较

学段	N/人	均值	标准差	t
小学	57	2.19	1.043	0.002
普高	44	2.95	1.293	

注：$p < 0.05$

⑦小学与职高特级教师的工作现实比较

由表 3-10 可知，小学特级教师的平均得分为 2.19，职高特级教师的平均得分则为 2.42。独立样本 t 检验表明，小学和职高特级教师在工作现实这一维度上的得分差异不显著。

表 3-10　小学与职高特级教师的工作现实比较

学段	N/人	均值	标准差	t
小学	57	2.19	1.043	0.443
职高	24	2.42	1.316	

注：$p > 0.05$

⑧初中与普高特级教师的工作现实比较

由表 3-11 可知，初中特级教师的平均得分为 2.50，普高特级教师的平均得分则为 2.95。独立样本 t 检验表明，初中和普高特级教师在工作现实这一维度上的得分差异不显著。

表 3-11　初中与普高特级教师的工作现实比较

学段	N/人	均值	标准差	t
初中	50	2.50	1.233	0.067
普高	44	2.95	1.293	

注：$p > 0.05$

⑨初中与职高特级教师的工作现实比较

由表3-12可知，初中特级教师的平均得分为2.50，职高特级教师的平均得分则为2.42。独立样本 t 检验表明，初中和职高特级教师在工作现实这一维度上的得分差异不显著。

表3-12　初中与职高特级教师的工作现实比较

学段	N/人	均值	标准差	t
初中	50	2.50	1.233	0.779
职高	24	2.42	1.316	

注：$p > 0.05$

⑩普高与职高特级教师的工作现实比较

由3-13表可知，普高特级教师的平均得分为2.95，职高特级教师的平均得分则为2.42。独立样本 t 检验表明，普高与职高特级教师在工作现实这一维度上的得分差异不显著。

表3-13　普高与职高特级教师的工作现实比较

学段	N/人	均值	标准差	t
普高	44	2.95	1.293	0.078
职高	24	2.42	1.316	

注：$p > 0.05$

（四）不同任教学科特级教师的工作现实

由表3-14和图3-4可知，不同任教学科的特级教师在工作现实这一维度上的差异并不显著：文科特级教师的平均得分为2.35，理（工）科特级教师的平均分为2.71，艺体及其他学科特级教师的平均得分为2.19。这些平均得分较低，说明不同任教学科的特级教师对"'考不完的试，做不完的活，操不完的心，是我教师职业生涯的真实写照"这一判断基本不认同（最高认同评价得分为5分）。艺体及其他学科特级教师的平均得分稍低于文科和理（工）科教师，预示着不同任教学科特级教师都有较好的工作现实，其中理（工）科特级教师的认同度高于文科特级教师和艺体及其他学科特级教师。

单因素方差分析检验结果显示，$F_{(2, 175)} = 2.60$，$p = 0.077$。这表明不同任教学科特级教师在工作现实这一维度上的得分没有显著差异。

表 3-14　不同任教学科特级教师的工作现实比较

任教学科	N/人	均值	标准差	F	p
文科	65	2.35	1.178	2.60	0.077
理（工）科	82	2.71	1.252		
艺体及其他	31	2.19	1.250		

注：$p > 0.05$

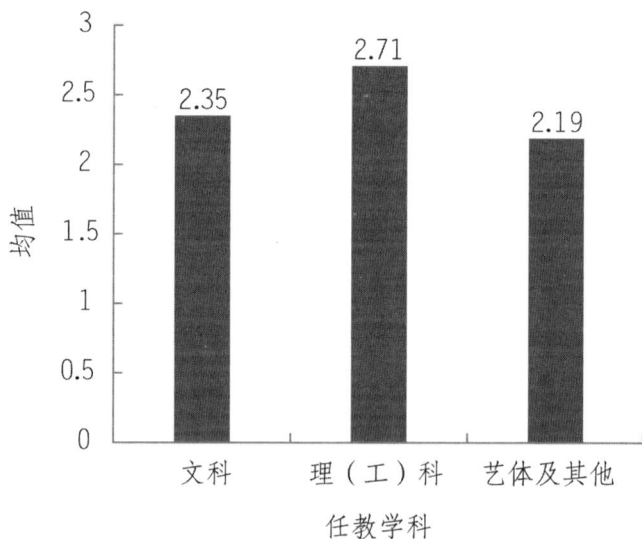

图 3-4　不同任教学科特级教师的工作现实比较

（五）不同职别特级教师的工作现实

由表 3-15 和图 3-5 可知，职别为单位领导的特级教师和身为普通教师的特级教师在这一维度上的平均得分分别为 2.42 和 2.49。该平均得分较低，说明不同职别的特级教师对"'考不完的试，做不完的活，操不完的心'是我教师职业生涯的真实写照"这一判断基本不认同（最高认同评价得分为 5 分），仅为普通教师特级教师的得分稍高于职别为单位领导的特级教师。独立样本 t 检验表明，不同职别的特级教师在工作现实这一维度上的得分不存在显著差异，仅为普通教师特级教师的认同度略高于单位领导特级教师。

表 3-15　不同职别特级教师的工作现实比较

职别	N/人	均值	标准差	t
单位领导	79	2.42	1.194	−0.370
普通教师	101	2.49	1.230	

注：$p > 0.05$

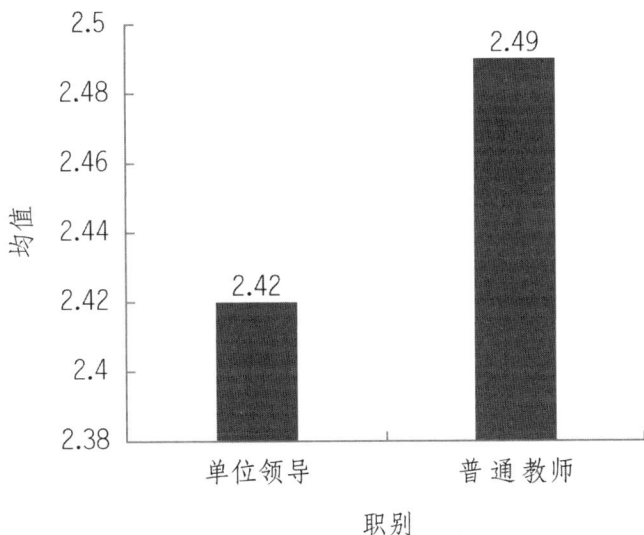

图 3-5　不同职别特级教师的工作现实比较

（六）不同性格特级教师的工作现实

由表 3-16 和图 3-6 可知，不同性格特级教师在工作现实这一维度上的差异显著：性格外向开朗的特级教师的平均得分为 2.17，性格内向沉稳的特级教师的平均得分为 2.76，性格处于两者之间的特级教师的平均得分为 2.36。这些平均得分都较低，说明不同性格的特级教师对"'考不完的试，做不完的活，操不完的心'是我教师职业生涯的真实写照"这一判断基本不认同（最高认同评价得分为 5 分），也预示着不同性格的特级教师都有较好的工作现实，其中内向沉稳的特级教师的认同度高于外向开朗和性格处于两者之间的特级教师。

单因素方差分析检验结果显示，$F_{(2, 184)} = 3.617$，$p = 0.029$。这表明不同性格特级教师在工作现实这一维度上的得分存在显著差异。

表 3-16 不同性格特级教师的工作现实比较

性格	N/人	均值	标准差	F	p
外向开朗	41	2.17	1.138	3.617	0.029
内向沉稳	67	2.76	1.211		
两者之间	76	2.36	1.238		

注：$p < 0.05$

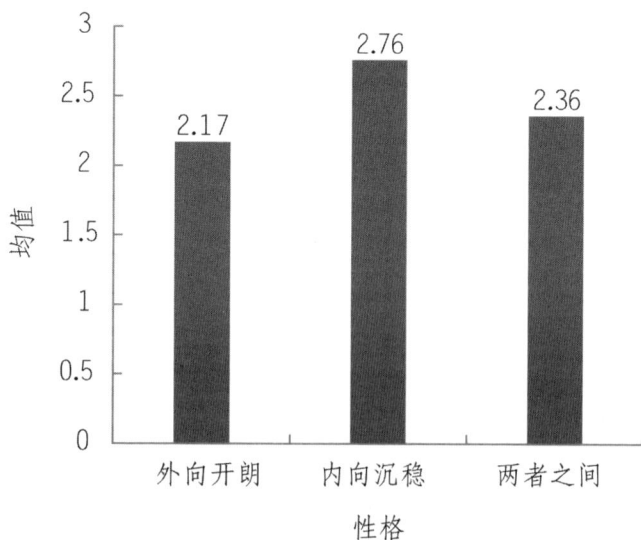

图 3-6 不同性格特级教师的工作现实比较

①外向开朗型与内向沉稳型特级教师的工作现实比较

由表3-17可知,外向开朗的特级教师平均得分为2.17,内向沉稳的特级教师的平均得分则为2.76。独立样本 t 检验表明,这两种性格类型特级教师在工作现实这一维度上的得分差异显著。

表3-17 外向开朗型与内向沉稳型特级教师的工作现实比较

性格	N/人	均值	标准差	t
外向开朗	41	2.17	1.138	0.014
内向沉稳	67	2.76	1.211	

注: $p < 0.05$

②外向开朗型与两者之间型特级教师的工作现实比较

由表3-18可知,外向开朗的特级教师平均得分为2.17,性格处于两者之间的特级教师的平均得分则为2.36。独立样本 t 检验表明,这两种性格类型特级教师在工作现实这一维度上的得分差异不显著。

表3-18 外向开朗型与两者之间型特级教师的工作现实比较

性格	N/人	均值	标准差	t
外向开朗	41	2.17	1.138	0.420
两者之间	76	2.36	1.238	

注: $p > 0.05$

③内向沉稳型与两者之间型特级教师的工作现实比较

由表3-19可知,内向沉稳的特级教师的平均得分为2.76,性格处于两者之间的特级教师的平均得分则为2.36。独立样本 t 检验表明,这两种性格类型特级教师在工作现实这一维度上的得分差异显著。

表 3-19　内向沉稳型与两者之间型特级教师的工作现实比较

性格	N/人	均值	标准差	t
内向沉稳	67	2.76	1.211	0.044
两者之间	76	2.36	1.238	

注：$p < 0.05$

二、工作态度

本维度只有一道题目，采用五点量表题形式进行设计，题目为"对待工作，我总是充满热情，积极进取"，试图探究研究对象的工作态度。

（一）不同性别特级教师的工作态度

由表 3-20 和图 3-7 可知，不同性别特级教师在这一维度上的平均得分分别为 4.65 和 4.62，平均得分较为一致且较高说明不同性别特级教师对自身工作态度给予高度评价，对待工作充满热情，积极进取（最佳状况评价得分为 5 分）。独立样本 t 检验表明，不同性别特级教师在工作态度这一维度上的得分不存在显著差异。

表 3-20　不同性别特级教师的工作态度比较

性别	N/人	均值	标准差	t
男	108	4.65	0.517	0.393
女	76	4.62	0.489	

注：$p > 0.05$

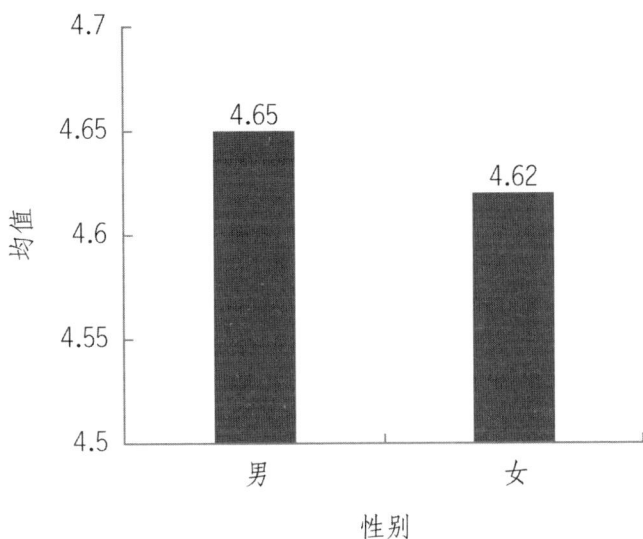

图 3-7　不同性别特级教师的工作态度比较

（二）不同年龄段特级教师的工作态度

由表 3-21 和图 3-8 可知，不同年龄段特级教师在这一维度上的平均得分分别为 4.63 和 4.64，较为一致，说明不同年龄段的特级教师对自身工作态度的评价都很好，对待工作充满热情，积极进取（最佳状况评价得分为 5 分）。独立样本 t 检验表明，不同年龄段的特级教师在工作态度这一维度上的得分不存在显著差异。

表 3-21　不同年龄段特级教师的工作态度比较

年龄段	N/人	均值	标准差	t
≤ 45 岁	103	4.63	0.524	−0.145
≥ 46 岁	81	4.64	0.482	

注：$p > 0.05$

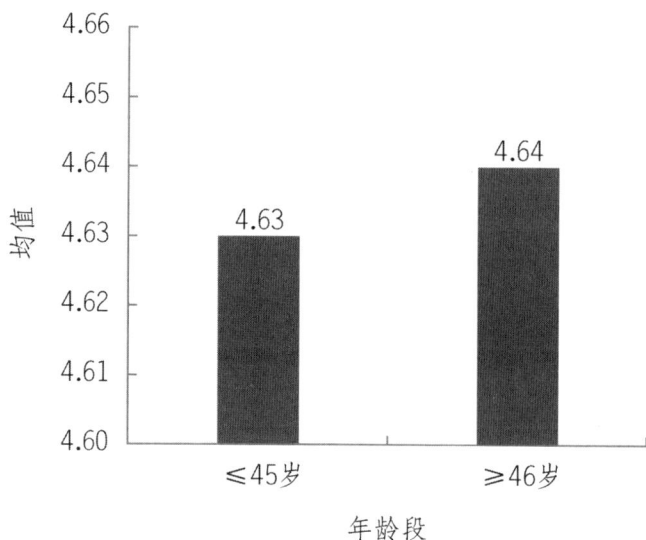

图 3-8　不同年龄段特级教师的工作态度比较

（三）不同学段特级教师的工作态度

由表 3-22 和图 3-9 可知，不同学段的特级教师在工作态度这一维度上的差异不显著：幼儿园特级教师的平均得分为 4.58，小学特级教师的平均得分为 4.68，初中特级教师的平均得分为 4.59，普高特级教师的平均得分为 4.61，职高特级教师的平均得分为 4.70。这说明不同学段特级教师对自身工作态度状况的评价都很好，对待工作能够充满热情（最佳状况评价得分为 5 分），其中，职高特级教师相对于其他学段特级教师来说，对自身工作态度的评价最高，小学和普高特级教师次之。

单因素方差分析检验结果显示，$F_{(4, 179)} = 0.32$，$p = 0.862$。这表明不同学段特级教师在工作态度这一维度上的得分没有显著差异。

表 3-22　不同学段特级教师的工作态度比较

学段	N/人	均值	标准差	F	p
幼儿园	12	4.58	0.515	0.32	0.862

学段	N/人	均值	标准差	F	p
小学	56	4.68	0.471		
初中	49	4.59	0.574		
普高	44	4.61	0.493		
职高	23	4.70	0.470		

注：p > 0.05

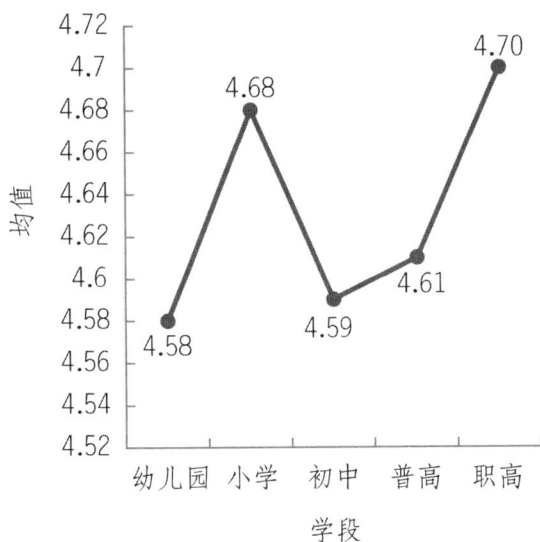

图 3-9　不同学段特级教师的工作态度比较

（四）不同任教学科特级教师的工作态度

由表3-23 和图 3-10 可知，不同任教学科特级教师在工作态度这一维度上的差异不显著：文科特级教师的平均得分为 4.50，理（工）科特级教师的平均得分 4.69，艺体及其他学科特级教师的平均得分为 4.68，说明不同学科特级教师对自身工作态度状况的评价都很好（最佳状况评价得分为 5 分），理（工）科特级教师的得分稍高于文科、艺体及其他学科特级教师，预示着不同任教学科特级教师都有很好的工作态度。

单因素方差分析检验结果显示，F（2，172）＝ 2.71，p ＝ 0.069。这表明不同任教学科特级教师在工作态度这一维度上的得分没有显著差异。

表 3-23　不同任教学科特级教师的工作态度比较

任教学科	N/人	均值	标准差	F	p
文科	64	4.50	0.563	2.71	0.069
理（工）科	80	4.69	0.466		
艺体及其他	31	4.68	0.475		

注：$p > 0.05$

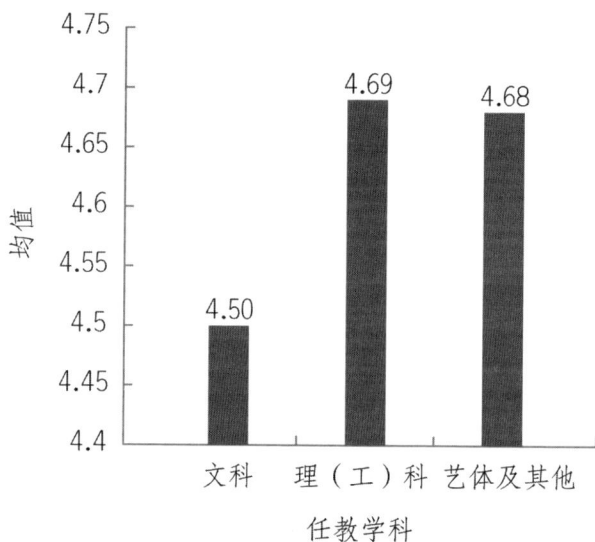

图 3-10　不同任教学科特级教师的工作态度比较

（五）不同职别特级教师的工作态度

由表 3-24 和图 3-11 可知，不同职别特级教师在这一维度上的平均得分分别为 4.65 和 4.61，说明不同职别的特级教师对自身工作态度状况的评价都很好，对待工作能够充满热情（最佳状况评价得分为 5 分），同时，职别为单位领导的特级教师的得分稍高于身为普通教师的特级教师。独立样本 t 检验表明，不同职别的特级教师在工作态度这一维度上的得分不存在显著差异。

表 3-24 不同职别特级教师的工作态度比较

职别	N/人	均值	标准差	t
单位领导	78	4.65	0.479	0.620
普通教师	99	4.61	0.531	

注：$p > 0.05$

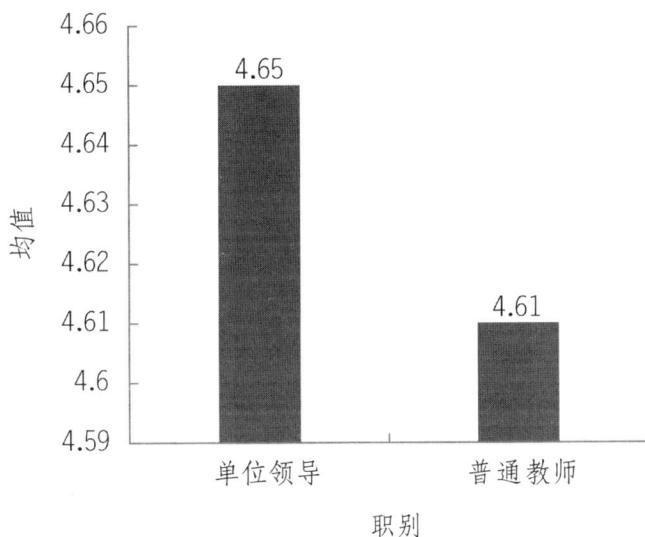

图 3-11 不同职别特级教师的工作态度比较

（六）不同性格特级教师的工作态度

由表 3-25 和图 3-12 可知，不同性格的特级教师在工作态度这一维度上的差异不显著：性格外向开朗的特级教师的平均得分为 4.68，性格内向沉稳的特级教师的平均得分为 4.57，性格介于两者之间的特级教师的平均得分为 4.67。这说明不同性格特级教师对自身工作态度状况的评价都很好（最佳状况评价得分为 5分），外向开朗特级教师的得分稍高于内向沉稳和介于两者之间的特级教师，它预示着不同性格的特级教师都有很好的工作态度。

单因素方差分析检验结果显示，$F_{(2, 181)} = 0.98$，$p = 0.376$。这表明不同性格特级教师在工作态度这一维度上的得分没有显著差异。

表 3-25　不同性格特级教师的工作态度比较

性格	N/人	均值	标准差	F	p
外向开朗	41	4.68	0.521	0.98	0.376
内向沉稳	67	4.57	0.529		
两者之间	76	4.67	0.473		

注：$p > 0.05$

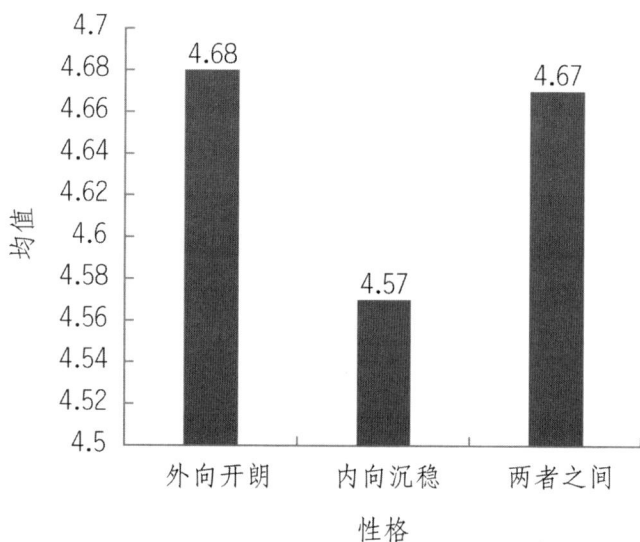

图 3-12　不同性格特级教师的工作态度比较

第二节 工作时间

本维度只有一道题目，采用单选题形式设计，题目为"您一天的工作时间大约是几小时（出于统计方便，这里只取整数）"，一共有 4 个选项，试图探究研究对象的工作时间。

（一）不同性别特级教师的工作时间

由表 3-26 和图 3-13 可知，从总体样本来看，不同性别特级教师的工作时间呈现一定差异，61.0% 的特级教师一天的工作时间在 10 小时及以上。

从不同性别比较来看，66.4% 的男性特级教师一天的工作时间为 10 小时及以上，而只有 2.7% 男性特级教师一天的工作时间为 7 小时及以下，反映出男性特级教师一天的工作时间总体偏长；53.2% 的女性特级教师一天的工作时间为 10 小时及以上，而没有一位女性特级教师一天的工作时间在 7 小时及以下，反映出女性特级教师一天的工作时间也总体偏长。

在"工作时间为 10 小时及以上"的选项上，体现出了较大的性别差异：66.4% 的男性特级教师工作时间在 10 小时及以上，而女性特级教师工作时间在 10 小时及以上的只有 53.2%，前者高出后者 13.2 个百分比；在"工作时间为 9 小时"的选项上，女性特级教师所占比例高出男性特级教师 12.6 个百分比；在"工作时间为 8 小时"的选项上，女性特级教师所占比例高出男性特级教师 3.3 个百分比；在"工作时间为 7 小时及以下"的选项上，男性特级教师所占比例高出女性特级教师 2.7 个百分比。

由表 3-26 可知，在工作时间方面，不同性别特级教师都偏向于 10 小时及以上，不过工作时间为 8—9 个小时的女性特级教师人数多于男性特级教师。

表 3-26　不同性别特级教师的工作时间比较

工作时间	男		女		合计	
	N/人	占比/%	N/人	占比/%	N/人	占比/%
≤7 小时	3	2.7	0	0	3	1.6
8 小时	15	13.6	13	16.9	28	15.0
9 小时	19	17.3	23	29.9	42	22.5
≥10 小时	73	66.4	41	53.2	114	61.0
合计	110	100.0	77	100.0	187	100.0

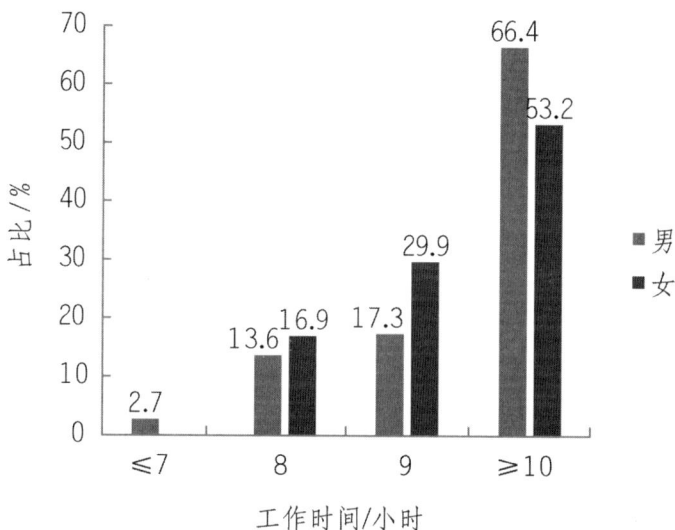

图 3-13　不同性别特级教师的工作时间比较

（二）不同年龄段特级教师的工作时间

由表 3-27 和图 3-14 可知，从总体样本来看，不管是 45 岁及以下的特级教师还是 46 岁及以上的特级教师，他们在工作时间上所占的比例从高到低依次为"≥10 小时""9 小时""8 小时""≤7 小时"。

从不同年龄段比较来看，特级教师的工作时间在具体项目上差异不大：有61.0%的特级教师的工作时间为10小时及以上，22.5%的特级教师的工作时间为9小时，15.0%的特级教师的工作时间为8小时，只有1.6%的特级教师的工作时间为7小时及以下；且2个年龄段在4个选项所占比例上与总样本之间最高的只有2.1%的差异，反映出不同年龄段特级教师在各工作时间上分布均匀。

表 3-27　不同年龄段特级教师的工作时间比较

工作时间	≤ 45 岁		≥ 46 岁		合计	
	N/人	占比/%	N/人	占比/%	N/人	占比/%
≤ 7 小时	2	1.9	1	1.2	3	1.6
8 小时	14	13.3	14	17.1	28	15.0
9 小时	24	22.9	18	22.0	42	22.5
≥ 10 小时	65	61.9	49	59.8	114	61.0
合计	105	100.0	82	100.0	187	100.0

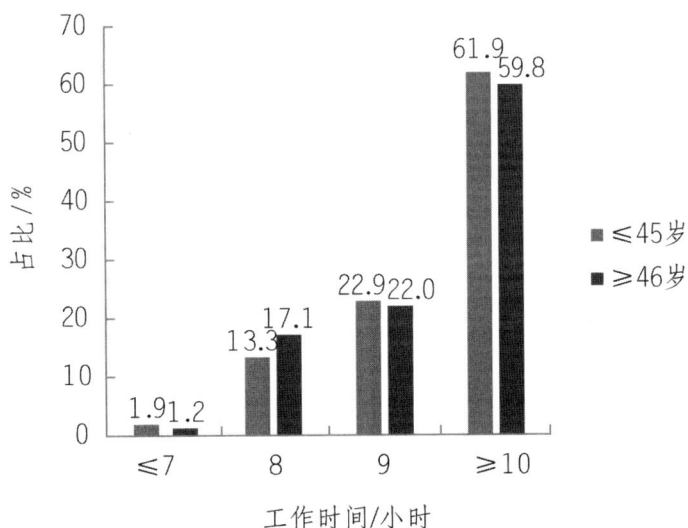

图 3-14　不同年龄段特级教师的工作时间比较

（三）不同学段特级教师的工作时间

由表 3-28 和图 3-15 可知，从总体样本来看，不同学段特级教师的工作时间呈现一定差异，且不同学段特级教师的工作时间为 10 小时及以上所占的比例相对较高。

从不同学段比较来看，幼儿园特级教师的工作时间为 10 小时及以上的所占比例（50.0%）最高，没有一位幼儿园特级教师的工作时间在 7 小时及以下，反映出幼儿园特级教师的工作时间较长；小学特级教师的工作时间为 10 小时及以上的所占比例（49.1%）最高，有 31.6% 的工作时间为 9 小时，有 15.8% 的工作时间为 8 小时，有 3.5% 的工作时间为 7 小时及以下，反映出小学特级教师的工作时间与幼儿园特级教师相比相对较短；初中特级教师的工作时间为 10 小时及以上的所占比例（62.0%）最高，有 18.0% 的工作时间为 9 小时，有 20.0% 的工作时间为 8 小时，没有一位初中特级教师的工作时间为 7 小时及以下，反映出初中特级教师的工作时间相对较长；普高特级教师工作时间为 10 小时及以上的所占比例（77.3%）在全学段中最高，有 15.9% 的工作时间为 9 小时，有 6.8% 的工作时间为 8 小时，没有一位普高特级教师的工作时间在 7 小时及以下，反映出普高特级教师的工作时间最长；职高特级教师工作时间为 10 小时及以上的所占比例（62.5%）最高，有 12.5% 的工作时间为 9 小时，有 20.8% 的工作时间为 8 小时，有 4.2% 的工作时间为 7 小时及以下，反映出职高特级教师的工作时间仅次于普高特级教师。

表 3-28　不同学段特级教师的工作时间比较

工作时间	幼儿园		小学		初中		普高		职高		合计	
	N/人	占比/%	N/人	占比/%	N/人	占比/%	N/人	占比/%	N/人	占比/%	N/人	占比/%
≤7 小时	0	0	2	3.5	0	0	0	0	1	4.2	3	1.6
8 小时	1	8.3	9	15.8	10	20.0	3	6.8	5	20.8	28	15.0
9 小时	5	41.7	18	31.6	9	18.0	7	15.9	3	12.5	42	22.5
≥10 小时	6	50.0	28	49.1	31	62.0	34	77.3	15	62.5	114	61.0
合计	12	100.0	57	100.0	50	100.0	44	100.0	82	100.0	187	100.0

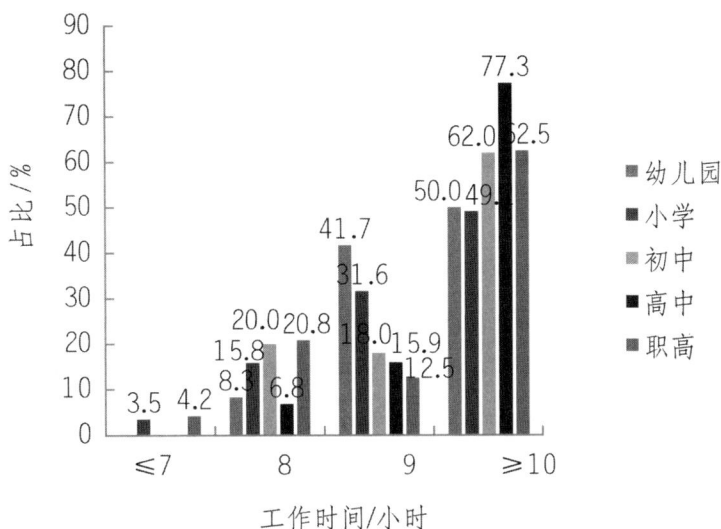

图 3-15 不同学段特级教师的工作时间比较

（四）不同任教学科特级教师的工作时间

由表 3-29 和图 3-16 可知，从总体样本来看，文科、理（工）科特级教师在工作时间所占比例从高到低依次为"≥10 小时""9 小时""8 小时""≤7 小时"；艺体及其他特级教师在工作时间上所占比例从高到低依次为"≥10 小时""8 小时""9 小时""≤7 小时"。

从不同任教学科比较来看，文科特级教师的工作时间为 7 小时及以下的占3.1%，有 12.3% 的工作时间为 8 小时，有 18.5% 的工作时间为 9 小时，工作时间为 10 小时及以上的所占比例（66.2%）在 3 个学科中最高，反映出文科特级教师的工作时间最长；理（工）科特级教师的工作时间为 10 小时及以上的所占比例为 59.8%，工作时间为 9 小时的比工作时间为 10 小时及以上的少 33 个百分比，工作时间为 8 小时所占比例为 13.4%，反映出理（工）科特级教师的工作时间偏向于 10 小时及以上，工作时间较长；艺体及其他学科特级教师的工作时间为 10 小时及以上的所占比例为 48.4%，工作时间为 8 小时和 9 小时的所占比例分别为29.0% 和 19.4%，工作时间为 7 小时及以下的所占比例为 3.2%，反映出艺体及其他学科特级教师的工作时间在 3 个学科中居后。

表3-29　不同任教学科特级教师的工作时间比较

工作时间	文科		理（工）科		艺体及其他		合计	
	N/人	占比/%	N/人	占比/%	N/人	占比/%	N/人	占比/%
≤7小时	2	3.1	0	0	1	3.2	3	1.7
8小时	8	12.3	11	13.4	9	29.0	28	15.7
9小时	12	18.5	22	26.8	6	19.4	40	22.5
≥10小时	43	66.2	49	59.8	15	48.4	107	60.1
合计	65	100.0	82	100.0	31	100.0	178	100.0

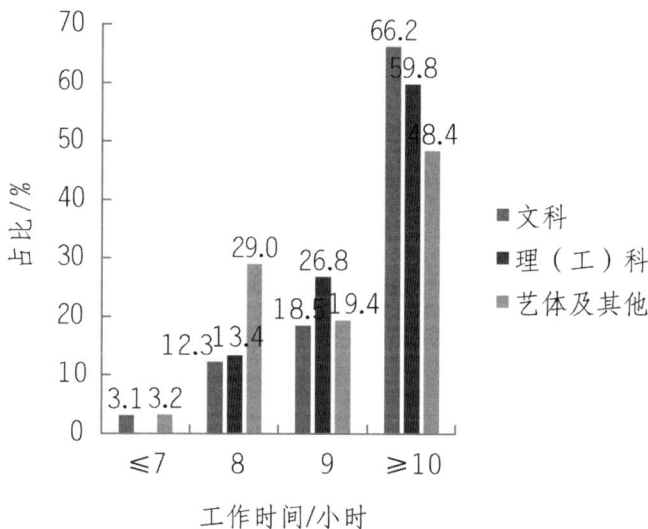

图3-16　不同任教学科特级教师的工作时间比较

（五）不同职别特级教师的工作时间

由表3-30和图3-17可知，从总体样本来看，不管是职别为单位领导的特级教师还是身为普通教师的特级教师，在工作时间上所占比例从高到低依次为"≥10小时""9小时""8小时""≤7小时"。

从不同职别比较来看，职别为单位领导的特级教师的工作时间为10小时及以上的所占比例为 62.0%，工作时间为 9 小时的所占比例为 22.8%，工作时间为 8 小时的所占比例为 13.9%，工作时间为 7 小时及以下的所占比例（1.3%）最小；仅为普通教师的特级教师的工作时间为 10 小时及以上的所占比例为 59.4%，工作时间为 9 小时的所占比例为 21.8%，工作时间为 8 小时的所占比例为 16.8%，工作时间为 7 小时及以下的所占比例（2.0%）最小，反映出职别为单位领导的特级教师的工作时间相较于仅为普通教师的特级教师略长。

表 3-30　不同职别特级教师的工作时间比较

工作时间	单位领导		普通教师		合计	
	N/人	占比/%	N/人	占比/%	N/人	占比/%
≤7 小时	1	1.3	2	2.0	3	1.7
8 小时	11	13.9	17	16.8	28	15.6
9 小时	18	22.8	22	21.8	40	22.2
≥10 小时	19	62.0	60	59.4	109	60.6
合计	79	100.0	101	100.0	180	100.0

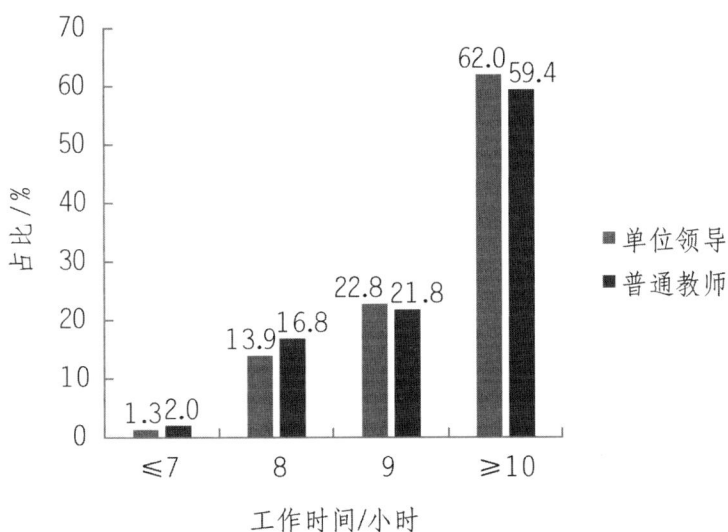

图 3-17　不同职别特级教师的工作时间比较

（六）不同性格特级教师的工作时间

由表3-31和图3-18可知，从总体样本来看，不管特级教师的性格是性格开朗、内向沉稳还是介于两者之间的，其在工作时间上所占比例从高到低依次为"≥10小时""9小时""8小时""≤7小时"。

从不同性格比较来看，外向开朗的特级教师的工作时间为10小时及以上的所占比例（65.9%）最高，工作时间为9小时的所占比例为24.4%，工作时间为8小时的所占比例为9.8%，工作时间为7小时及以下的所占比例为0；内向沉稳的特级教师的工作时间为10小时及以上的所占比例为60.3%，工作时间为9小时的所占比例为19.1%，工作时间为8小时的所占比例为17.6%，工作时间为7小时及以下的所占比例（2.9%）最小；性格介于两者之间的特级教师的工作时间为10小时及以上的所占比例为58.9%，工作时间为9小时的所占比例为24.4%，工作时间为8小时的所占比例为15.4%，工作时间为7小时及以下的所占比例为1.3%，反映出性格介于两者之间的特级教师的工作时间相较于内心沉稳或外向开朗的特级教师偏短，同时外向开朗的特级教师工作时间较长。

表3-31 不同性格特级教师的工作时间比较

工作时间	外向开朗		内向沉稳		两者之间		合计	
	N/人	占比/%	N/人	占比/%	N/人	占比/%	N/人	占比/%
≤7小时	0	0	2	2.9	1	1.3	3	1.6
8小时	4	9.8	12	17.6	12	15.4	28	15.0
9小时	10	24.4	13	19.1	19	24.4	42	22.5
≥10小时	27	65.9	41	60.3	46	58.9	114	61.0
合计	41	100.0	68	100.0	78	100.0	187	100.0

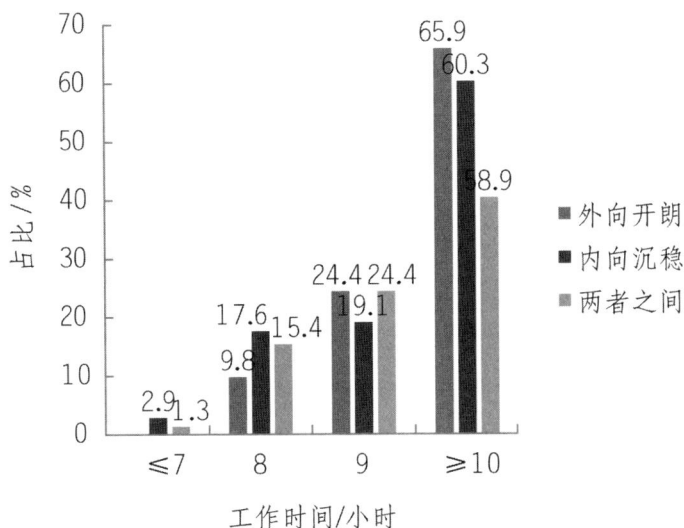

图 3-18 不同性格特征特级教师的工作时间比较

第三节 工作压力来源

本维度只有一道题目，采用多项选择题形式设计，题目为"你觉得你的工作压力来自（　　）"，一共有 10 个选项（最多选 6 项），试图探究研究对象的工作压力来源。

（一）不同性别特级教师的工作压力来源

由表 3-32 可知，从总体样本来看，特级教师的工作压力来源前 6 项依次为身体状况、考核评比、学生成绩与管理、课改教改、自身能力欠缺、教学科研和薪酬待遇（教学科研和薪酬待遇比例相同）。其中：认为工作压力来源于身体状况、考核评比及学生成绩与管理的特级教师比例较高，分别为 36.0%、34.9% 和 31.2%；认为工作压力来源于课改教改、自身能力欠缺的特级教师比例较低，分别为 24.7% 和 20.4%。

相比较而言，男性特级教师认为工作压力主要来源于考核评比、学生成绩与管理和身体状况；女性特级教师认为工作压力主要来源于身体状况、课改教改、考核评比和学生成绩与管理。

表3-32 不同性别特级教师的工作压力来源比较

工作压力来源	男		女		合计	
	N/人	占比/%	N/人	占比/%	N/人	占比/%
学生成绩与管理	37	33.6	21	27.6	58	31.2
人际关系	14	12.7	12	15.8	26	14.0
职称晋升	13	11.8	9	11.8	22	11.8
考核评比	44	40.0	21	27.6	65	34.9
教学科研	12	10.9	20	26.3	32	17.2
教师培训	3	2.7	12	15.8	15	8.1
课改教改	23	20.9	23	30.3	46	24.7
薪酬待遇	25	22.7	7	9.2	32	17.2
身体状况	37	33.6	30	39.5	67	36.0
自身能力欠缺	28	25.5	10	13.2	38	20.4

（二）不同年龄段特级教师的工作压力来源

由表3-33可知，年龄在45岁及以下的特级教师认为，工作压力主要来源于身体状况、考核评比、学生成绩与管理和课改教改；年龄在46岁及以上的特级教师认为，工作压力主要来源于考核评比、身体状况和学生成绩与管理。

表3-33 不同年龄段特级教师的工作压力来源比较

工作压力来源	≤45岁		≥46岁		合计	
	N/人	占比/%	N/人	占比/%	N/人	占比/%
学生成绩与管理	33	31.7	25	30.5	58	31.2
人际关系	14	13.5	12	14.6	26	14.0

工作压力来源	≤45岁		≥46岁		合计	
	N/人	占比/%	N/人	占比/%	N/人	占比/%
职称晋升	10	9.6	12	14.6	22	11.8
考核评比	35	33.7	30	36.6	65	34.9
教学科研	20	19.2	12	14.6	32	17.2
教师培训	9	8.7	6	7.3	15	8.1
课改教改	28	26.9	18	22.0	46	24.7
薪酬待遇	18	17.3	14	17.1	32	17.2
身体状况	40	38.5	27	32.9	67	36
自身能力欠缺	23	22.1	15	18.3	38	18.8

（三）不同学段特级教师的工作压力来源

由表3-34可知，幼儿园特级教师认为，工作压力主要来源于课改教改、身体状况、人际关系和自身能力欠缺；小学特级教师认为，工作压力主要来源于考核评比、身体状况和学生成绩与管理；初中特级教师认为，工作压力主要来源于学生成绩与管理、身体状况和考核评比；普高特级教师认为，工作压力主要来源于考核评比和学生成绩与管理；职高特级教师认为，工作压力主要来源于身体状况和考核评比。

表3-34　不同学段特级教师的工作压力来源比较

工作压力来源	幼儿园		小学		初中		普高		职高		合计	
	N/人	占比/%	N/人	占比/%	N/人	占比/%	N/人	占比/%	N/人	占比/%	N/人	占比/%
学生成绩与管理	0	0	16	28.1	22	44.9	18	40.9	2	8.3	58	31.2
人际关系	4	33.3	8	14.0	6	12.2	5	11.4	3	12.5	26	14.0

续　表

工作压力来源	幼儿园		小学		初中		普高		职高		合计	
	N/人	占比/%	N/人	占比/%	N/人	占比/%	N/人	占比/%	N/人	占比/%	N/人	占比/%
职称晋升	2	16.7	5	8.8	5	10.2	7	15.9	3	12.5	22	11.8
考核评比	3	25.0	20	35.1	15	30.6	19	43.2	8	33.3	65	34.9
教学科研	2	16.7	10	17.5	11	22.4	6	13.6	3	12.5	32	17.2
教师培训	1	8.3	6	10.5	4	8.2	2	4.5	2	8.3	15	8.1
课改教改	6	50.0	14	24.6	8	16.3	12	27.3	6	25.0	46	24.7
薪酬待遇	1	8.3	9	15.8	7	14.3	9	20.5	6	25.0	32	17.2
身体状况	5	41.7	19	33.3	16	32.7	11	25.0	16	66.7	67	36.0
自身能力欠缺	4	33.3	14	24.6	7	14.3	10	22.7	3	12.5	38	20.4

（四）不同任教学科特级教师的工作压力来源

由表3-35可知，文科特级教师认为，工作压力主要来源于考核评比、学生成绩与管理和身体状况；理（工）科特级教师认为，工作压力主要来源于学生成绩与管理、考核评比、身体状况和自身能力欠缺；艺体及其他学科特级教师认为，工作压力主要来源于身体状况、课改教改和人际关系。

表3-35　不同任教学科特级教师的工作压力来源比较

工作压力来源	文科		理（工）科		艺体及其他		合计	
	N/人	占比/%	N/人	占比/%	N/人	占比/%	N/人	占比/%
学生成绩与管理	26	40.6	29	35.4	1	3.2	56	31.6
人际关系	9	14.1	8	9.8	8	25.8	25	14.1
职称晋升	9	14.1	7	8.5	5	16.1	21	11.9
考核评比	26	40.6	28	34.1	7	22.6	61	34.5
教学科研	12	18.8	14	17.1	5	16.1	31	17.5

工作压力来源	文科		理（工）科		艺体及其他		合计	
	N/人	占比/%	N/人	占比/%	N/人	占比/%	N/人	占比/%
教师培训	6	9.4	5	6.1	3	9.7	14	7.9
课改教改	17	26.6	17	20.7	10	32.3	44	24.9
薪酬待遇	10	15.6	15	18.3	6	19.4	31	17.5
身体状况	25	39.1	25	30.5	13	41.9	63	35.6
自身能力欠缺	8	12.5	22	26.8	7	22.6	37	20.9

（五）不同职别特级教师的工作压力来源

由表 3-36 可知，职别为单位领导的特级教师认为，工作压力主要来源于考核评比、学生成绩与管理和身体状况；仅为普通教师的特级教师认为，工作压力主要来源于身体状况、考核评比和学生成绩与管理。

表 3-36　不同职别特级教师的工作压力来源比较

工作压力来源	单位领导		普通教师		合计	
	N/人	占比/%	N/人	占比/%	N/人	占比/%
学生成绩与管理	25	31.6	31	31.0	56	31.3
人际关系	15	19.0	11	11.0	26	14.5
职称晋升	7	8.9	14	14.0	21	11.7
考核评比	26	32.9	35	35.0	61	34.1
教学科研	14	17.7	17	17.0	31	17.3
教师培训	5	6.3	8	8.0	13	7.3
课改教改	19	24.1	26	26.0	45	25.1
薪酬待遇	7	8.9	25	25.0	32	17.9

续 表

工作压力来源	单位领导		普通教师		合计	
	N/人	占比/%	N/人	占比/%	N/人	占比/%
身体状况	25	31.6	39	39.0	64	35.8
自身能力欠缺	19	24.1	18	18.0	37	20.7

（六）不同性格特级教师的工作压力

由表3-37可知，外向开朗的特级教师认为，工作压力主要来源于考核评比、课改教改和身体状况；内向沉稳的特级教师认为，工作压力主要来源于学生成绩与管理、身体状况和考核评比；性格介于两者之间的特级教师认为，工作压力主要来源于身体状况、考核评比和学生成绩与管理。

表3-37 不同性格特级教师的工作压力来源比较

工作压力来源	外向开朗		内向沉稳		两者之间		合计	
	N/人	占比/%	N/人	占比/%	N/人	占比/%	N/人	占比/%
学生成绩与管理	12	29.3	27	39.7	19	24.7	58	31.2
人际关系	5	12.2	9	13.2	12	15.6	26	14
职称晋升	5	12.2	3	4.4	14	18.2	22	11.8
考核评比	17	41.5	25	36.8	23	29.9	65	34.9
教学科研	8	19.5	9	13.2	15	19.5	32	17.2
教师培训	8	19.5	2	2.9	5	6.5	15	8.1
课改教改	15	36.6	13	19.1	18	23.4	46	24.7
薪酬待遇	6	14.6	12	17.6	14	18.2	32	17.2
身体状况	13	31.7	27	39.7	27	35.1	67	36.0
自身能力欠缺	7	17.1	16	23.5	15	19.5	38	20.4

第四节 本章小结

一、不同类型特级教师对工作现实的评价良好

女性特级教师对自身工作现实的评价稍优于男性特级教师。在不同学段中，特级教师对自身工作态度的评价存在显著差异，其中幼儿特级教师的工作现实状况居前，小学次之，普通高中居后。在不同性格中，特级教师对自身工作态度的评价存在显著差异，性格外向开朗的特级教师的工作现实状况更好，内向沉稳的居后。

二、不同类型特级教师对自身工作态度的评价都很好

在不同年龄段中，46岁及以上特级教师的工作态度稍优于45岁及以下特级教师。在不同学段中，职高特级教师对自身工作态度的评价更高，小学特级教师次之，幼儿园特级教师居后。

三、特级教师的工作时间在10小时及以上的居多

在工作时间"≥10小时"的选项上，男性特级教师的比例高于女性特级教师将近13个百分比；相较于女性特级教师来说，男性特级教师的工作时间更多地偏向10小时及以上。不管是45岁及以下特级教师还是46岁及以上特级教师，在工作时间上的比例都由"≤7小时""8小时""9小时""≥10小时"呈现递增趋势，且递增情况几乎一致。不同学段的特级教师在工作时间上呈现较大差异，其中职高特级教师的工作时间为8小时的比例在全学段中最高，为20.8%；而普高特级教师的工作时间为8小时的比例在全学段中最低，仅有6.8%。不同任教学科的三类特级教师在工作时间上呈现一定差异，文科和理（工）科特级教师，在工作时间上所占比例从高到低均依次为"≥10小时""9小时""8小时""≤7小时"；而艺体及其他学科特级教师，在工作时间上所占比例从高到低依次为"≥10小时""8小时""9小时""≤7小时"。职别为单位领导的特级教师和身为普通教师的特级教师在工作时间上的比例分布和变化趋势较为一致。

四、不同类型特级教师的工作压力来源

身体状况、考核评比、学生成绩与管理是特级教师主要的工作压力来源，其次是课改教改、自身能力欠缺、教学科研和薪酬待遇；有 36.0%、34.9% 和 31.2% 的特级教师分别认为身体状况、考核评比和学生成绩与管理是其工作压力的主要来源，远高于其他选项的比例。40.0% 的男性特级师认为考核评比是其工作压力的主要来源，高出女性特级教师将近 13 个百分比。45 岁及以下特级教师选择"身体状况"作为其工作压力来源的比例高出 46 岁及以上特级教师将近 6 个百分比。仅为普通教师的特级教师选择"薪酬待遇"作为其工作压力来源的比例高出职别为单位领导的特级教师约 16 个百分比。不同学段的特级教师在这一维度上的比例也存在一定差异，其中：小学特级教师选择"教师培训"的比例均高于其他学段的特级教师；初中特级教师选择"学生成绩与管理"的比例均高于其他学段的特级教师。不同任教学科的特级教师在这一维度上的比例也存在一定差异：理（工）科特级教师选择"考核评比"的比例（34.1%）高出艺体及其他学科特级教师（22.6%）约 12 个百分比；文科特级教师选择"学生成绩与管理"的比例（40.6%）高出艺体及其他学科特级教师（3.2%）约 37 个百分比。

参考文献

[1] 张寿松. 特级教师与普通教师的教学能力提升及其困惑的比较研究 [J]. 上海教育科研，2009（6）：47-49.

[2] 冯丽. 内江地区民办幼儿园教师生存状态的调查研究 [J]. 智库时代，2019（6）：125-126.

[3] 鲁林岳，张寿松. 教师专业发展过程中的几个关键时段的调查研究 [J]. 教师教育研究. 2010，22（1）：67-70.

[4] 周美秀. 特级教师和普通教师职业倦怠状况的比较研究 [J]. 教学与管理，2013（9）：70-72.

[5] 张寿松. 特级教师与普通教师职业认同的比较研究 [J]. 教育理论与实践，

2011，31（11）：34-36.

[6]黄杰. 湖南乡村教师的生存状态与改善路径[J]. 湖南第一师范学院学报，2018，18（6）：61-66.

[7]张越. 民办中小学教师生存状态调查研究[D]. 大连：辽宁师范大学，2018.

[8]张寿松. 特级教师和普通教师的职业压力与工作状况的比较研究[J]. 当代教育科学，2009（23）：35-37.

第四章 职业认知

这一章我们将分别探讨不同类型特级教师的专业知识认知、专业素养认知、专业能力认知以及优秀品质认知等 4 个方面的问题。

第一节 专业知识

一、本体性知识

本维度只有一道题目，采用五点量表题形式设计，题目为"我认为专业知识（本体性知识）对教师的专业发展有十分重要的作用"，试图探究研究对象本体性知识的认知。

（一）不同性别特级教师本体性知识的认知

由表 4-1 和图 4-1 可知，不同性别特级教师在这一维度上的平均得分分别为 4.79 和 4.68，说明不同性别特级教师对本体性知识的评价很好（最佳状况评价得分为 5 分），也预示着不同性别特级教师均有很高的本体性知识认知水平，同时，男性特级教师的得分略高于女性特级教师。独立样本 t 检验表明，不同性别特级教师在本体性知识这一维度上的得分无显著差异。

表 4-1 不同性别特级教师本体性知识的认知比较

性别	N/人	均值	标准差	t
男	110	4.79	0.409	1.548
女	76	4.68	0.896	

注: $p > 0.05$

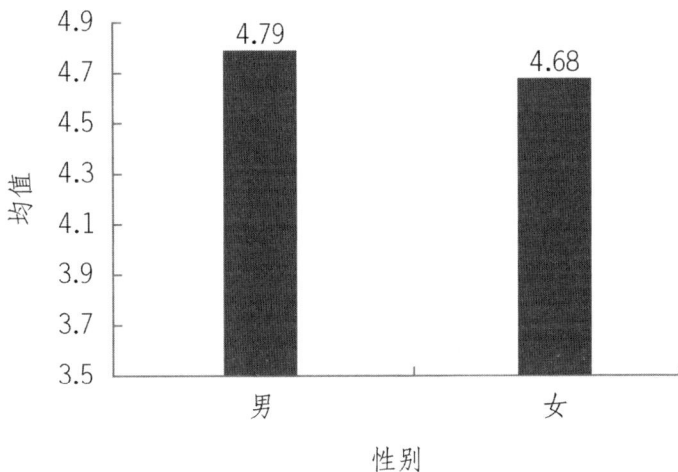

图 4-1 不同性别特级教师本体性知识的认知比较

（二）不同年龄段特级教师本体性知识的认知

由表 4-2 和图 4-2 可知，45 岁及以下和 46 岁及以上的特级教师在这一维度上的平均得分分别为 4.71 和 4.79，说明不同年龄段特级教师对本体性知识的评价很好（最佳状况评价得分为 5 分），也预示着不同年龄段特级教师都有很高的本体性知识认知水平，同时，46 岁及以上特级教师得分稍高于 45 岁及以下特级教师。独立样本 t 检验表明，不同年龄段特级教师在这一维度上的得分不存在显著差异。

表 4-2　不同年龄段特级教师本体性知识的认知比较

年龄段	N/人	均值	标准差	t
≤ 45 岁	104	4.71	0.476	−1.228
≥ 46 岁	82	4.79	0.408	

注：$p > 0.05$

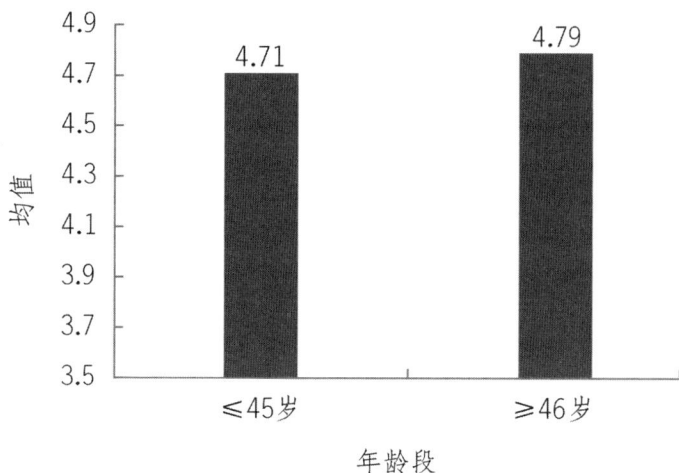

图 4-2　不同年龄段特级教师本体性知识的认知比较

（三）不同学段特级教师本体性知识的认知

由表 4-3 和图 4-3 可知，不同学段特级教师本体性知识认知的平均得分在 4.75 左右，说明不同学段特级教师对本体性知识的评价很好（最佳状况评价得分为 5 分），也预示着不同学段特级教师都有很高的本体性知识认知水平。具体而言，幼儿园特级教师本体性知识认知的平均得分为 4.67，小学特级教师的平均得分为 4.73，初中特级教师的平均得分为 4.80，普高特级老师的平均得分为 4.77，职高特级教师的平均得分为 4.67。

单因素方差分析检验结果显示，$F(4, 181) = 0.51$，$p = 0.728$。这表明不同学段特级教师在这一维度上的得分不存在显著差异。

表 4-3 不同学段特级教师本体性知识的认知比较

学段	N/人	均值	标准差	F	p
幼儿园	12	4.67	0.492	0.51	0.728
小学	56	4.73	0.486		
初中	50	4.80	0.404		
普高	44	4.77	0.404		
职高	24	4.67	0.482		
总数	186	4.75	0.448		

注：$p > 0.05$

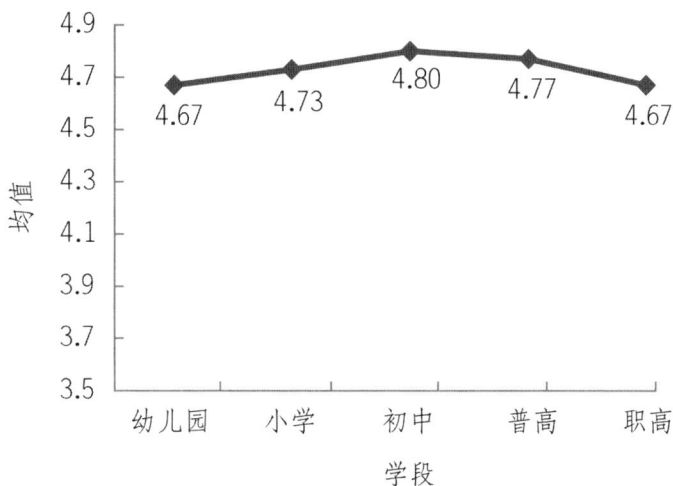

图 4-3 不同学段特级教师本体性知识的认知比较

（四）不同任教学科特级教师本体性知识的认知

由表 4-4 和图 4-4 可知，不同任教学科特级教师本体性知识认知的平均得分在 4.74 左右，说明不同任教学科特级教师对本体性知识的评价很好（最佳状况评价得分为 5 分），也预示着不同任教学科特级教师都有很高的本体性知识认知水平。文科特级教师本体性知识认知的平均得分为4.61，理（工）科特级教师的平均得分为4.82，艺体及其他学科特级教师的平均得分为4.81。

单因素方差分析检验结果显示，$F_{(2, 174)} = 4.35$，$p = 0.014$。这表明不同任教学科特级教师在这一维度上的得分有显著差异。

表4-4 不同任教学科特级教师本体性知识的认知比较

任教学科	N/人	均值	标准差	F	p
文科	64	4.61	0.523	4.35	0.014
理（工）科	82	4.82	0.289		
艺体及其他	31	4.81	0.402		
总数	177	4.74	0.453		

注：$p < 0.05$

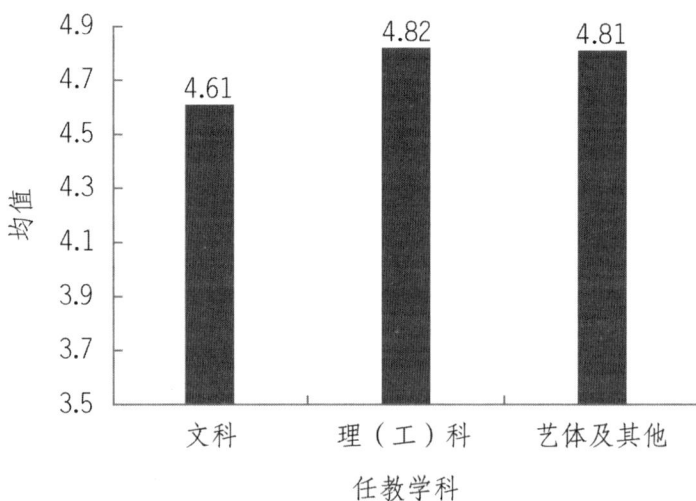

图4-4 不同任教学科特级教师本体性知识的认知比较

经方差齐性检验，各任教学科特级教师本体性知识认知方差存在显著性差异，所以我们采用了Games-Howell方法进行方差分析的事后检验，以便进一步比较

3 个任教学科特级教师本体性知识认知。为了清晰起见，我们将分别呈现各任教学科之间的两两比较。

①文科、理（工）科特级教师本体性知识的认知比较

由表 4-5 可知，文科特级教师本体性知识认知的平均得分为 4.61，理（工）科特级教师平均得分为 4.82，$p < 0.05$，表明文科特级教师与理（工）科特级教师本体性知识认知存在显著差异。

表 4-5　文科、理（工）科特级教师本体性知识的认知比较

任教学科	N/人	均值	标准差	p
文科	64	4.61	0.523	0.024
理（工）科	82	4.82	0.383	

注：$p < 0.05$

②文科、艺体及其他学科特级教师本体性知识的认知比较

由表 4-6 可知，文科特级教师本体性知识认知的平均得分为 4.61，艺体及其他学科特级教师平均得分为 4.81，$p > 0.05$，表明文科特级教师与艺体及其他学科特级教师本体性知识认知不存在显著差异。

表 4-6　文科、艺体及其他学科特级教师本体性知识的认知比较

任教学科	N/人	均值	标准差	p
文科	64	4.61	0.523	0.113
艺体及其他	31	4.81	0.402	

注：$p > 0.05$

③理（工）科、艺体及其他学科特级科教师本体性知识的认知比较

由表 4-7 可知，理（工）科特级教师本体性知识认知的平均得分为 4.82，艺体及其他学科特级教师的平均得分为 4.81，$p > 0.05$，表明理（工）科特级教师与艺体及其他学科特级教师本体性知识认知不存在显著差异。

表4-7　理（工）科、艺体及其他学科特级教师本体性知识的认知比较

任教学科	N/人	均值	标准差	p
理（工）科	82	4.82	0.389	0.991
艺体及其他	31	4.81	0.402	

注：$p > 0.05$

（五）不同职别特级教师本体性知识的认知

由表4-8和图4-5可知，职别为单位领导和仅为普通教师的特级教师在这一维度上的平均得分分别为4.68和4.79，说明不同职别特级教师对本体性知识的评价很好（最佳状况评价得分为5分），也预示着不同职别特级教师都有很高的本体性知识认知水平，同时，仅为普通教师的特级教师的得分稍高于职别为单位领导的特级教师。独立样本t检验表明，不同职别特级教师在本体性知识认知这一维度上的得分不存在显著差异。

表4-8　不同职别特级教师本体性知识的认知比较

职别	N/人	均值	标准差	t
单位领导	79	4.68	0.495	−1.541
普通教师	100	4.79	0.409	

注：$p > 0.05$

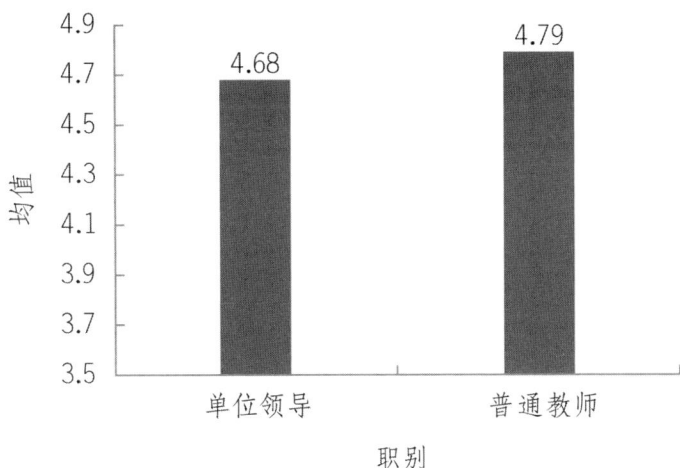

图4-5 不同职别特级教师本体性知识的认知比较

（六）不同性格特级教师本体性知识的认知

由表4-9和图4-6可知，不同性格特级教师本体性知识认知的平均得分在4.75左右，说明不同性格特级教师对本体性知识的评价很好（最佳状况评价得分为5分），也预示着不同性格特级教师都有很高的本体性知识认知水平。具体而言，外向开朗型特级教师的平均得分为4.78，内向沉稳型特级教师的为4.75，介于外向开朗与内向平稳之间的特级教师的为4.73。

单因素方差分析检验结果显示，$F_{(2, 183)} = 0.13$，$p = 0.879$。这表明不同性格特级教师在这一维度上的得分不存在显著差异。

表4-9 不同性格特级教师本体性知识的认知比较

性格	N/人	均值	标准差	F	p
外向开朗	40	4.78	0.423	0.13	0.879
内向沉稳	68	4.75	0.436		
两者之间	78	4.73	0.475		
总数	186	4.75	0.448		

注：$p > 0.05$

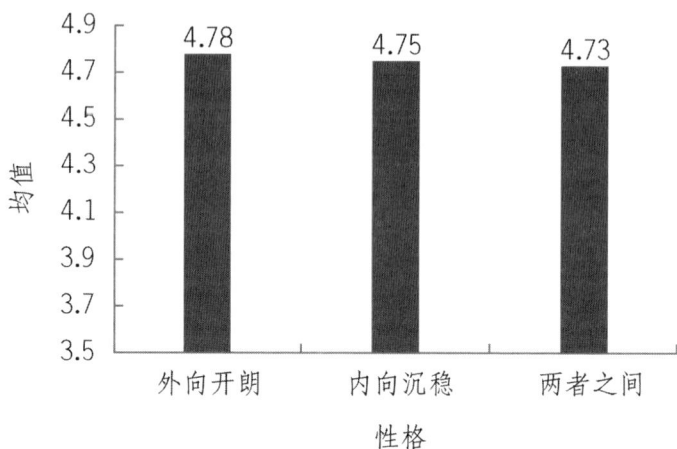

图 4-6　不同性格特级教师本体性知识的认知比较

二、条件性知识

本维度只有一道题目，采用五点量表题形式设计，题目为"我认为条件性知识（如教育学心理学知识与教育智慧和技能）对教师的专业发展有十分重要的作用"，试图探究研究对象条件性知识认知状况。

（一）不同性别特级教师条件性知识的认知

由表 4-10 和图 4-7 可知，不同性别特级教师条件性知识认识的平均得分分别为 4.41 和 4.38，说明不同性别特级教师对条件性知识的评价很好（最佳状况评价得分为 5 分），也预示着不同性别特级教师均有很高的条件性知识认知水平，同时，男性特级教师在这一维度上的得分略高于女性特级教师。独立样本 t 检验表明，不同性别特级教师在条件性知识这一维度上的得分无显著差异。

表 4-10 不同性别特级教师条件性知识的认知比较

性别	N/人	均值	标准差	t
男	110	4.41	0.610	0.738
女	77	4.38	0.708	

注：$p > 0.05$

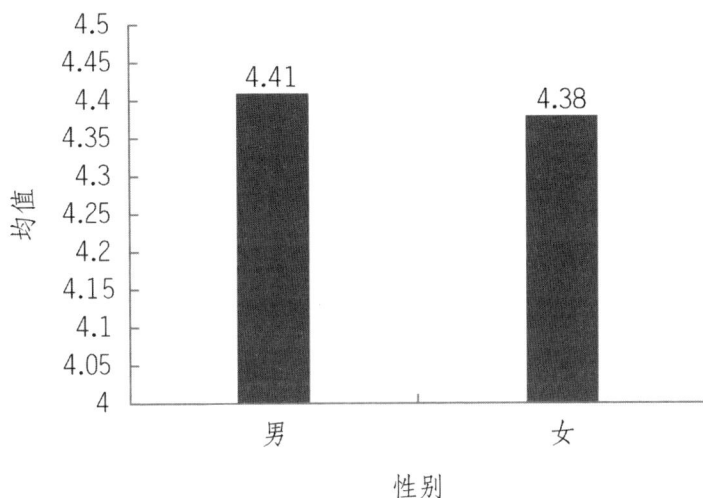

图 4-7 不同性别特级教师条件性知识的认知比较

（二）不同年龄段特级教师条件性知识的认知

由表 4-11 和图 4-8 可知，45 岁及以下和 46 岁及以上特级教师条件性知识认知的平均得分分别为 4.43 和 4.35，说明不同年龄段特级教师对条件性知识的评价很好（最佳评价得分为 5 分），也预示着不同年龄段特级教师都有很高的条件性知识认知水平，同时，45 岁及以下特级教师在这一维度上的得分稍高于 46 岁及以上的特级教师。独立样本 t 检验表明，不同年龄段特级教师在条件性知识这一维度上的得分不存在显著差异。

表 4-11　不同年龄段特级教师条件性知识的认知比较

年龄段	N/人	均值	标准差	t
≤ 45 岁	105	4.43	0.633	0.781
≥ 46 岁	82	4.35	0.674	

注：$p > 0.05$

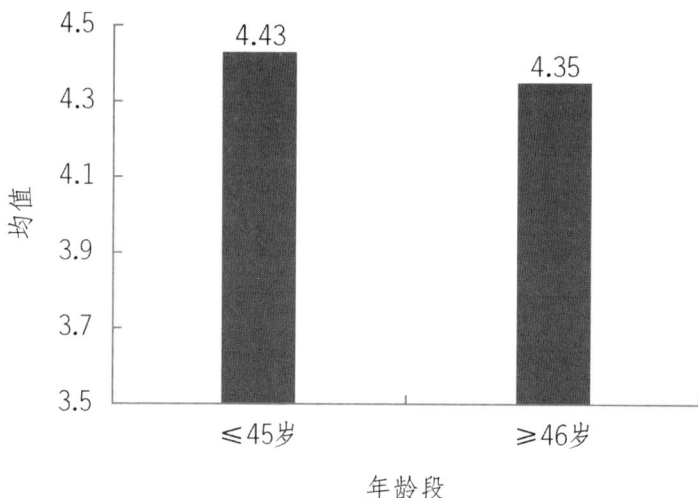

图 4-8　不同年龄段特级教师条件性知识认知比较

（三）不同学段特级教师条件性知识的认知

由表 4-12 和图 4-9 可知，不同学段特级教师条件性知识认知的平均得分在 4.21 左右，说明不同学段特级教师对条件性知识的评价很好（最佳状况评价得分为 5 分），也预示着不同学段特级教师都有很高的条件性知识认知水平。具体而言，幼儿园特级教师条件性知识认知的平均得分为 4.42，小学特级教师的为 4.46，初中特级教师的为 4.44，普高特级教师的为 4.36，职高特级教师的为 4.21。

单因素方差分析检验结果显示，$F(4, 182) = 0.70$，$p = 0.590$。这表明不同学段特级教师在这一维度上不存在显著差异。

表 4-12　不同学段特级教师条件性知识的认知比较

学段	N/人	均值	标准差	F	p
幼儿园	12	4.42	0.515	0.70	0.590
小学	57	4.46	0.600		
初中	50	4.44	0.733		
普高	44	4.36	0.613		
职高	24	4.21	0.721		

注：$p > 0.05$

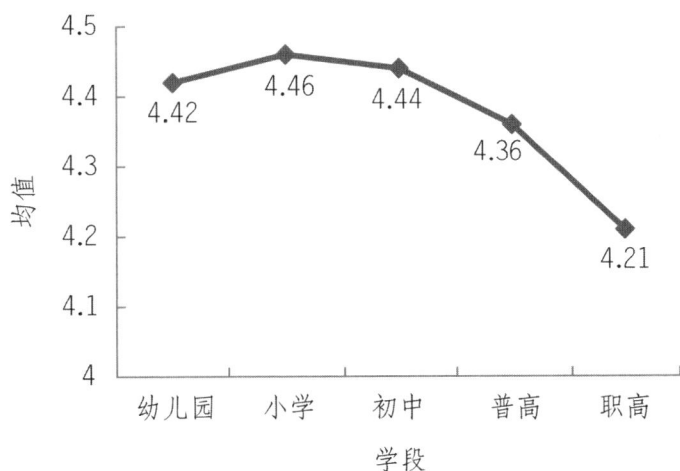

图 4-9　不同学段特级教师条件性知识认知比较

（四）不同任教学科特级教师条件性知识的认知

由表 4-13 和图 4-10 可知，文科特级教师条件性知识认知的平均得分为 4.40，理（工）科特级教师的为 4.41，艺体及其他学科特级教师的为 4.26，说明不同任教学科特级教师对条件性知识的评价很好（最佳状况评价得分为 5 分），也预示着不同任教学科特级教师都有很高的条件性知识认知水平。

单因素方差分析检验结果显示，F（2，175）＝ 0.68，p ＝ 0.509。这表明不同任教学科特级教师在这一维度上不存在显著差异。

表 4-13　不同任教学科特级教师条件性知识的认知比较

任教学科	N/人	均值	标准差	F	p
文科	65	4.40	0.657	0.68	0.509
理（工）科	82	4.41	0.66		
艺体及其他	31	4.26	0.631		

注：$p ＞ 0.05$

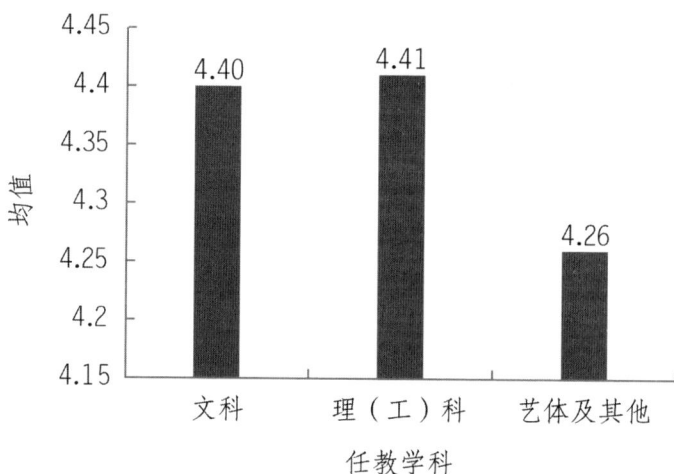

图 4-10　不同任教学科特级教师条件性知识的认知比较

（五）不同职别特级教师条件性知识的认知

由表 4-14 和图 4-11 可知，职别为单位领导的特级教师和仅为普通教师的特级教师在这一维度上的平均得分分别为 4.47 和 4.35，说明不同职别特级教师对条件性知识的评价很好（最佳状况评价得分为 5 分），也预示着不同职别特级教师都有很高的条件性知识认知水平。独立样本 t 检验表明，不同职别特级教师在条件性知识认知这一维度上不存在显著差异。

表4-14　不同职别特级教师条件性知识的认知比较

职别	N/人	均值	标准差	t
单位领导	79	4.47	0.617	1.237
普通教师	101	4.35	0.685	

注：$p > 0.05$

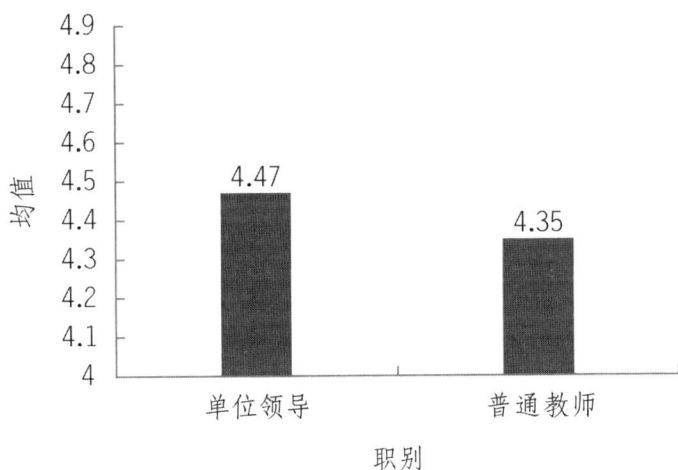

图4-11　不同职别特级教师条件性知识认知比较

（六）不同性格特级教师条件性知识的认知

由表4-15和图4-12可知，不同性格的特级教师对条件性知识认知的平均得分均为4.40左右，说明不同性格的特级教师对条件性知识的评价比较好（最佳状况评价得分为5分），也预示着不同性格的特级教师都有很高的条件性知识认知水平。外向开朗型特级教师的条件性知识认知的平均得分为4.49，内向沉稳型特级教师的条件性知识认知的平均得分为4.38，介于外向开朗与内向平稳之间的特级教师的条件性知识认知的平均得分为4.36。

单因素方差分析检验结果显示，F（2，184）＝ 0.58，p ＝ 0.580。这表明不同性格特级教师在这一维度上不存在显著差异。

表 4-15　不同性格特级教师条件性知识的认知比较

性格	N/人	均值	标准差	F	p
外向开朗	41	4.49	0.675	0.58	0.580
内向沉稳	68	4.38	0.647		
两者之间	78	4.36	0.644		

注：$p > 0.05$

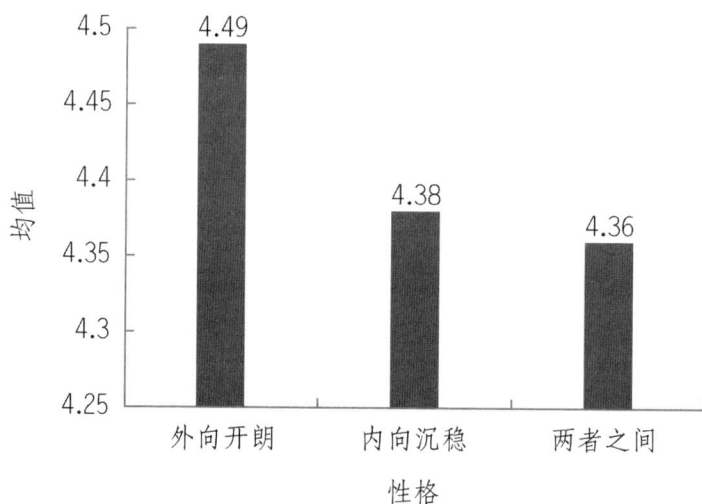

图 4-12　不同性格特级教师对条件性知识认知比较

第二节　专业素养

一、专业精神

本维度只有一道题目，采用五点量表题形式进行设计，题目为"我觉得当教师，'喜欢—师德—人品'是第一位"，试图探究不同类型特级教师对专业精神的认知状况。

（一）不同性别特级教师专业精神的认知

由表4-16和图4-13可知，不同性别特级教师专业精神认知的平均得分分别为4.70和4.79，说明不同性别特级教师对专业精神的评价很好（最佳评价得分为5分），也预示着不同性别特级教师均有很高的专业精神认知水平，同时，女性特级教师在这一维度上的得分略高于男性特级教师。独立样本 t 检验表明，不同性别特级教师在专业精神这一维度上的得分无显著差异。

表4-16　不同性别特级教师专业精神的认知比较

性别	N/人	均值	标准差	t
男	110	4.70	0.599	−1.214
女	77	4.79	0.439	

注：$p > 0.05$

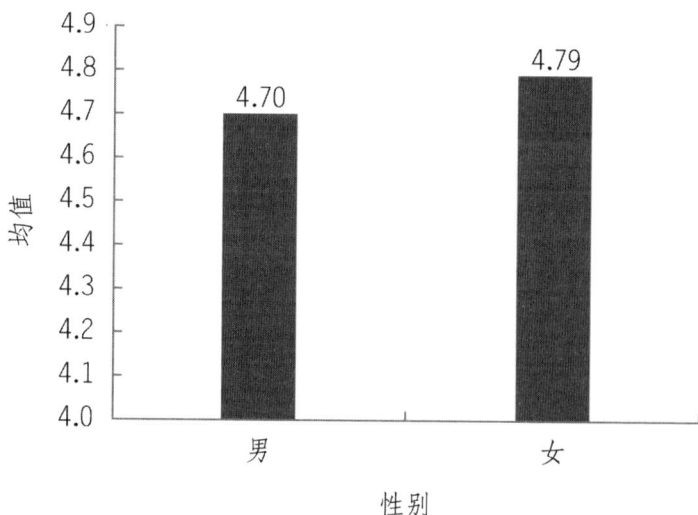

图 4-13　不同性别特级教师专业精神的认知比较

（二）不同年龄段特级教师专业精神的认知

由表 4-17 和图 4-14 可知，不同年龄段特级教师专业精神认知的平均得分分别为 4.75 和 4.72，说明不同年龄段特级教师对专业精神的评价很好（最佳状况评价得分为 5 分），也预示着不同年龄段特级教师都有很高的专业精神认知水平，同时，46 岁及以上特级教师在这一维度上的得分稍低于 45 岁及以下特级教师。独立样本 t 检验表明，不同年龄段特级教师在专业精神认知这一维度上的得分无显著差异。

表 4-17　不同年龄段特级教师专业精神的认知比较

年龄段	N/人	均值	标准差	t
≤ 45 岁	105	4.75	0.455	0.412
≥ 46 岁	82	4.72	0.634	

注：$p > 0.05$

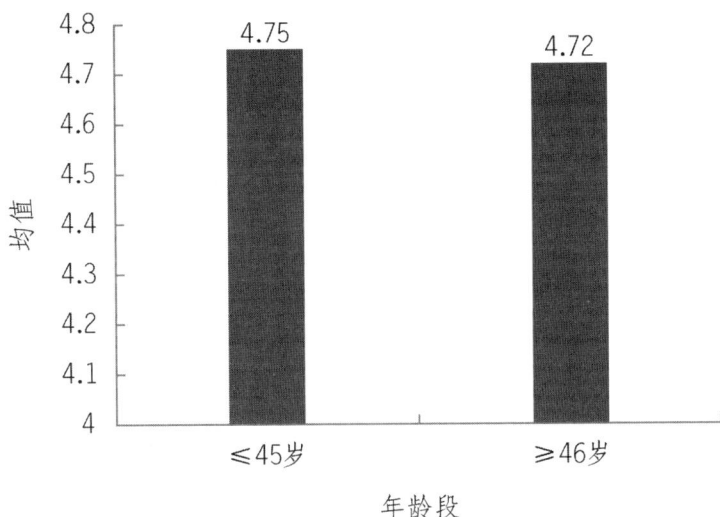

图4-14　不同年龄段特级教师专业精神的认知比较

（三）不同学段特级教师专业精神的认知

由表4-18和图4-15可知，不同学段特级教师专业精神得分均值在4.74左右，说明不同学段特级教师对专业精神的评价很好（最佳状况评价得分为5分），也预示着不同学段特级教师都有很高专业精神认知水平。幼儿园特级教师的平均得分最高，为4.83；初中和普高特级教师的平均得分稍低，均为4.68。

单因素方差分析检验结果显示，$F_{(4, 182)} = 0.59$，$p = 0.672$。这表明不同学段特级教师在专业精神认知这一维度上的得分不存在差异显著。

表4-18　不同学段特级教师专业精神的认知比较

学段	N/人	均值	标准差	F	p
幼儿园	12	4.83	0.389	0.59	0.672
小学	57	4.81	0.441		
初中	50	4.68	0.587		
普高	44	4.68	0.639		

学段	N/人	均值	标准差	F	p
职高	24	4.75	0.532		

注：$p > 0.05$

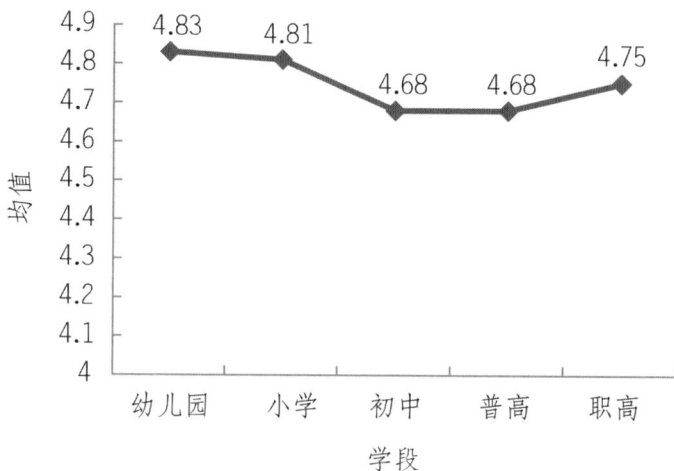

图 4-15 不同学段特级教师专业精神的认知比较

（四）不同任教学科特级教师专业精神的认知

由表 4-19 和图 4-16 可知，不同任教学科特级教师专业精神认知均值在 4.74 左右，说明不同学科特级教师对专业精神评价很好（最佳状况评价得分为 5 分），也预示着不同任教学科特级教师都有很高专业精神认知水平。

单因素方差分析检验结果显示，$F_{(2, 175)} = 0.21$，$p = 0.811$。这表明不同任教学科特级教师在专业精神认知这一维度上的得分不存在显著差异。

表4-19 不同任教学科特级教师专业精神的认知比较

任教学科	N/人	均值	标准差	F	p
文科	65	4.71	0.579	0.21	0.811
理(工)科	82	4.76	0.460		
艺体及其他	31	4.77	0.669		

注: $p > 0.05$

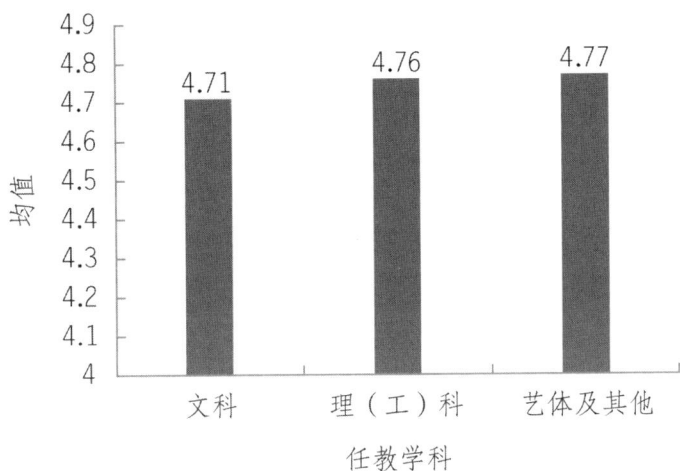

图4-16 不同任教学科特级教师专业精神的认知比较

(五)不同职别特级教师专业精神的认知

由表4-20和图4-17可知,职别为单位领导的特级教师和仅为普通教师的特级教师专业精神认知的平均得分分别为4.80和4.68,说明不同职别特级教师对专业精神的评价很好(最佳状况评价得分为5分),也预示着不同职别特级教师都有很高的专业精神认知水平,同时,职别为单位领导的特级教师在这一维度上的得分高于仅为普通教师的特级教师。独立样本 t 检验表明,不同职别特级教师在专业精神这一维度上的得分不存在显著差异。

表4-20 不同职别特级教师专业精神的认知比较

职别	N	均值	标准差	t
单位领导	79	4.80	0.435	1.458
普通教师	101	4.68	0.615	

注：$p > 0.05$

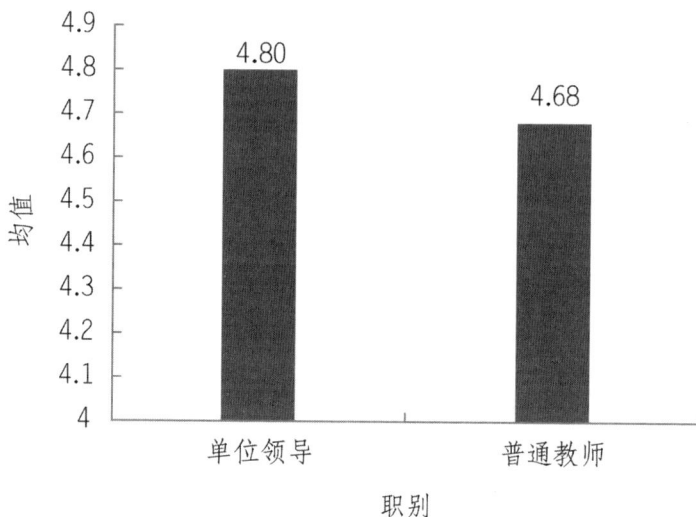

图4-17 不同职别特级教师专业精神的认知比较

（六）不同性格特级教师专业精神的认知

由表4-21和图4-18可知，不同性格特级教师专业精神认知的平均得分在4.77左右，说明不同性格特级教师对专业精神的评价很好（最佳状况评价得分为5分），也预示着不同性格的特级教师都有很高的专业精神认知水平。其中：外向开朗型特级教师专业精神认知的平均得分最高，为4.85；内向沉稳型和介于两者之间的特级教师的平均得分均为4.71。

单因素方差分析检验结果显示，$F(2, 184) = 1.21$，$p = 0.301$。这表明不同性格特级教师在这一维度上不存在显著差异。

表4-21　不同性格特级教师专业精神的认知比较

性格	N	均值	标准差	F	p
外向开朗	41	4.85	0.358	1.21	0.301
内向沉稳	68	4.71	0.520		
两者之间	78	4.71	0.626		

注：$p > 0.05$

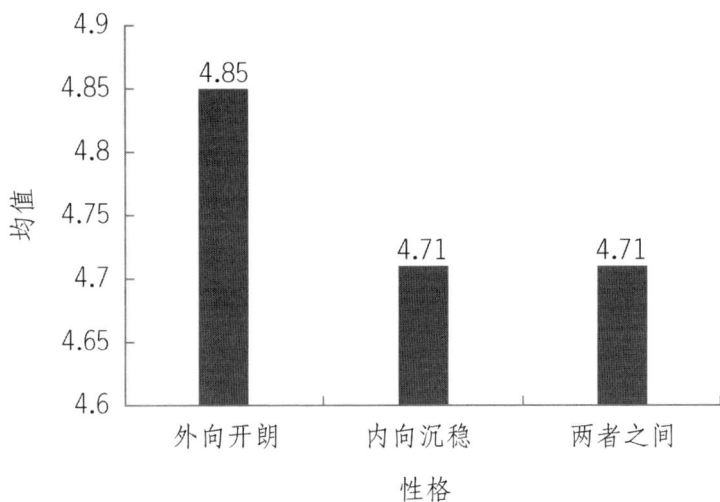

图4-18　不同性格特级教师专业精神的认知比较

二、专业素养

本维度只有一道题目，采用单选题形式设计，题目为"在专业情意、专业知识、专业能力3项教师素质因素中，我觉得最重要的是（限选一项）"，试图探究不同类型特级教师的专业素养认知状况。

（一）不同性别特级教师专业素养的认知

由表4-22和图4-19可知，从总体样本来看，不同性别特级教师的教师素养认知呈现一定差异：79.6%的特级教师认为"专业情意"是教师素质中最重要的因素，14.5% 的特级教师选择"专业能力"，5.9% 的特级教师认为"专业知识"是教师素质中最重要的因素。

从不同性别比较来看，80.9% 的男性特级教师和 77.6% 的女性特级教师都认为"专业情意"是教师素质最重要的因素，其中男性特级教师比女性特级教师比例高出 3.3 个百分比；4.5% 的男性特级教师和 7.9% 的女性特级教师都认为"专业知识"是教师素质最重要的因素，故在这一维度上，女性特级教师占比高出男性特级教师 3.4 个百分比。

表 4-22　不同性别特级教师专业素养的认知比较

专业素养	男		女		合计	
	N/人	占比/%	N/人	占比/%	N/人	占比/%
专业情意	89	80.9	59	77.6	148	79.6
专业知识	5	4.5	6	7.9	11	5.9
专业能力	16	14.5	11	14.5	27	14.5
合计	110	100.0	76	100.0	186	100.0

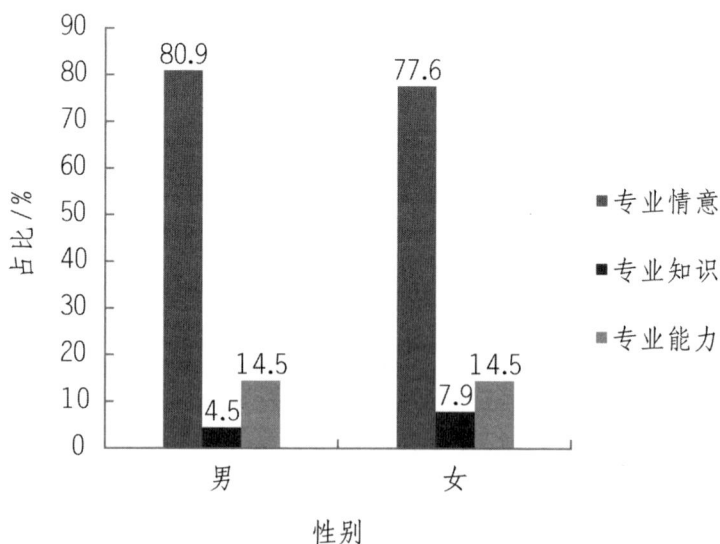

图 4-19　不同性别特级教师专业素养的认知比较

（二）不同年龄段特级教师专业素养的认知

由表 4-23 和图 4-20 可知，从总体样本来看，不管是 45 岁及以下的特级教师还是 46 岁及以上的特级教师，他们在专业素养选择上的比例从高到低依次为"专业情意""专业能力""专业知识"。

从不同年龄段比较来看，不同年龄段特级教师在各具体项目上差异不大：77.9% 的 45 岁及以下的特级教师和 81.7% 的 46 岁及以上的特级教师认为，"专业情意"是教师素质中最重要的因素，后者比前者高出约 4 个百分比；16.3% 的 45 岁及以下的特级教师和 12.2% 的 46 岁及以上的特级教师认为，"专业能力"是教师素质中最重要的因素；只有 5.8% 的 45 岁及以下的特级教师和 6.1% 的 46 岁及以上的特级教师认为，"专业知识"是教师素质中最重要的因素。

表 4-23　不同年龄段特级教师专业素养的认知比较

专业素养	≤45 岁		≥46 岁		合计	
	N/人	占比/%	N/人	占比/%	N/人	占比/%
专业情意	81	77.9	67	81.7	148	79.6
专业知识	6	5.8	5	6.1	11	5.9
专业能力	17	16.3	10	12.2	27	14.5
合计	104	100.0	82	100.0	186	100.0

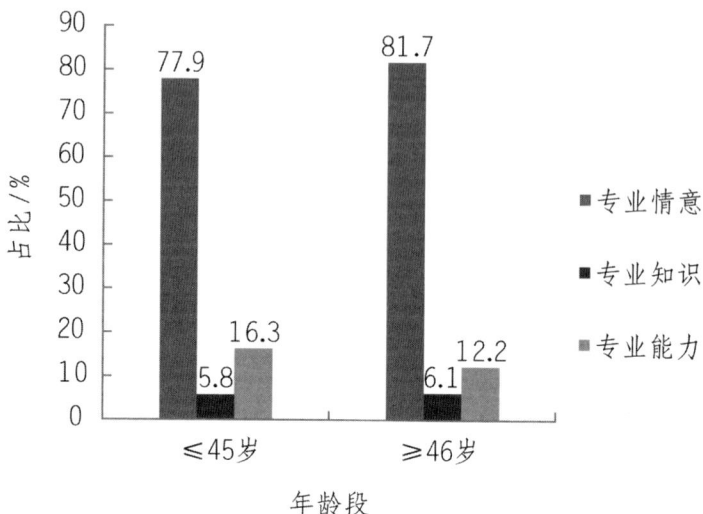

图 4-20　不同年龄段特级教师专业素养的认知比较

（三）不同学段特级教师专业素养的认知

由表 4-24 和图 4-21 可知，从总体样本来看，不同学段特级教师在教师专业素养具体项目上呈现一定差异，且不同学段特级教师在"专业情意"上的占比最高。

从不同学段比较来看，幼儿园特级教师在专业素养认知上更注重"专业情意"的比例为 75.0%，更注重"专业能力"的比例为 16.7%，更注重"专业知识"的比例为 8.3%；小学特级教师在专业素养认知上更注重"专业情意"的比例为78.9%，更注重"专业能力"的比例为 17.5%（全学段最高），更注重"专业知识"的比例为 3.5%，说明小学特级教师除在强调教师素养中的专业情意外也较多看重专业能力；初中特级教师在专业素养认知上更注重"专业情意"的比例为82.0%，更注重"专业能力"的比例为 12.0%，更注重"专业知识"的比例为 6.0%，反映出初中特级教师十分看重教师专业素养中的专业情意方面；普高特级教师在专业素养认知上更注重"专业情意"的比例为74.4%（全学段最低），更注重"专业能力"的比例为 14.0%，更注重"专业知识"的比例为 11.6%（全学段最高），反映出普高特级教师也较为强调教师专业素养中的专业知识成分；职高特级教师在专业素养认知上更注重"专业情意"的比例为87.5%（全学段最高），更注重"专业能力"的比例为12.5%，更注重"专业知识"的比例为0，反映出职高特级教师专业素养的认知较为一致，更强调教师的"专业情意"。

表4-24 不同学段特级教师专业素养的认知比较

专业素养	幼儿园		小学		初中		普高		职高		合计	
	N/人	占比/%	N/人	占比/%	N/人	占比/%	N/人	占比/%	N/人	占比/%	N/人	占比/%
专业情意	9	75.0	45	78.9	41	82.0	32	74.4	21	87.5	148	79.6
专业知识	1	8.3	2	3.5	3	6.0	5	11.6	0	0.0	11	5.9
专业能力	2	16.7	10	17.5	6	12.0	6	14.0	3	12.5	27	14.5
合计	12	100.0	57	100.0	50	100.0	43	100.0	24	100.0	186	100.0

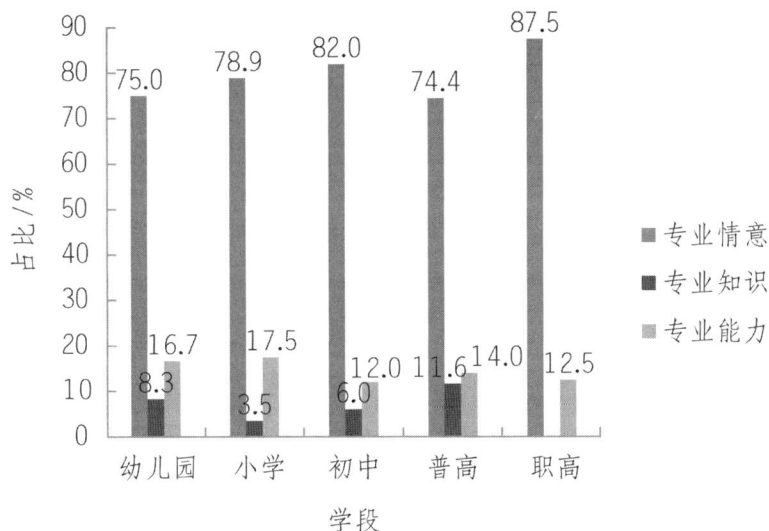

图4-21 不同学段特级教师专业素养的认知比较

（四）不同任教学科特级教师专业素养的认知

由表4-25和图4-22可知，从总体样本来看，不管是文科特级教师、理（工）

科特级教师还是艺体及其他学科特级教师，在教师专业素养具体项目上的比例从高到低依次为"专业情意""专业能力""专业知识"。

从不同任教学科比较来看，文科特级教师在专业素养上更注重"专业情意"的比例为 79.7%，更注重"专业能力"的比例为 15.6%，更注重"专业知识"的比例为 4.7%，反映了大多数文科特级教师更看重教师的专业情意，部分文科特级教师相对看重教师的专业能力；理（工）科特级教师在专业素养认知上更注重"专业情意"的比例为 78.0%，更注重"专业能力"的比例为 13.4%，更注重"专业知识"的比例为 8.5%，反映了大多数理（工）科特级教师更看重教师的专业情意，部分理（工）科特级教师相对看重教师的专业知识；艺体及其他学科特级教师在专业素养认知上更注重"专业情意"的比例为 83.9%（全学段最高），更注重"专业能力"的比例为 12.9%，更注重"专业知识"的比例为 3.2%，反映出艺体及其他学科特级教师更重视教师的专业情意。

表 4-25　不同任教学科特级教师专业素养的认知比较

专业素养	文科		理（工）科		艺体及其他		合计	
	N/人	占比/%	N/人	占比/%	N/人	占比/%	N/人	占比/%
专业情意	51	79.7	64	78.0	26	83.9	141	79.7
专业知识	3	4.7	7	8.5	1	3.2	11	6.2
专业能力	10	15.6	11	13.4	4	12.9	25	14.1
合计	64	100.0	82	100.0	31	100.0	177	100.0

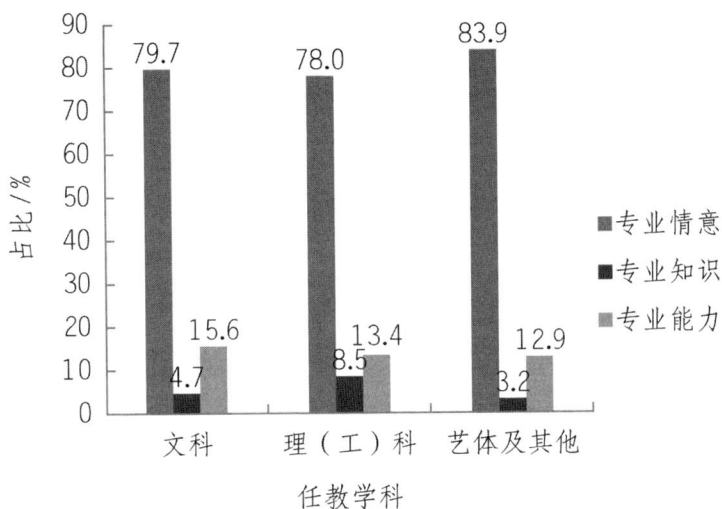

图 4-22　不同任教学科特级教师专业素养的认知比较

（五）不同职别特级教师专业素养的认知

由表 4-26 和图 4-23 可知，从总体样本来看，不论是职别为单位领导的特级教师还是身为普通教师的特级教师，他们在教师专业素养具体项目上的比例从高到低依次为"专业情意""专业能力""专业知识"。

从不同职别比较来看，职别为单位领导的特级教师在专业素养认知上更注重"专业情意"的比例为 77.2%，更注重"专业能力"的比例为 17.7%（高于身为普通教师的特级教师 5.7 个百分比），更注重"专业知识"的比例为 5.1%，反映了大多数职别为单位领导的特级教师看重教师专业情意，部分职别为单位领导的特级教师相对更注重教师专业能力；身为普通教师的特级教师在专业素养认知上更注重"专业情意"的比例为 82.0%（高于职别为单位领导的特级教师 4.8 个百分比），更注重"专业能力"的比例为 12.0%，更注重"专业知识"的比例为 6.0%，反映出绝大多数身为普通教师的特级教师更注重教师专业情意。

表 4-26　不同职别特级教师专业素养的认知比较

专业素养	单位领导		普通教师		合计	
	N/人	占比/%	N/人	占比/%	N/人	占比/%
专业情意	61	77.2	82	82.0	143	79.9
专业知识	4	5.1	6	6.0	100	5.6
专业能力	14	17.7	12	12.0	26	14.5
合计	79	100.0	100	100.0	179	100.0

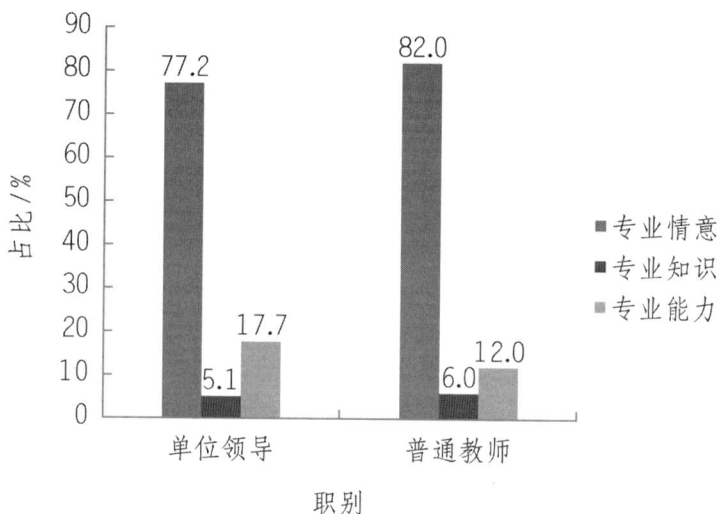

图 4-23　不同职别特级教师专业素养的认知比较

（六）不同性格特级教师专业素养的认知

由表 4-27 和图 4-24 可知，从总体样本来看，不论是外向开朗型特级教师、内向沉稳型特级教师，还是性格介于两者之间的特级教师，他们在教师专业素养具体项目上的比例从高到低依次为"专业情意""专业能力""专业知识"。

从不同性格特级教师比较来看，外向开朗型特级教师在专业素养认知上更注重"专业情意"的比例为 87.8%，均高出其他 2 种性格特级教师约 10 个百分比；

更注重"专业能力"的比例为 7.3%;更注重"专业知识"的比例为 4.9%;反映出外向开朗型特级教师专业素养认知具有高度一致性,更强调教师专业情意。内向沉稳型以及性格介于 2 种之间的特级教师大部分注重教师专业情意,小部分也相当关注教师专业能力与专业知识。

表 4-27 不同性格特级教师专业素养的认知比较

专业素养	外向开朗		内向沉稳		两者之间		合计	
	N/人	占比/%	N/人	占比/%	N/人	占比/%	N/人	占比/%
专业情意	36	87.8	53	77.9	59	76.6	148	79.6
专业知识	2	4.9	3	4.4	6	7.8	11	5.9
专业能力	3	7.3	12	17.6	12	15.6	27	14.5
合计	41	100.0	68	100.0	77	100.0	186	100.0

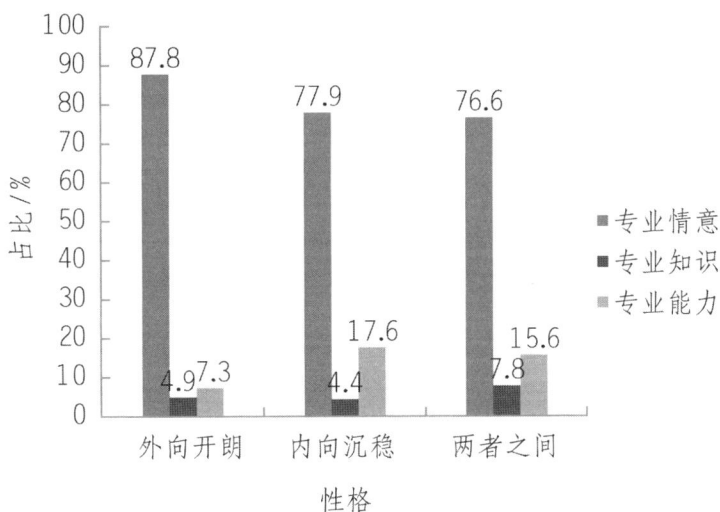

图 4-24 不同性格特级教师专业素养的认知比较

第三节　职业能力

一、教与研 2 项能力的认知判断

本维度只有一道题目，采用五点量表题形式设计，题目为"我认为教与研犹如鸟之两翼、车之两轮对教师成长缺一不可"，试图探究不同类型特级教师对教学与研究的认知。

（一）不同性别特级教师教与研能力的认知

由表 4-28 和图 4-25 可知，不同性别特级教师在教与研能力认知上的平均得分分别为 4.77 和 4.78，说明不同性别特级教师对教学与研究评价很好（最佳状况评价得分为 5 分），也预示着不同性别特级教师均对教与研 2 项能力有很高的认知水平，同时，不同性别特级教师在这一维度上的平均得分非常接近。独立样本 t 检验表明，不同性别特级教师在这一维度上的得分无显著差异。

表 4-28　不同性别特级教师教与研能力的认知比较

性别	N/人	均值	标准差	t
男	110	4.77	0.463	-0.96
女	76	4.78	0.448	

注：$p > 0.05$

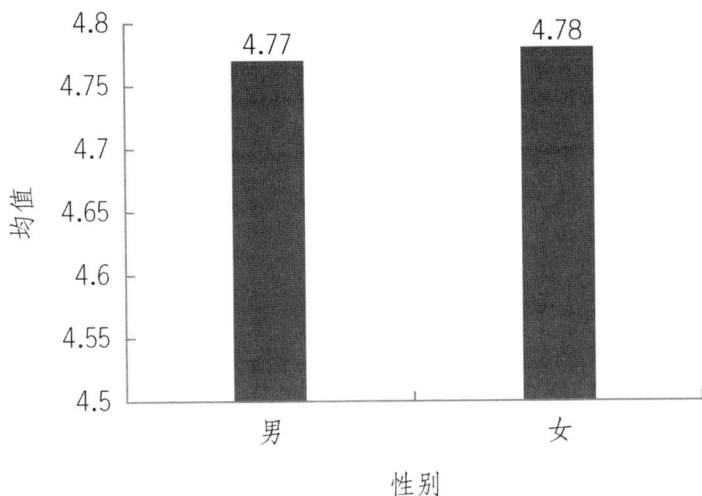

图 4-25 不同性别特级教师教与研能力的认知比较

（二）不同年龄段特级教师教与研能力的认知

由表 4-29 和图 4-26 可知，45 岁及以下和 46 岁及以上的特级教师教与研能力认知的平均得分分别为 4.73 和 4.83，表明 45 岁及以下和 46 岁及以上特级教师均对教与研 2 项能力有着很高认知水平（最佳评价得分为 5 分），同时，46 岁及以上特级教师在这一维度上的得分稍高于 45 岁及以下特级教师。独立样本 t 检验表明，不同年龄段特级教师在这一维度上的得分无显著差异。

表 4-29 不同年龄段特级教师教与研能力的认知比较

年龄段	N/人	均值	标准差	t
≤ 45 岁	105	4.73	0.486	−1.464
≥ 46 岁	82	4.83	0.410	

注：$p > 0.05$

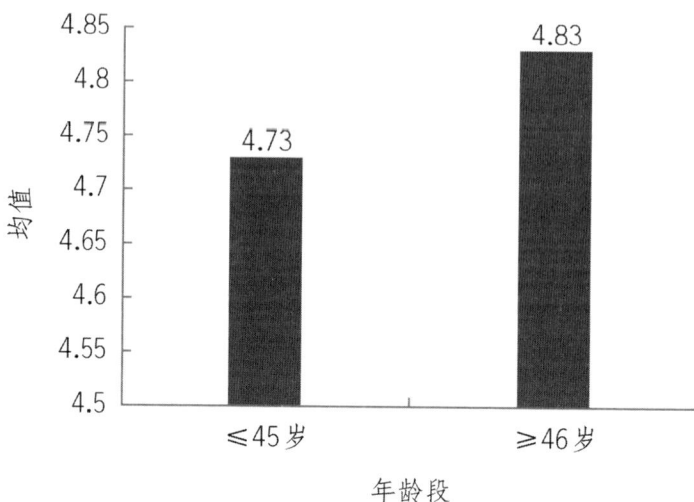

图 4-26　不同年龄段特级教师教与研能力的认知比较

（三）不同学段特级教师教与研能力的认知

由表 4-30 和图 4-27 可知，不同学段特级教师教与研能力认知的平均得分在 4.78 左右，说明不同学段特级教师均对教与研 2 项能力有着很高的认知判断（最佳状况评价得分为 5 分）。具体而言：幼儿园特级教师的平均得分为 4.83，小学特级教师的为 4.77，初中特级教师的为 4.88，普高特级教师的为 4.68，职高特级教师的为 4.71。

单因素方差分析检验结果显示，$F_{(4, 182)} = 1.13$，$p = 0.267$。这表明不同学段特级教师在这一维度上不存在显著差异。

表 4-30　不同学段特级教师教与研能力的认知比较

学段	N/人	均值	标准差	F	p
幼儿园	12	4.83	0.38	1.31	0.267
小学	57	4.77	0.464		
初中	50	4.88	0.385		
普高	44	4.68	0.518		

续　表

学段	N/人	均值	标准差	F	p
职高	24	4.71	0.464		

注：p > 0.05

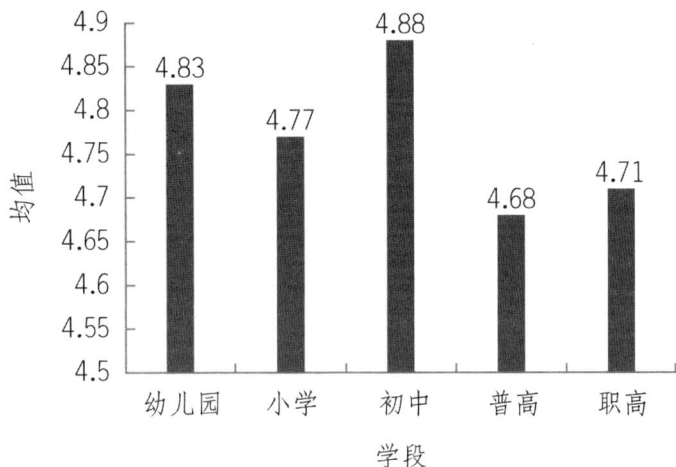

图4-27　不同学段特级教师教与研能力的认知比较

（四）不同任教学科特级教师教与研能力的认知

由表4-31和图4-28可知，不同任教学科特级教师在教与研2项能力认知这一维度上的差异并不显著：艺体及其他学科特级教师的平均得分最高，为4.84；文科特级教师的平均得分为4.75，理（工）科特级教师的平均得分为4.76。这表明不同任教学科特级教师对教与研2项能力高度肯定（最佳状况评价得分为5分），也预示着不同任教学科特级教师均对教与研2项能力有很高的认知水平。

单因素方差分析检验结果显示，$F_{(2, 175)} = 0.42$，$p = 0.658$。这表明不同任教学科特级教师在这一维度上的得分不存在显著差异。

表 4-31　不同任教学科特级教师教与研能力的认知比较

任教学科	N/人	均值	标准差	F	p
文科	65	4.75	0.469	0.42	0.658
理(工)科	82	4.76	0.486		
艺体及其他	31	4.84	0.374		

注: $p > 0.05$

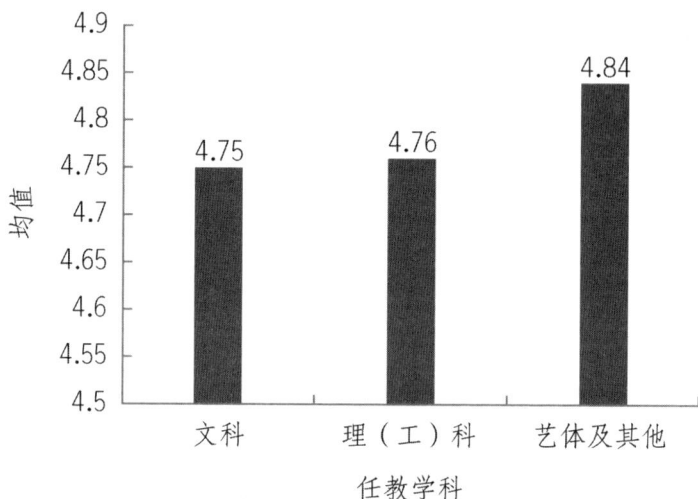

图 4-28　不同任教学科特级教师教与研能力的认知比较

（五）不同职别特级教师教与研能力的认知

由表 4-32 和图 4-29 可知，职别为单位领导的特级教师和仅为普通教师的特级教师教与研能力认知的平均得分分别为 4.72 和 4.80，说明不同职别特级教师对教与研 2 项能力的评价很好（最佳状况评价得分为 5 分），也预示着不同职别特级教师都有很高的教与研能力认知水平。独立样本 t 检验表明，不同职别的特级教师在这一维度上的得分不存在显著差异。

表4-32 不同职别特级教师教与研能力的认知比较

职别	N/人	均值	标准差	t
单位领导	79	4.72	0.505	−1.137
普通教师	101	4.80	0.425	

注：$p > 0.05$

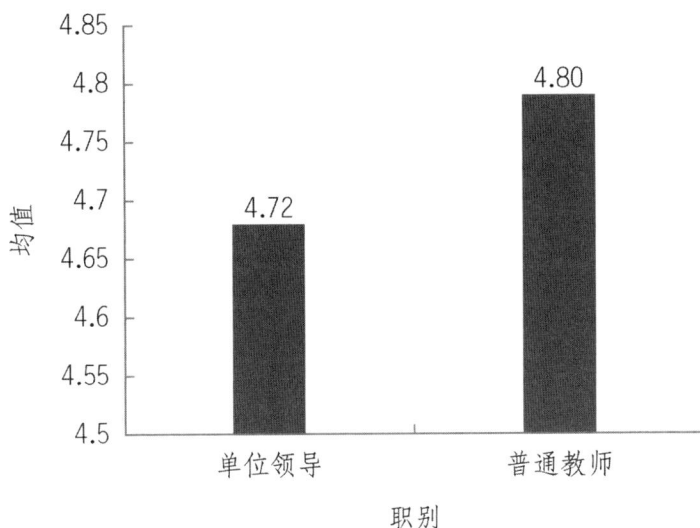

图 4-29 不同职别特级教师教与研能力的认知比较

（六）不同性格特级教师教与研能力的认知

由表 4-33 和图 4-30 可知，不同性格特级教师对教与研的认知判断得分均在 4.78 左右，说明不同性格特级教师对教与研 2 项能力都有着很好的评价（最佳评价得分为 5 分），也预示着不同性格特级教师都有很高的教与研能力认知水平。具体而言，外向开朗型特级教师平均得分为 4.73，内向沉稳型特级教师平均得分为 4.78，介于两者之间的特级教师平均得分为 4.79。

单因素方差分析检验结果显示，F（2，187）= 0.26，p = 0.771。这表明不同性格特级教师在这一维度上的得分不存在显著差异。

表4-33 不同性格特级教师教与研能力的认知比较

性格	N/人	均值	标准差	F	p
外向开朗	41	4.73	0.549	0.26	0.771
内向沉稳	68	4.78	0.452		
两者之间	78	4.79	0.406		
总数	187	4.78	0.455		

注：$p > 0.05$

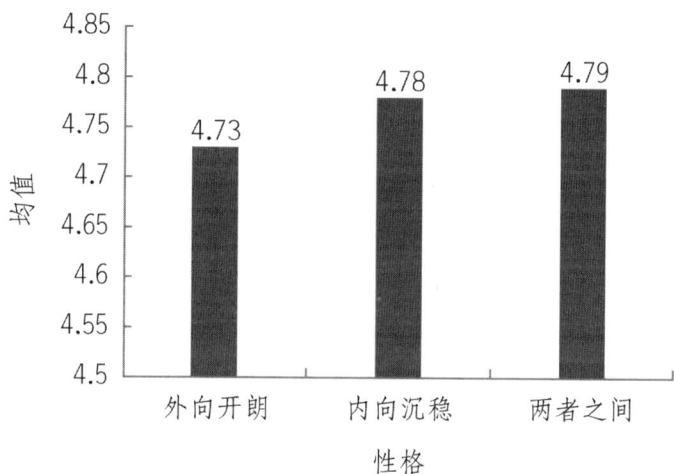

图4-30 不同性格特级教师教与研能力的认知比较

二、基本能力认知

本维度只有一道题目，采用多项选择题形式设计，题目为"您认为教师应具备的基本能力是（最多选6项）"，一共有10个选项，试图探究不同类型特级教师对教师职业基本能力的认知状况。

（一）不同性别特级教师职业基本能力的认知

由表4-34和图4-31可知，从总体样本来看，不同性别特级教师认为教师应掌握的基本能力的前 6 位依次为"教学能力""表达能力""研究能力""读懂学生""沟通协作""班级管理"。94.1% 的特级教师认为教学能力是教师应掌握的基本能力，93.0% 的特级教师认为表达能力是教师应掌握的基本能力，低于10% 的特级教师认为"组织社团""运用媒体""板书绘画"是教师应掌握的基本能力。

相比较而言，认为"沟通协作""读懂学生"是教师应掌握的基本能力的女性特级教师比例均高出男性特级教师约 10 个百分比，认为"组织社团""运用媒体"能力是教师基本能力的男性特级教师比例略高于女性特级教师。

表 4-34　不同性别特级教师职业基本能力的认知比较

基本能力	男		女		合计	
	N/人	占比/%	N/人	占比/%	N/人	占比/%
表达能力	101	91.8	73	94.8	174	93.0
教学能力	102	92.7	74	96.1	176	94.1
研究能力	90	81.8	67	87.0	157	84.0
阅读写作	53	48.2	39	50.6	92	49.2
读懂学生	78	70.9	64	83.1	142	75.9
班级管理	60	54.5	42	54.5	102	54.5
沟通协作	73	66.4	60	77.9	133	71.1
组织社团	5	4.5	2	2.6	7	3.7
运用媒体	7	6.4	3	3.9	10	5.3
板书绘画	3	2.7	1	1.3	4	2.1

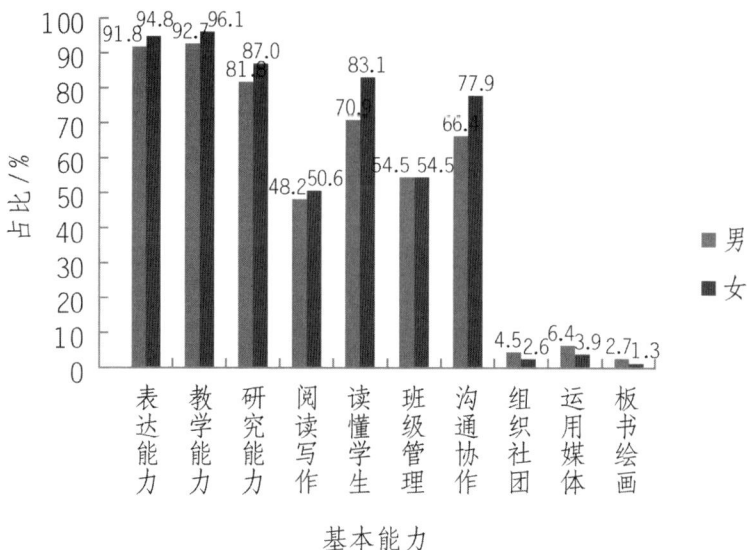

图 4-31　不同性别特级教师职业基本能力的认知比较

（二）不同年龄段特级教师职业基本能力的认知

由表 4-35 和图 4-32 可知，45 岁及以下特级教师认为，教师应掌握的基本能力的前 6 位依次为"教学能力""表达能力""研究能力""读懂学生""沟通协作""阅读写作"；46 岁及以上特级教师认为，教师应掌握的基本能力的前 6 位为"教学能力""表达能力""研究能力""阅读写作""读懂学生""班级管理"。

相比较而言，认为"读懂学生"是教师基本能力的 45 岁及以下特级教师比例高出 46 岁及以上特级教师约 10 个百分比；在"沟通协作"这一选项上，45 岁及以下特级教师占比为 71.4%，而 46 岁及以上特级教师占比仅有 31.0%，可见不同年龄段特级教师对"沟通协作"是否为教师应掌握的基本能力的认知差异较大；46 岁及以上特级教师在"研究能力""阅读写作"选项上的占比均高于 45 岁及以下特级教师，其中在"阅读写作"选项上的占比高出 45 岁及以上特级教师约 22 个百分比。

由此可看出，不同年龄段特级教师对教师所应掌握基本能力的认知差异主要集中在"阅读写作"能力和"沟通协作"能力等选项上。

表 4-35　不同年龄段特级教师职业基本能力的认知比较

基本能力	≤45 岁		≥46 岁		合计	
	N/人	占比/%	N/人	占比/%	N/人	占比/%
表达能力	97	92.4	77	93.9	174	93.0
教学能力	99	94.3	77	93.9	176	94.1
研究能力	86	81.9	71	86.6	157	84.0
阅读写作	60	57.1	32	79.0	92	49.2
读懂学生	84	80.0	58	70.7	142	75.9
班级管理	57	54.3	45	54.9	102	54.5
沟通协作	75	71.4	58	31.0	133	71.1
组织社团	4	3.8	3	3.7	7	3.7
运用媒体	6	5.7	4	4.9	10	5.3
板书绘画	1	1.0	3	3.7	4	2.1

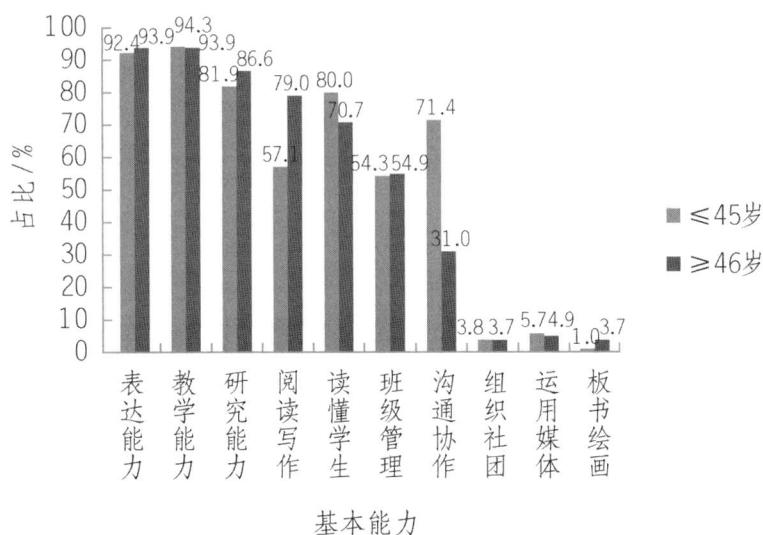

图 4-32　不同年龄段特级教师职业基本能力的认知比较

（三）不同学段特级教师职业基本能力的认知

由表 4-36 和图 4-33 可知，幼儿园特级教师认为教师应掌握的基本能力的前 6 位为"表达能力""教学能力""研究能力""沟通协作""读懂学生""班级管理"；小学特级教师认为教师应掌握的基本能力的前 6 位为"教学能力""表达能力""研究能力""读懂学生""沟通协作""阅读写作"；初中特级教师认为教师应掌握的基本能力的前 6 位为"表达能力""教学能力""读懂学生""沟通协作""班级管理""阅读写作 / 研究能力"；普高特级教师认为教师应掌握的基本能力的前 6 位为"表达能力""教学能力""研究能力""读懂学生""沟通协作""阅读写作"；职高特级教师认为教师应掌握的基本能力的前 6 位为"表达能力""教学能力""沟通协作""研究能力""班级管理""读懂学生"。

相比较而言，幼儿园和小学特级教师选择"读懂学生"的比例均高于其他学段特级教师，分别为 83.3% 和 86.0%；小学、初中以及普高特级教师在"阅读写作"选项上的占比较为一致，且均高出其他两学段特级教师约 30 个百分比；幼儿园和职高特级教师在"沟通协作"这一选项上所占比例分别为 97.7% 和 91.7%，也均高于其他学段特级教师；职高特级教师在"运用媒体"选项上至少高出其他学段特级教师约 10 个百分比。

表 4-36　不同学段特级教师职业基本能力的认知比较

基本能力	幼儿园		小学		初中		普高		职高		合计	
	N/人	占比/%	N/人	占比/%	N/人	占比/%	N/人	占比/%	N/人	占比/%	N/人	占比/%
表达能力	12	100.0	51	89.5	45	90.0	42	100.0	24	100.0	174	93
教学能力	12	100.0	53	93.0	45	90.0	42	100.0	24	100.0	176	94.1
研究能力	12	100.0	49	86.0	43	56.0	32	72.7	21	87.5	157	84
阅读写作	3	25.0	32	56.1	28	56.0	23	52.3	6	25.0	92	49.2
读懂学生	10	83.3	49	86.0	37	74.0	32	72.7	14	58.3	142	75.9
班级管理	9	75.0	29	50.9	32	64.0	15	34.1	17	70.8	102	54.5
沟通协作	11	97.7	41	71.9	33	66.0	26	59.1	22	91.7	133	71.1

续　表

基本能力	幼儿园		小学		初中		普高		职高		合计	
	N/人	占比/%	N/人	占比/%	N/人	占比/%	N/人	占比/%	N/人	占比/%	N/人	占比/%
组织社团	0	0	3	5.3	0	0	2	4.5	2	8.3	7	3.7
运用媒体	0	0	3	5.3	1	2.0	2	4.5	4	16.7	10	5.3
板书绘画	1	8.3	1	4.8	0	0	1	2.3	1	4.2	4	2.1

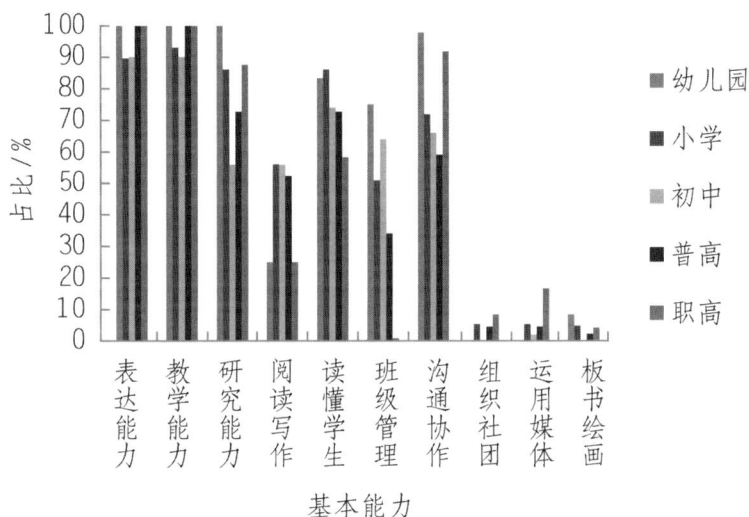

图 4-33　不同学段特级教师职业基本能力的认知比较

（四）不同任教学科特级教师对教师基本能力的认知

由表 4-37 和图 4-34 表可知，文科特级教师认为，教师应掌握的基本能力的前 6 位为"教学能力""表达能力""研究能力""读懂学生""沟通协作""阅读写作"；理（工）科特级教师认为，教师应掌握的基本能力的前 6 位为"教学能力""表达能力""读懂学生""研究能力""沟通协作""班级管理"；艺体及其他学科特级教师认为，教师应掌握的基本能力的前 6 位为"研究能力""表达能力""教学能力""沟通协作""班级管理""读懂学生"。

从不同任教学科特级教师比较来看，艺体及其他学科特级教师在"研究能力""表达能力""沟通协作"选项上的占比高于文、理（工）科特级教师，分别为 100%、96.8% 和 87.1%；义科特级教师在"阅读写作"选项上的占比为 66.2%，理（工）科特级教师的占比为 42.7%，艺体及其他学科特级教师的占比仅为 29.0%（全学段最低）；理（工）科特级教师在"读懂学生"选项上的占比为 82.9%，高出艺体及其他学科特级教师约 28 个百分比；在"运用媒体"选项上，艺体及其他学科特级教师占比为 12.9%，高于文、理（工）科特级教师。

表 4-37　不同任教学科特级教师对教师基本能力的认知比较

基本能力	文科		理（工）科		艺体及其他		合计	
	N/人	占比/%	N/人	占比/%	N/人	占比/%	N/人	占比/%
表达能力	58	89.2	77	93.9	30	96.8	168	92.7
教学能力	60	92.3	78	95.1	29	93.5	167	93.8
研究能力	54	83.1	64	78.0	31	100.0	149	83.7
阅读写作	43	66.2	35	42.7	9	29.0	87	48.9
读懂学生	49	75.4	68	82.9	17	54.8	134	75.3
班级管理	33	50.8	49	59.8	17	54.8	99	55.6
沟通协作	45	69.2	53	64.6	27	87.1	125	70.5
组织社团	1	1.5	3	3.7	2	6.5	6	3.4
运用媒体	3	4.6	3	3.7	4	12.9	10	5.6
板书绘画	1	1.5	1	1.2	1	3.2	3	1.7

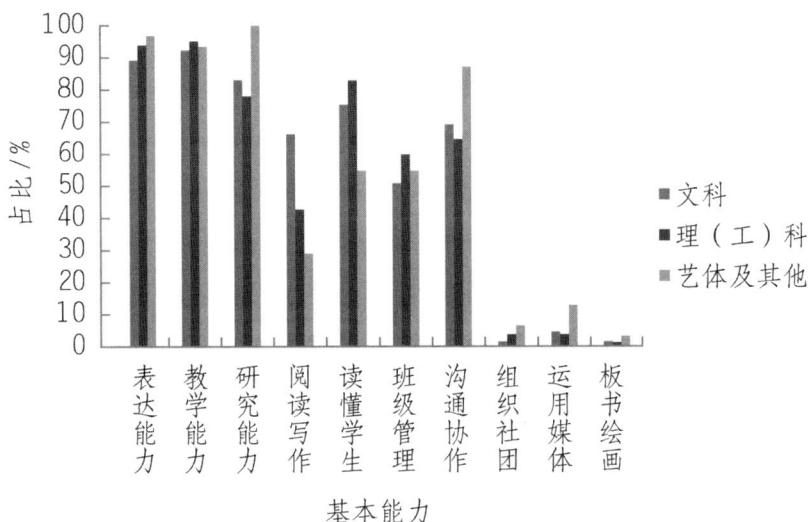

图4-34 不同任教学科特级教师对教师基本能力的认知比较

（五）不同职别特级教师的职业基本能力的认知

由表4-38和图4-35可知，职别为单位领导的特级教师与仅为普通教师的特级教师均认为教师应掌握的基本能力的前6位依次为"教学能力""表达能力""研究能力""沟通协作""读懂学生""班级管理"。

相比较而言，仅为普通教师的特级教师在"研究能力"选项上比例为88.1%，高出职别为单位领导的特级教师约10个百分比；职别为单位领导的特级教师在"沟通协作"选项上的比例为75.9%，高出仅为普通教师的特级教师约8个百分比；在"组织社团"选项上，职别为单位领导的特级教师的比例要高出仅为普通教师的特级教师3.1个百分比；在"运用媒体"选项上，仅为普通教师的特级教师则高出职别为单位领导的特级教师3.1个百分比。

表4-38 不同职别特级教师的职业基本能力的认知比较

基本能力	单位领导		普通教师		合 计	
	N/人	占比/%	N/人	占比/%	N/人	占比/%
表达能力	73	92.4	94	93.1	167	92.5
教学能力	74	93.7	95	94.1	169	93.9
研究能力	62	78.5	89	88.1	151	83.9
阅读写作	38	48.1	50	49.5	88	48.9
读懂学生	57	72.2	78	77.2	135	75.0
班级管理	43	54.4	55	54.5	98	54.4
沟通协作	60	75.9	69	68.3	129	71.7
组织社团	4	5.1	2	2.0	6	3.3
运用媒体	3	3.8	7	6.9	10	5.6
板书绘画	2	2.5	2	2.0	4	2.2

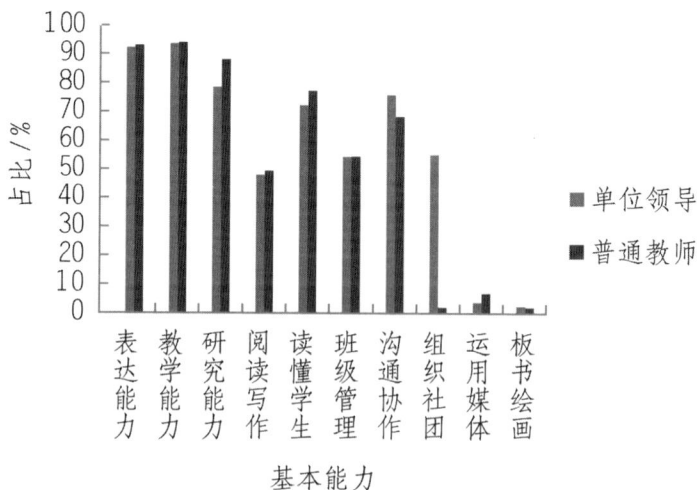

图4-35 不同职别特级教师职业基本能力的认知比较

（六）不同性格特级教师职业基本能力的认知

由表4-39和图4-36可知，外向开朗型特级教师认为，教师应掌握的基本能力的前6位为"教学能力""表达能力""研究能力""沟通协作""读懂学生""阅读写作"；内向沉稳型特级教师认为，教师应掌握的基本能力的前6位为"教学能力""表达能力""研究能力""读懂学生""沟通协作""班级管理"；介于两者之间的特级教师认为，教师应掌握的基本能力的前6位为"表达能力""教学能力""研究能力""读懂学生""沟通协作""班级管理"。

相比较而言，外向开朗型和内向沉稳型特级教师在"教学能力"选项上的占比分别为97.6%、97.1%，高于性格介于两者之间的特级教师；两者之间的特级教师在"表达能力"选项上的占比（96.2%）最高，内向沉稳型特级教师在此选项上占比（89.7%）最低；在"班级管理"这一选项上，两者之间的特级教师占比（65.4%）最高，高出外向开朗型特级教师26.4个百分比，高出内向沉稳型特级教师13.9个百分比。

表4-39　不同性格特级教师职业基本能力的认知比较

基本能力	外向开朗		内向沉稳		两者之间		合计	
	N/人	占比/%	N/人	占比/%	N/人	占比/%	N/人	占比/%
表达能力	38	92.7	61	89.7	75	96.2	174	93.0
教学能力	40	97.6	66	97.1	70	89.7	176	94.1
研究能力	35	85.4	55	80.9	67	85.9	157	84.0
阅读写作	24	58.5	28	41.2	40	51.3	92	49.2
读懂学生	29	70.7	53	77.9	60	73.9	142	75.9
班级管理	16	39.0	35	51.5	51	65.4	102	54.2
沟通协作	31	75.6	48	70.6	54	69.2	133	71.1
组织社团	0	0	5	7.4	2	2.6	7	3.7
运用媒体	2	4.9	3	4.4	5	6.4	10	5.3

续　表

基本能力	外向开朗		内向沉稳		两者之间		合计	
	N/人	占比/%	N/人	占比/%	N/人	占比/%	N/人	占比/%
板书绘画	2	4.9	2	2.9	0	0	4	2.1

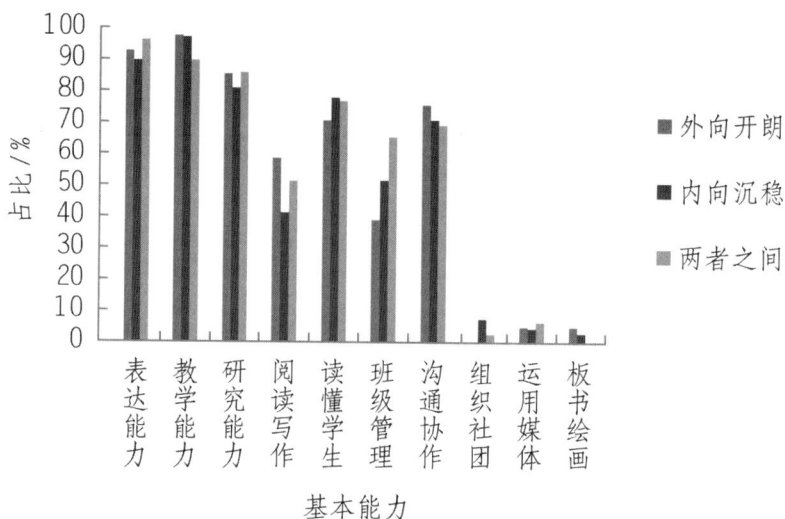

图 4-36　不同性格特级教师职业基本能力的认知比较

第四节　优秀品质

本维度只有一道题目，采用多项选择题形式设计，题目为"成为优秀教师必备的品质（最多选 6 项）"，一共有 10 个选项，试图探究不同类型特级教师对优秀教师品质的认知。

（一）不同性别特级教师对优秀教师品质的认知

由表 4-40 和图 4-37 可知，从总体样本来看，不同性别特级教师认为优秀教师必备品质的前 6 位依次为"内发动力""勤奋刻苦""坚毅耐劳""融洽协作""聪明智慧""志趣合一";此外,只有6.5%的不同性别特级教师认为"形象姣好"是优秀教师的必备品质。

由表4-40可知,男性特级教师认为优秀教师必备品质的前6位为"内发动力""勤奋刻苦""坚毅耐劳""志趣合一""聪明智慧""融洽协作";女性特级教师认为优秀教师必备品质的前6位为"内发动力""勤奋刻苦""坚毅耐劳""融洽协作""聪明智慧""志趣合一"。

由此可见,"内发动力""勤奋刻苦"是公认的优秀教师的必备品质,且均位于不同性别特级教师选择的第一、第二位。

相比较而言,认为"坚毅耐劳""身体素质"是优秀教师品质的女性特级教师比例均高出男性特级教师约5个百分比;认为"融洽协作"是优秀教师品质的女性特级教师比例高出男性特级教师11.2个百分比,而认为"勤奋刻苦"是优秀教师品质的男性特级教师比例高出女性特级教师6.4个百分比。

表4-40 不同性别特级教师对优秀教师品质的认知比较

优秀教师品质	男		女		合计	
	N/人	占比/%	N/人	占比/%	N/人	占比/%
内发动力	92	85.2	70	90.9	162	87.6
聪明智慧	51	47.2	41	53.2	92	49.7
勤奋刻苦	91	84.3	60	77.9	151	81.6
志趣合一	52	48.1	39	50.6	91	49.2
坚毅耐劳	60	55.6	47	61.0	107	57.8
身体素质	39	36.1	32	41.6	71	38.4
基础扎实	35	32.4	23	29.9	58	31.4
形象姣好	9	8.3	3	3.9	12	6.5
融洽协作	51	47.2	45	58.4	96	51.9
阳光大气	37	34.2	24	31.2	61	33.0

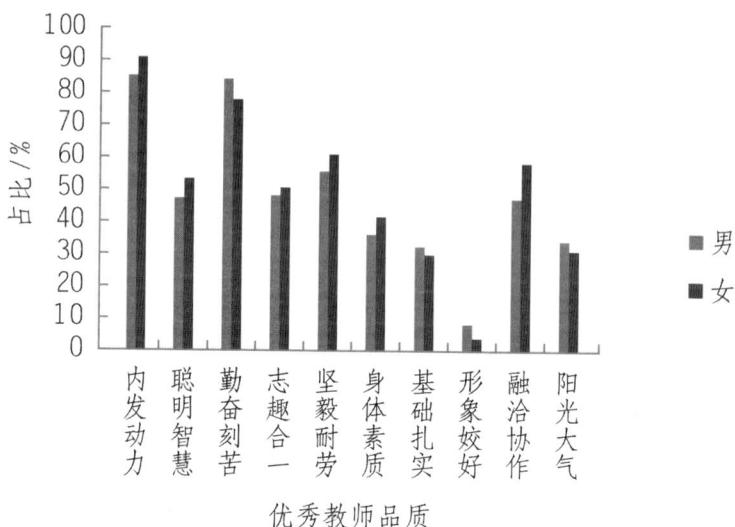

图 4-37 不同性别特级教师对优秀教师品质的认知比较

（二）不同年龄段特级教师对优秀教师品质的认知

由表 4-41 和图 4-38 可知，45 岁及以下特级教师认为优秀教师所具有品质的前 6 位为"内发动力""勤奋刻苦""坚毅耐劳""融洽协作""志趣合一""聪明智慧"；46 岁及以上特级教师认为优秀教师所具有品质的前 6 位为"内发动力""勤奋刻苦""坚毅耐劳""聪明智慧""融洽协作""身体素质"。

相比较而言，45 岁及以下特级教师中认为"基础扎实"是优秀教师品质之一的比例高出 46 岁及以上特级教师 6.8 个百分比；46 岁及以上特级教师中，认为"身体素质"是优秀教师品质的比例为 48.8%，高出 45 岁及以下特级教师 18.3 个百分比。

表 4-41 不同年龄段特级教师对优秀教师品质的认知比较

优秀教师品质	≤ 45 岁		≥ 46 岁		合计	
	N/人	占比/%	N/人	占比/%	N/人	占比/%
内发动力	91	86.7	71	88.8	162	87.6

续 表

优秀教师品质	≤45 岁		≥46 岁		合计	
	N/人	占比/%	N/人	占比/%	N/人	占比/%
聪明智慧	49	46.7	43	53.8	92	49.7
勤奋刻苦	83	79.0	68	85.0	151	81.6
志趣合一	53	50.5	38	47.5	91	49.2
坚毅耐劳	60	57.1	47	58.8	107	57.8
身体素质	32	30.5	39	48.8	71	38.4
基础扎实	36	34.3	22	27.5	58	31.4
形象姣好	7	6.7	5	6.3	12	6.5
融洽协作	55	52.4	41	51.3	96	51.9
阳光大气	32	30.5	29	36.3	61	33.0

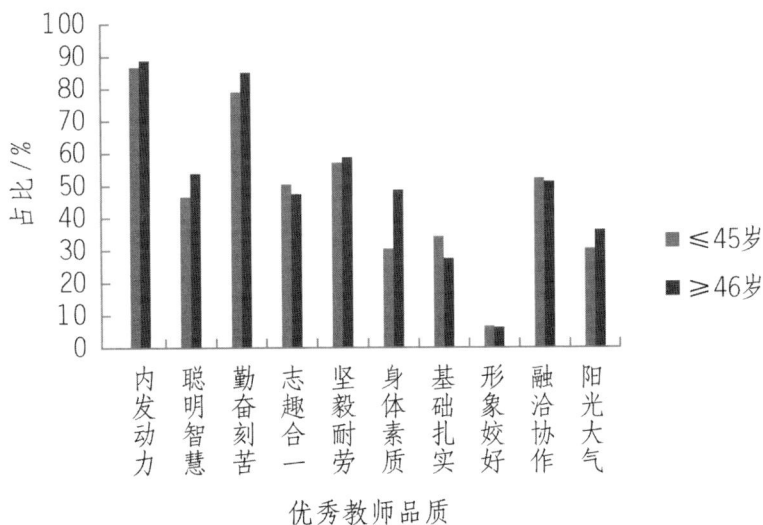

图 4-38 不同年龄段特级教师对优秀教师品质的认知比较

（三）不同学段特级教师对优秀教师品质的认知

由表4-42和图4-39可知，幼儿园特级教师认为，优秀教师应具备品质的前6位为"内发动力""勤奋刻苦""聪明智慧""基础扎实""融洽协作""身体素质"；小学特级教师认为，优秀教师应具备品质的前6位为"内发动力""勤奋刻苦""坚毅耐劳""志趣合一""聪明智慧""融洽协作"；初中特级教师认为，优秀教师应具备品质的前6位为"内发动力""勤奋刻苦""坚毅耐劳""融洽协作""志趣合一""聪明智慧"；普高特级教师认为，优秀教师应具备品质的前6位为"内发动力""勤奋刻苦""聪明智慧""坚毅耐劳""志趣合一""融洽协作"；职高特级教师认为，优秀教师应具备品质的前6位为"内发动力""勤奋刻苦""融洽协作""坚毅耐劳""身体素质""聪明智慧""基础扎实"。

相比较而言，幼儿园特级教师选择"聪明智慧"的比例（75.0%）均高于其他学段特级教师，职高特级教师的比例（41.7%）最低；小学特级教师选择"志趣合一""阳光大气"是优秀教师品质的比例分别为61.4%、45.6%，均高出其他学段教师约10个百分比；幼儿园和职高特级教师选择"身体素质"的比例分别为66.7%、50.0%，均高于其他学段特级教师，最低比例为普高特级教师，仅为3.4%，其他学段特级教师比例在20%左右；职高特级教师选择"融洽协作"的比例均高于其他学段特级教师，最少高出约9个百分比，最多高出约35个百分比。

表4-42　不同学段特级教师对优秀教师品质的认知比较

优秀教师品质	幼儿园		小学		初中		普高		职高		合计	
	N/人	占比/%	N/人	占比/%	N/人	占比/%	N/人	占比/%	N/人	占比/%	N/人	占比/%
内发动力	11	91.5	48	84.2	44	91.7	38	86.4	21	87.5	162	87.6
聪明智慧	9	75.0	28	49.1	23	47.6	22	50.0	10	41.7	92	49.7
勤奋刻苦	9	75.0	44	77.2	39	81.3	38	86.4	21	87.5	151	81.6
志趣合一	4	33.3	35	61.4	23	47.9	20	45.5	9	37.5	91	49.2
坚毅耐劳	6	50.0	36	63.2	26	54.2	22	50.0	17	70.8	107	57.8

优秀教师品质	幼儿园		小学		初中		普高		职高		合计	
	N/人	占比/%	N/人	占比/%	N/人	占比/%	N/人	占比/%	N/人	占比/%	N/人	占比/%
身体素质	8	66.7	14	24.6	21	11.4	16	3.4	12	50.0	71	38.4
基础扎实	51	66.7	15	26.3	13	27.1	15	34.1	10	41.7	58	31.4
形象姣好	1	8.3	3	5.3	5	10.4	2	4.5	1	4.2	12	6.5
融洽协作	8	66.7	27	47.4	25	52.1	18	40.6	18	75.0	61	33.0
阳光大气	2	16.7	26	45.6	13	27.1	11	25.0	9	37.5	61	33.0

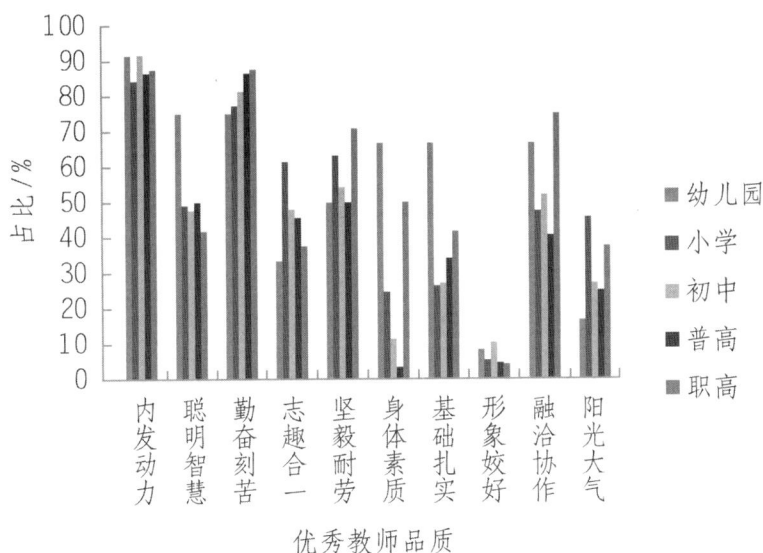

图 4-39 不同学段特级教师对优秀教师品质的认知比较

（四）不同任教学科特级教师对优秀教师品质的认知

由表 4-43 和图 4-40 可知，文科特级教师认为，优秀教师应具备品质的前 6 位为"内发动力""勤奋刻苦""坚毅耐劳""志趣合一""聪明智慧""融洽协作"；理（工）科特级教师认为，优秀教师应具备品质的前 6 位为"内发动力""勤奋刻苦""坚毅耐劳""聪明智慧""融洽协作""志趣合一";艺体及其他学科特级教师认为,优秀教师应具备品质的前 6 位为"内发动力""勤奋刻苦""坚毅耐劳""融洽协作""身体素质""聪明智慧"。

从不同任教学科特级教师的比较来看,艺体及其他学科特级教师在"聪明智慧""身体素质""融洽协作"选项上占比均高于文、理(工)科特级教师,其中:在"聪明智慧"选项上的占比高出文、理(工)科特级教师约 11 个百分比,在"身体素质"选项上的占比均高出文、理(工)科特级教师 24 个百分比左右;文科特级教师在"内发动力"选项上的占比(90.8%)最高,艺体及其他学科特级教师占比(83.9%)居后。

表 4-43 不同任教学科特级教师对优秀教师品质的认知比较

优秀教师品质	文科		理(工)科		艺体及其他		合计	
	N/人	占比/%	N/人	占比/%	N/人	占比/%	N/人	占比/%
内发动力	59	90.8	68	85.0	26	83.9	153	86.9
聪明智慧	31	47.7	37	46.3	18	58.1	86	48.9
勤奋刻苦	53	81.5	65	81.3	25	80.6	143	81.3
志趣合一	35	53.8	37	46.3	15	48.4	87	49.4
坚毅耐劳	36	55.4	46	57.5	20	64.5	102	58.0
身体素质	23	35.4	27	33.8	18	58.1	68	38.6
基础扎实	19	29.2	25	31.3	13	41.9	57	32.4
形象姣好	5	7.7	6	7.5	1	3.2	12	6.8
融洽协作	31	47.7	37	46.3	19	61.3	87	49.4
阳光大气	18	27.7	28	35.0	10	32.3	56	31.8

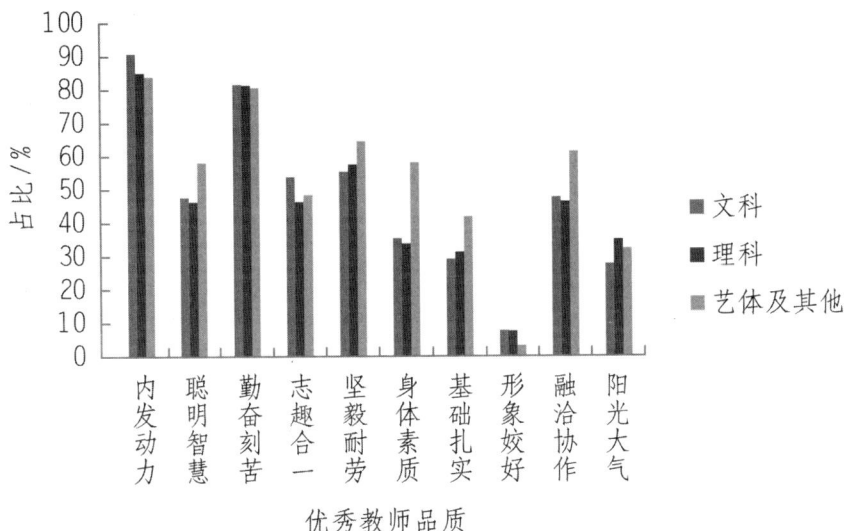

图 4-40 不同任教学科特级教师对优秀教师品质的认知比较

（五）不同职别特级教师对优秀教师品质的认知

由表 4-44 和图 4-41 可知，职别为单位领导的特级教师认为，优秀教师应具备品质的前 6 位为"内发动力""勤奋刻苦""坚毅耐劳""融洽协作""志趣合一""聪明智慧"；仅为普通教师的特级教师认为，优秀教师应具备品质的前 6 位为"内发动力""勤奋刻苦""坚毅耐劳""聪明智慧""融洽协作""志趣合一"。

相比较而言，仅为普通教师的特级教师在"聪明智慧""基础扎实"选项上的比例分别为 53.0%、36.0%，均高出职别为单位领导的特级教师 10 个百分比左右；职别为单位领导的特级教师在"阳光大气"选项上的比例高出仅为普通教师的特级教师 4.6 个百分比，为 34.6%；在"勤奋刻苦"选项上，仅为普通教师的特级教师比例高出职别为单位领导的特级教师约 12 个百分比，为 87.0%。

表4-44 不同职别特级教师对优秀教师品质的认知比较

优秀教师品质	单位领导		普通教师		合计	
	N/人	占比/%	N/人	占比/%	N/人	占比/%
内发动力	68	87.2	87	87.0	155	87.1
聪明智慧	35	44.9	53	53.0	88	49.4
勤奋刻苦	58	74.4	87	87.0	145	81.5
志趣合一	39	50.0	48	48.0	87	48.9
坚毅耐劳	42	53.8	60	60.0	102	57.3
身体素质	29	37.2	42	42.0	71	39.9
基础扎实	21	26.9	36	36.0	57	48.9
形象姣好	3	3.8	8	8.0	11	6.2
融洽协作	41	52.6	50	50.0	91	51.1
阳光大气	27	34.6	30	30.0	57	32.0

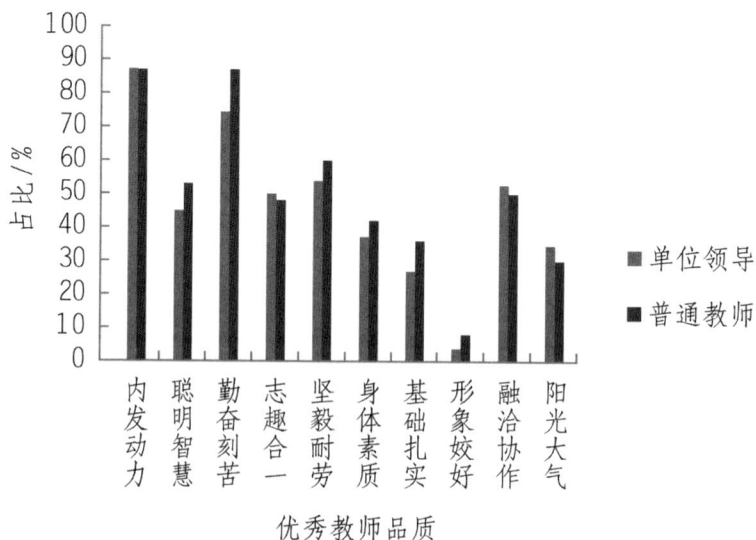

图4-41 不同职别特级教师对优秀教师品质的认知比较

（六）不同性格特级教师对优秀教师品质的认知

由表4-45和图4-42可知，外向开朗型特级教师认为，优秀教师应具备品质的前6位为"内发动力""勤奋刻苦""融洽协作""坚毅耐劳""志趣合一""聪明智慧"；内向沉稳型特级教师认为，优秀教师应具备品质的前6位为"内发动力""勤奋刻苦""坚毅耐劳""志趣合一""融洽协作""聪明智慧"；介于两者之间的特级教师认为，优秀教师应具备品质的前6位为"内发动力""勤奋刻苦""坚毅耐劳""聪明智慧""融洽协作""志趣合一""身体素质"。

从不同性格特级教师比较来看，外向开朗型特级教师在"内发动力"选项上的占比最高，为92.7%；性格介于两者之间的特级教师在"身体素质"选项上的占比为48.7%，高出外向开朗型特级教师约40个百分比，高出内向沉稳型特级教师约20个百分比；在"基础扎实"选项上，内向沉稳型特级教师的占比为38.2%，高出外向开朗型特级教师约19个百分比。由此看出，不同性格类型特级教师在"身体素质"这一品质上的认知差异较大。

表4-45 不同性格特级教师对优秀教师品质的认知比较

优秀教师品质	外向开朗		内向沉稳		两者之间		合计	
	N/人	占比/%	N/人	占比/%	N/人	占比/%	N/人	占比/%
内发动力	38	92.7	60	88.2	64	84.2	162	87.6
聪明智慧	18	43.9	30	44.1	44	57.9	92	49.7
勤奋刻苦	36	87.8	57	83.8	58	76.3	151	81.6
志趣合一	20	48.8	34	50.0	37	48.7	91	49.2
坚毅耐劳	22	53.7	38	55.9	47	61.8	107	57.8
身体素质	15	8.1	19	27.9	37	48.7	71	38.4
基础扎实	8	19.5	26	38.2	24	31.6	58	31.4
形象姣好	4	9.8	6	8.8	2	2.6	12	6.5
融洽协作	24	58.5	31	45.6	41	53.9	96	51.9
阳光大气	16	39.0	20	29.4	25	32.9	61	33.0

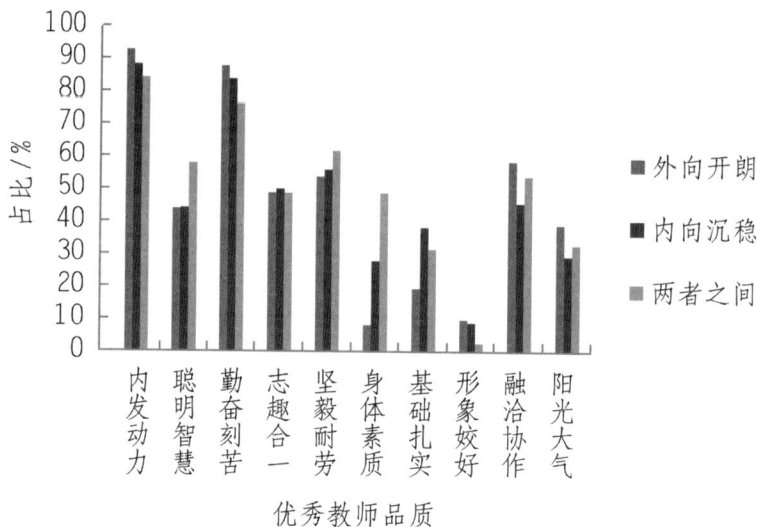

图 4-42　不同性格类型特级教师对优秀教师品质的认知比较

第五节　本章小结

一、特级教师的专业知识认知水平很高，本体性知识评价均值高于条件性知识

从总体样本来看，不同性别、年龄段、学段、任教学科、职别和性格特级教师的专业知识认知指数均值在 4.20—4.82 区间内，均值越趋近 5，预示着特级教师认知水平越高。由此可见，不同类型特级教师均有很高的专业知识认知水平。不同任教学科特级教师在本体性知识这一维度上的得分存在显著差异。方差分析的事后检验显示，文科特级教师与理（工）科特级教师在本体性知识认知这一维度上的得分存在显著差异。相比较而言，不同类型特级教师本体性知识认知均值在 4.75 左右，条件性知识认知均值在 4.35 左右，预示着不同性别、年龄段、学段、任教学科、职别和性格的特级教师对本体性知识的认知水平更高。

二、特级教师的专业素养认知呈现高水平状态，绝大多数特级教师更重视专业情意这一素养

从总体样本来看，不同类型特级教师在专业精神维度上的均值位于4.68—4.85区间，说明不同性别、年龄段、学段、任教学科、职别和性格特级教师对专业精神的评价很好，预示着不同类型特级教师有着高水平的专业精神认知。在教师最重要的专业素养选择比较上，70.0%以上的特级教师选择了"专业情意"作为教师素质最重要的因素。相比较而言，普高特级教师在"专业知识"选项上的占比最高，为11.6%；职高特级教师在"专业情意"选项上的占比最高，为87.5%；理（工）科特级教师在"专业知识"选项上的占比高出其他学科教师约4个百分比；性格介于两者之间的级教师在"专业能力"选项上的占比高出性格外向开朗型教师约8个百分比。

三、不同类型特级教师对教与研2项能力有着很好的认知水平

从总体样本来看，不同类型特级教师在教与研能力认知维度上的均值位于4.71—4.88区间，说明不同性别、年龄段、学段、任教学科、职别和性格特级教师对教与研的评价很好，也预示着不同类型特级教师对教与研2项能力的高度认同。

四、不同类型特级教师对教师基本能力的认知较为一致

从总体样本来看，特级教师认为教师应掌握的基本能力的前6位依次为"教学能力""表达能力""研究能力""读懂学生""沟通协作""班级管理"，94.1%的特级教师认为"教学能力"是教师应掌握的基本能力，93.0%的特级教师认为"表达能力"是教师应掌握的基本能力；同时，低于10.0%的特级教师认为"组织社团""运用媒体""板书绘画"是教师应掌握的基本能力。从不同维度比较来看，女性特级教师在"沟通协作""读懂学生"选项上的比例均高于男性特级教师；不同年龄段特级教师对"沟通协作"是否为教师应掌握的基本能力的认知差异较大，45岁及以下特级教师在此选项上的占比为71.4%，而46岁及以上特级教师的占比仅有31.0%；小学、初中及普高特级教师在"阅读写作"选项上的占比较为一致，且均高出其他两学段特级教师约30个百分比；性格介于外向开朗和内

向沉稳之间的特级教师在"班级管理""表达能力"选项上的占比最高。

五、"内发动力""勤奋刻苦""坚毅耐劳""融洽协作""聪明智慧""志趣合一"不同类型是特级教师对优秀教师必备品质的认知

从总体样本来看，在"内发动力"和"勤奋刻苦"选项上，分别有87.6%和81.6%的特级教师选择，远高于其他选项的比例。从不同维度来看，女性特级教师在"坚毅耐劳""身体素质""融洽协作"选项上的比例均高于男性特级教师；46岁及以上特级教师在"身体素质"选项上的比例为48.8%，高出45岁及以下特级教师约18个百分比；幼儿园特级教师选择"聪明智慧"的比例均高于其他学段特级教师，幼儿园和职高特级教师选择"身体素质"的比例均高于其他学段特级教师；艺体及其他学科特级教师在"聪明智慧""身体素质""融洽协作"选项上的比例高于其他任教学科特级教师，在"身体素质"选项上的比例均高出其他学科特级教师24个百分比左右；身为普通教师的特级教师在"勤奋刻苦"选项上的比例高于职别为单位领导的特级教师；不同性格特级教师在"身体素质"这一选项上的比例差异较大，性格介于外向开朗和内向沉稳之间的特级教师的比例为48.7%，内向沉稳型特级教师比例为27.9%，外向开朗型特级教师的比例为8.1%。

参考文献

［1］曹长德. 教师专业化与教师职业技能训练［J］. 当代教师教育, 2009（2）: 36-39.

［2］张寿松. 特级教师与普通教师的教学能力提升及其困惑的比较研究［J］. 上海教育科研, 2009（6）: 47-49.

［3］叶澜. 新世纪教师专业素养初探［J］. 教育研究与实验, 1998（1）: 41-46.

［4］罗静. 美国优秀教师的人格特征及启示［J］. 现代教育论丛, 2011（2）: 65-67.

［5］林崇德，申继亮. 从教师的知识结构看师范教育的改革［J］. 高等师范教育研究，1998（6）.

［6］孟育群. 现代教师的教育能力结构［J］. 现代中小学教育，1990（3）：30-33.

［7］杜瑞军. 从教学学术到教学实践：卓越教师基本特征探析［J］. 新疆师范大学学报（哲学社会科学版），2014（2）：119-126.

第五章 职业认同

这一章我们将讨论不同类型特级教师的自我职业认同、职业认同关键期、职业认同原因等 3 个方面的问题。

第一节 自我职业认同

一、职业认同

本维度只有一道题目，采用五点量表题形式，题目为"我很喜欢教师职业，很喜欢当老师"，试图探究研究对象的职业认同状况。

（一）不同性别特级教师职业认同

由表 5-1 和图 5-1 可知，不同性别特级教师在教师职业认同上的平均得分分别为 4.46 和 4.53，说明不同性别特级教师对教师职业认同状况的评价很好（最佳状况评价得分为 5 分），也预示着不同性别特级教师都有很高的教师职业认同感，同时，女性特级教师的职业认同感略高于男性特级教师。独立样本 t 检验表明，不同性别特级教师在职业认同感这一维度上的得分差异不显著。

表 5-1 不同性别特级教师职业认同指数比较

性别	N/人	均值	标准差	t
男	109	4.46	0.601	−0.780
女	77	4.53	0.680	

注：$p > 0.05$

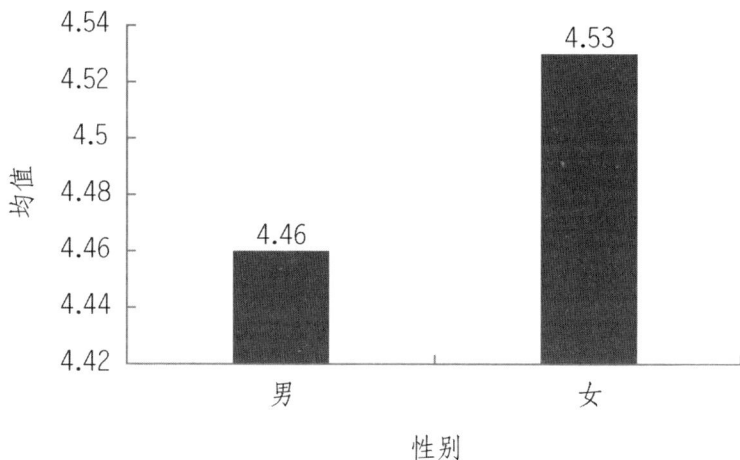

图 5-1 不同性别特级教师职业认同指数比较

（二）不同年龄段特级教师职业认同

由表 5-2 和图 5-2 可知，不同年龄段特级教师在这一维度上的平均得分分别为 4.48 和 4.50，说明不同年龄段特级教师对教师职业认同状况的评价很好（最佳状况评价得分为 5 分），也预示着不同年龄段特级教师都有很高的教师职业认同感。独立样本 t 检验表明，不同年龄段特级教师在职业认同感上的差异不显著。

表 5-2 不同年龄段特级教师职业认同指数比较

年龄段	N/人	均值	标准差	t
≤ 45 岁	104	4.48	0.653	0.205
≥ 46 岁	82	4.50	0.614	

注：$p > 0.05$

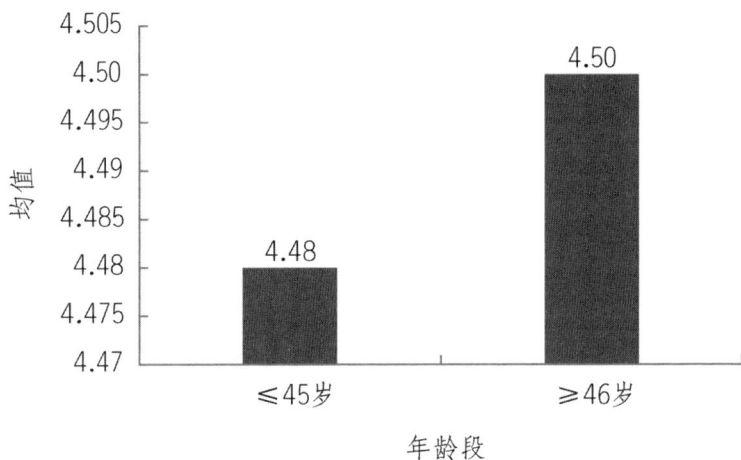

图 5-2 不同年龄段特级教师职业认同指数比较

（三）不同学段特级教师职业认同

由表 5-3 和图 5-3 可知，幼儿园、小学、初中、普高和职高特级教师在这一维度上的平均得分分别为 4.83、4.54、4.44、4.43、4.39，说明不同学段特级教师对教师职业认同状况的评价很好（最佳状况评价得分为 5 分），也预示着不同学段特级教师都有很高的教师职业认同感。

单因素方差分析检验结果显示，F（4，181）＝ 1.299，p ＝ 0.272。这表明不同学段特级教师在职业认同感上不存在显著性差异。

表5-3　不同学段特级教师职业认同指数比较 [1]

学段	N/人	均值	标准差	F	p
幼儿园	12	4.83	0.389	1.299	0.272
小学	57	4.54	0.600		
初中	50	4.44	0.675		
普高	44	4.43	0.625		
职高	23	4.39	0.722		

注：$p > 0.05$

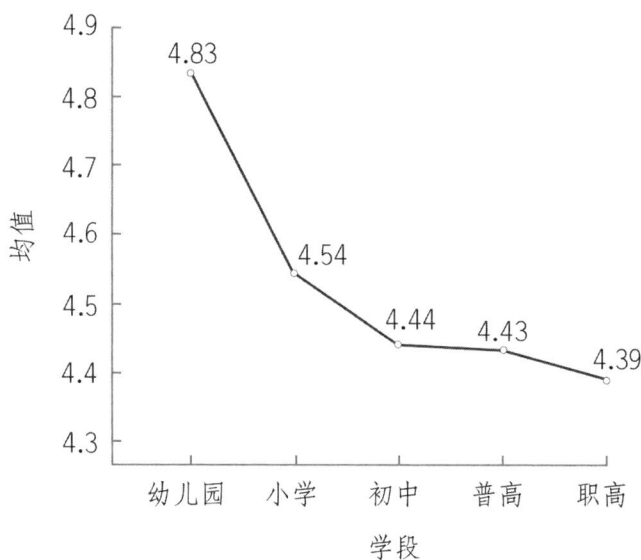

图5-3　不同学段特级教师职业认同指数比较

---

[1]　本表格中合计总数为 186，样本总数为 187，是因为其中有 1 份问卷漏选，但问卷的其他部分是有效的，故统计在内。在本书的相关数据中，有时统计数会小于该项的总数，也是由于在该项上漏选的原因，此后不再一一说明。

（四）不同任教学科特级教师职业认同

由表5-2和图5-2可知，文科、理（工）科、艺体及其他学科特级教师在这一维度上的平均得分分别为4.48、4.50、4.42，说明不同任教学科特级教师对教师职业认同状况的评价很好（最佳状况评价得分为5分），也预示着不同任教学科特级教师都有很高的教师职业认同感。

单因素方差分析检验结果显示，$F_{(2, 174)} = 0.179$，$p = 0.836$。这表明不同任教学科特级教师在职业认同感上不存在显著性差异。

表5-4 不同任教学科特级教师职业认同指数比较

任教学科	N/人	均值	标准差	F	p
文科	64	4.48	0.591	0.179	0.836
理（工）科	82	4.50	0.593		
艺体及其他	31	4.42	0.848		

注：$p > 0.05$

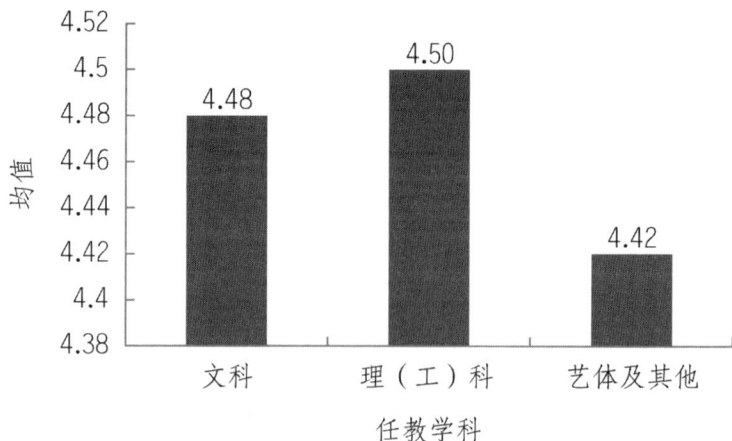

图5-4 不同任教学科特级教师职业认同指数比较

（五）不同职别特级教师职业认同

由表 5-5 和图 5-5 可知，职别为单位领导的特级教师和身为普通教师的特级教师在这一维度上的平均得分分别为 4.56 和 4.42，说明不同职别特级教师对教师职业认同状况的评价很好（最佳状况评价得分为 5 分），也预示着不同职别特级教师都有很高的教师职业认同感。独立样本 t 检验表明，不同性别特级教师在职业认同感上的差异不显著。

表 5-5　不同职别特级教师职业认同指数比较

职别	N/人	均值	标准差	t
单位领导	79	4.56	0.594	1.428
普通教师	100	4.42	0.669	

注：$p > 0.05$

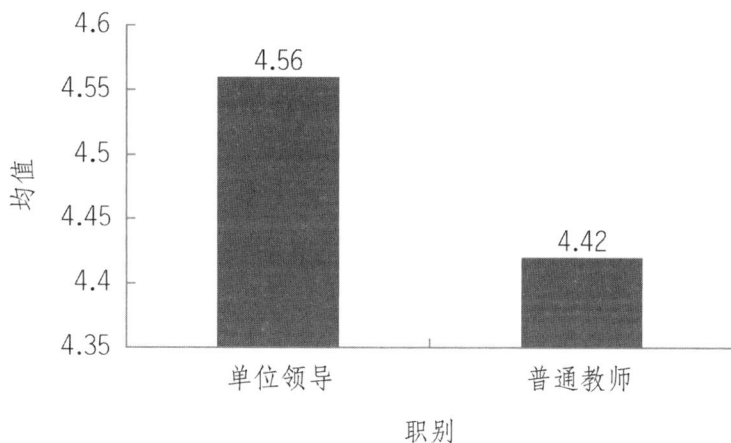

图 5-5　不同职别特级教师职业认同指数比较

二、职业选择

本维度只有一道题目，采用单项选择题形式设计，题目为"假如可以让您重新择业，您还会选择教师职业吗"，共有3个选项，试图探究研究对象的职业选择。

（一）不同性别特级教师职业选择

由表5-6和图5-6可知，从总体样本来看，不同性别特级教师的职业选择呈现一定差异，61.1%的特级教师的职业选择是"会"，31.4%的特级教师选择"说不定"，7.6%的特级教师选择"不会"。

从不同性别比较来看，有57.4%的男性特级教师的职业选择是"会"，而只有8.3%的男性特级教师的职业选择是"不会"，反映出男性特级教师的职业选择偏向于"会"；有66.2%的女性特级教师的职业选择是"会"，而只有6.5%的女性特级教师的职业选择是"不会"，反映出女性特级教师的职业选择偏向于"会"。

在"会""不会""说不定"这3个选项上，都没有体现出明显的性别差异，57.4%的男性特级教师的职业选择是"会"，而女性特级教师的职业选择是"会"的有66.2%，后者高出前者8.8个百分比；在"不会"的选项上，男性特级教师的比例高出女性特级教师1.8个百分比；在"说不定"的选项上，男性特级教师的比例高出女性特级教师7.0个百分比，反映出女性特级教师的职业选择相对于男性特级教师而言更加坚定明确。

表5-6　不同性别特级教师职业选择比较

职业选择	男		女		合计	
	N/人	占比/%	N/人	占比/%	N/人	占比/%
会	62	57.4	51	66.2	113	61.1
不会	9	8.3	5	6.5	14	7.6
说不定	37	34.3	21	27.3	58	31.4
合计	108	100.0	77	100.0	185	100.0

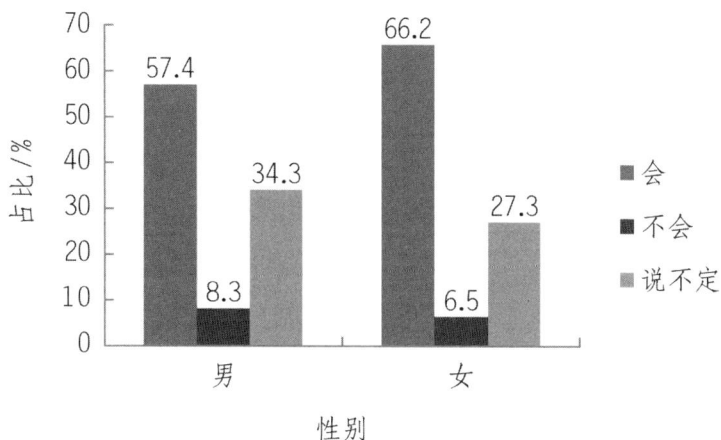

图 5-6　不同性别特级教师职业选择比较

（二）不同年龄段特级教师职业选择

由表 5-7 和图 5-7 可知，从总体样本来看，不管是 45 岁及以下的特级教师还是 46 岁及以上的特级教师，在职业选择上的比例从高到低依次为"会""说不定""不会"。

从不同年龄段比较来看，职业选择差异不大，有 61.1% 的特级教师的职业选择是"会"，有 7.6% 的特级教师的职业选择是"不会"，有 31.4% 的特级教师的职业选择是"说不定"，且这 2 个年龄段在 3 个选项的比例上与总样本之间最高只有 0.9% 的差异，反映出不同年龄段特级教师在各职业选择上分布均匀。

表 5-7　不同年龄段特级教师职业选择比较

职业选择	≤45 岁		≥46 岁		合计	
	N/人	占比/%	N/人	占比/%	N/人	占比/%
会	63	61.2	50	61.0	113	61.1
不会	7	6.8	7	8.5	14	7.6
说不定	33	32.0	25	30.5	58	31.4

职业选择	≤45岁		≥46岁		合计	
	N/人	占比/%	N/人	占比/%	N/人	占比/%
合计	103	100.0	82	100.0	185	100.0

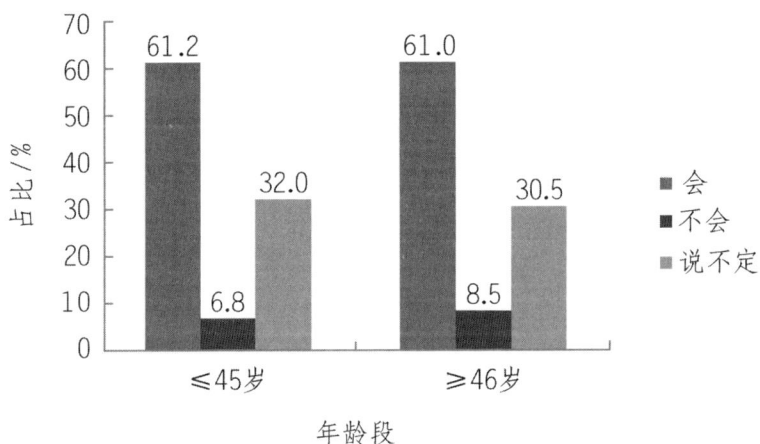

图 5-7　不同年龄段特级教师职业选择比较

（三）不同学段特级教师职业选择

由表 5-8 和图 5-8 可知，从总体样本来看，不同学段特级教师的职业选择呈现一定差异，且不同学段特级教师的职业选择为"会"的比例相对较高。

从不同学段比较来看，幼儿园特级教师的职业选择为"会"的比例最高，为 75.0%，其中 16.7% 的幼儿园特级教师的职业选择是"说不定"，比例最低，反映出幼儿园特级教师的职业选择最坚定且最明确；小学特级教师中，职业选择是"会"的比例为 69.6%，有 3.6% 的职业选择是"不会"，前者比后者高出 66 个百分比，另外，有 26.8% 的职业选择是"说不定"，反映出小学特级教师的职业选择比较坚定；初中特级教师中，职业选择是"会"的比例为 52.0%，有 12.0% 的职业选择是"不会"，职业选择是"说不定"的占 36.0%，职业选择为"会"的仅高出职业选择为"不会"的 40 个百分比，为所有学段最低，反映出初中特级教师的职业选择在所有学段中最为不坚定；普高特级教师中，职业选择是"会"的占65.1%，有11.6%的职业选择为"不会"，职业选择是"说不定"的比例为23.3%，反映出普高特级教师的职业选择较为坚定及明确；职高特级教师中，职业选择是"会"的比例为45.8%，为所有学段最低，职业选择是"不会"的比例为0，有54.2%的职业选择是"说不定"，为所有学段中最高，且比例高于职业选择是"会"的，反映出职高特级教师的职业选择比较不坚定、不明确。

表5-8 不同学段特级教师职业选择比较

职业选择	幼儿园		小学		初中		普高		职高		合计	
	N/人	占比/%	N/人	占比/%	N/人	占比/%	N/人	占比/%	N/人	占比/%	N/人	占比/%
会	9	75.0	39	69.6	26	52.0	28	65.1	11	45.8	113	61.1
不会	1	8.3	2	3.6	6	12.0	5	11.6	0	0.0	14	7.6
说不定	2	16.7	15	26.8	18	36.0	10	23.3	13	54.2	58	31.4
合计	12	100.0	56	100.0	50	100.0	43	100.0	24	100.0	185	100.0

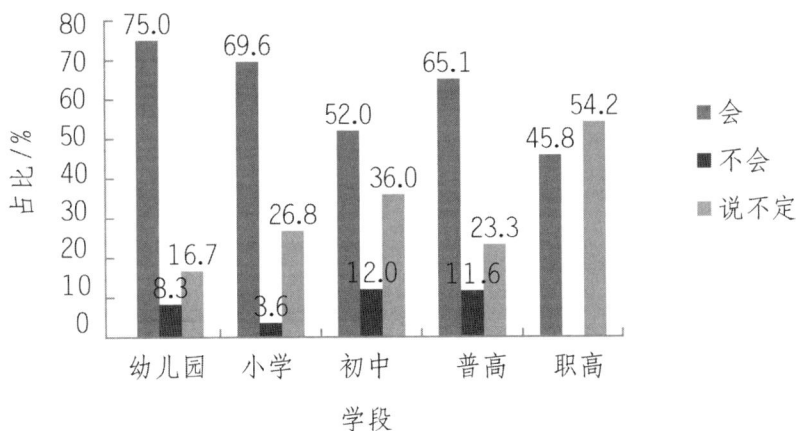

图5-8 不同学段特级教师职业选择比较

（四）不同学科特级教师职业选择

由表5-9和图5-9可知，从总体样本来看，不管是文科特级教师、理（工）科特级教师还是艺体及其他学科特级教师，他们在职业选择上的比例从高到低都依次为"会""说不定""不会"。

从不同任教学科比较来看，文科特级教师的职业选择为"会"的占63.1%，有4.6%的职业选择是"不会"，为全学科最低，前者高出后者58.5个百分比，职业选择是"说不定"的占比为32.3%，为全学科最高，反映出文科特级教师的职业选择最不明确；理（工）科特级教师的职业选择"会"的比例（56.8%）最低，职业选择是"不会"的占比为11.1%，为全学科最高，前者高出后者45.7个百分比，职业选择是"说不定"的占比为32.1%，反映出理（工）科特级教师的职业选择最不坚定；艺体及其他学科特级教师的职业选择为"会"的比例在全学科中最高，为70.0%，职业选择为"不会"的占比为6.7%，前者高出后者63.3个百分比，职业选择为"说不定"的比例（23.3%）在全学科中较低，反映出艺体及其他学科特级教师的职业选择最坚定、最明确。

表5-9 不同任教学科特级教师职业选择比较

职业选择	文科		理（工）科		艺体及其他		合计	
	N/人	占比/%	N/人	占比/%	N/人	占比/%	N/人	占比/%
会	41	63.1	46	56.8	21	70.0	108	61.4
不会	3	4.6	9	11.1	2	6.7	14	8.0
说不定	21	32.3	26	32.1	7	23.3	54	30.7
合计	65	100.0	81	100.0	30	100.0	176	100.0

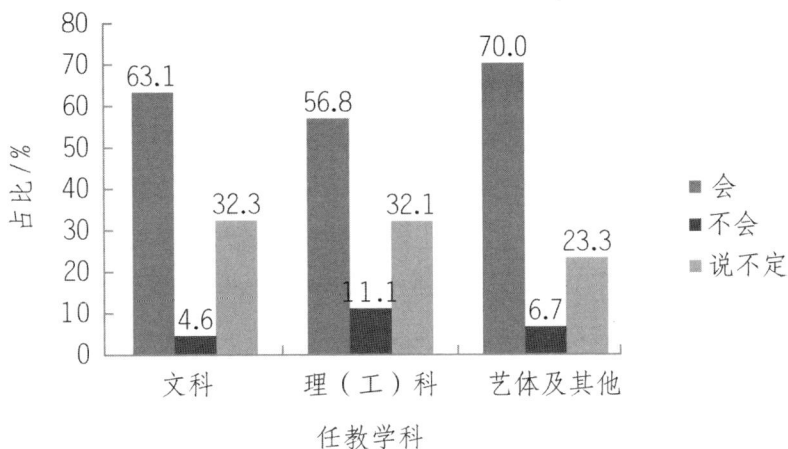

图 5-9　不同任教学科特级教师职业选择比较

（五）不同职别特级教师职业选择

由表 5-10 和图 5-10 可知，从总体样本来看，不管是职别为单位领导的特级教师还是仅为普通教师的特级教师，在职业选择上的比例从高到低都依次为"会""说不定""不会"。

从不同职别比较来看，职别为单位领导的特级教师的职业选择是"会"的比例为 70.5%，职业选择是"不会"的比例为 6.4%，职业选择是"说不定"的比例为 23.1%；仅为普通教师的特级教师的职业选择是"会"的比例为 53.0%，职业选择是"不会"的比例为 9.0%，职业选择是"说不定"的比例为 38.0%，反映出职别为单位领导特级教师的职业选择相对于仅为普通教师的特级教师而言更坚定、更明确。

表 5-10　不同职别特级教师职业选择比较

职业选择	单位领导		普通教师		合计	
	N/人	占比/%	N/人	占比/%	N/人	占比/%
会	55	70.5	53	53.0	108	60.7
不会	5	6.4	9	9.0	14	7.9
说不定	18	23.1	38	38.0	56	31.5
合计	78	100.0	100	100.0	178	100.0

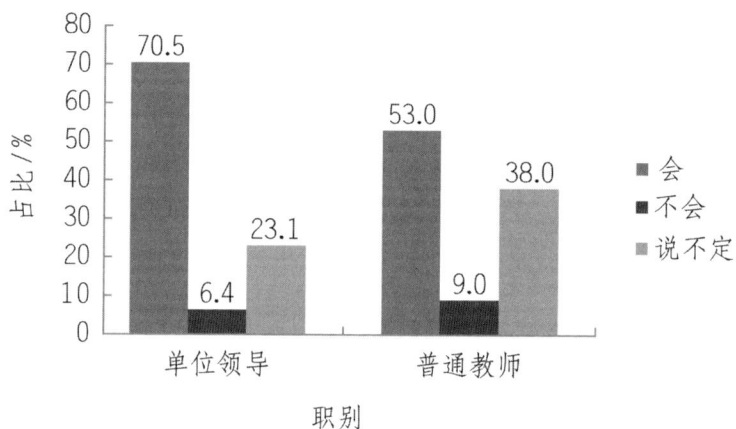

图 5-10　不同职别特级教师职业选择比较

第二节 认同关键期

本维度只有一道题目，一共有 6 个选项，采用多项选择题形式，题目为"从教几年后您开始较深地喜欢上教师职业（可多选）"，试图探究研究对象的职业认同关键期。

（一）不同性别特级教师职业认同关键期

由表 5-11 可知，从总体样本来看，特级教师职业认同关键期占比由高到低依次为从教"1—5 年""6—10 年""11—15 年""16—20 年""21 年及以上""至今未喜欢"。41.2% 的特级教师认为职业认同关键期在从教后"1—5 年"，认为在从教后"6—10 年"为教师职业认同关键期的占 35.3%，可见，认为前 10 年是职业关键期的特级教师的比例达到 76.5%。相比较而言，从教"21 年及以上"才较深地喜欢上教师职业的比例为 7.5%，"至今未喜欢"的特级教师人数没有。

从不同性别比较来看，男性特级教师认为，教师职业认同关键期前 3 位依次为从教"6—10 年""1—5 年""11—15 年"；女性特级教师认为，教师职业认同关键期前 3 位依次为从教"1—5 年""6—10 年""11—15 年"。

相比较而言，女性特级教师在从教"1—5 年""11—15 年""21 年及以上"选项上的比例均高于男性特级教师，其中，选择"1—5 年"的女性特级教师比例（46.8%）高出男性特级教师比例（37.3%）9.5 个百分比，在"11—15 年"和"21 年及以上"上分别高出 7.3 和 4.9 个百分比。

表 5-11 不同性别特级教师职业认同关键期比较

职业认同 关键期	男		女		合计	
	N/人	占比/%	N/人	占比/%	N/人	占比/%
1—5 年	41	37.3	36	46.8	77	41.2
6—10 年	42	38.2	24	31.2	66	35.3

职业认同 关键期	男		女		合计	
	N/人	占比/%	N/人	占比/%	N/人	占比/%
11—15 年	22	20.0	21	27.3	43	23.0
16—20 年	13	11.8	7	9.1	20	10.7
21 年及以上	6	5.5	8	10.4	14	7.5
至今未喜欢	0	0.0	0	0.0	0	0.0

（二）不同年龄段特级教师职业认同关键期

由表 5-12 可知，45 岁及以下特级教师认为，职业认同关键期前 3 位为从教"1—5 年""6—10 年""11—15 年"；46 岁及以上特级教师认为，职业认同关键期前 3 位为从教"6—10 年""1—5 年""11—15 年"。

相比较而言，46 岁及以上特级教师在"6—10 年""11—15 年"选项上的比例均高于 45 岁及以下特级教师，其中，选择"6—10 年"的 46 岁及以上特级教师比例（37.8%）高出 45 岁及以下特级教师比例（33.3%）4.5 个百分比，在"1—5 年"选项上的比例 46 岁及以上特级教师低于 45 岁及以下特级教师 12.6 个百分比。

表 5-12　不同年龄段特级教师职业认同关键期比较

职业认同 关键期	≤45 岁		≥46 岁		合计	
	N/人	占比/%	N/人	占比/%	N/人	占比/%
1—5 年	49	46.7	28	34.1	77	41.2
6—10 年	35	33.3	31	37.8	66	35.3
11—15 年	19	18.1	24	29.3	43	23.0
16—20 年	8	7.6	12	14.6	20	10.7
21 年及以上	4	3.8	10	12.2	14	7.5
至今未喜欢	0	0.0	0	0.0	0	0.0

（三）不同学段特级教师职业认同关键期

由表5-13可知，幼儿园特级教师认为，职业认同关键期前2位为从教"6—10年""1—5年"；小学特级教师认为，职业认同关键期前3位为从教"1—5年""6—10年""11—15年"；初中特级教师认为，职业认同关键期前3位为从教"6—10年""1—5年""11—15年"；普高特级教师认为，职业认同关键期前3位为从教"1—5年""6—10年""11—15年"；职高特级教师认为，职业认同关键期前2位为从教"1—5年""6—10年"。

相比较而言，认为职业认同关键期为从教"1—5年"的幼儿园特级教师比例（50.0%）在所有学段中最高，高出小学特级教师2.6个百分比；幼儿园特级教师选择从教"6—10年"的比例（58.3%）在所有学段中最高，高出职高特级教师16.6个百分比；在"1—5年"的选项上，不同学段特级教师的比例有所差异，幼儿园特级教师比例最高（50.0），小学特级教师比例次之（47.4%），初中特级教师比例最低（32.0%）。

表5-13　不同学段特级教师职业认同关键期比较

职业认同关键期	幼儿园		小学		初中		普高		职高		合计	
	N/人	占比/%	N/人	占比/%	N/人	占比/%	N/人	占比/%	N/人	占比/%	N/人	占比/%
1—5年	6	50.0	27	47.4	16	32.0	17	38.6	11	45.8	77	41.2
6—10年	7	58.3	17	29.8	19	38.0	13	29.5	10	41.7	66	35.3
11—15年	2	16.7	13	22.8	12	24.0	13	29.5	3	12.5	43	23.0
16—20年	2	16.7	3	5.3	6	12.0	5	11.4	4	16.7	20	10.7
21年及以上	1	8.3	3	5.3	3	6.0	5	11.4	2	8.3	14	7.5
至今未喜欢	0	0.0	0	0.0	0	0.0	0	0.0	0	0.0	0	0.0

（四）不同任教学科特级教师职业认同关键期

由表5-14可知，文科特级教师认为，职业认同关键期前3位为从教"1—5年""11—15年""6—10年"；理（工）科特级教师认为，职业认同关键期前3

位为从教"1—5 年""6—10 年""11—15 年";艺体及其他学科特级教师认为，职业认同关键期前 4 位为从教"6—10 年""1—5 年""11—15 年""16—20 年"。

相比较而言，在"1—5 年"选项上，不同任教学科特级教师所选比例有一定差异，文科特级教师比例最高（43.1%），艺体及其他学科比例次之（41.9%），理（工）科比例最低（39.0%），文科特级教师比例高出理（工）科特级教师 4.1个百分比；在"6—10 年"选项上，艺体及其他学科特级教师比例高出文科特级教师 20.7 个百分比；在"11—15 年"选项上，文科特级教师比例高出艺体及其他学科特级教师 9.8 个百分比。

表5-14　不同任教学科特级教师职业认同关键期比较

职业认同关键期	文科		理（工）科		艺体及其他		合计	
	N/人	占比/%	N/人	占比/%	N/人	占比/%	N/人	占比/%
1—5 年	28	43.1	32	39.0	13	41.9	73	41.0
6—10 年	18	27.7	28	34.1	15	48.4	61	34.3
11—15 年	19	29.2	18	22.0	6	19.4	43	24.2
16—20 年	9	13.8	5	6.1	6	19.4	20	11.2
21 年及以上	7	10.8	4	4.9	3	9.7	14	7.9
至今未喜欢	0	0.0	0	0.0	0	0.0	0	0.0

（五）不同职别特级教师职业认同关键期

由表5-15 可知，不同职别的特级教师均认为，职业认同关键期的前 3 位为从教"1—5 年""6—10 年""11—15 年"。

相比较而言，在"1—5 年""6—10 年""11—15 年""至今未喜欢"这几个选项上，不同职别特级教师所选比例差异很小甚至没有差异；而选择"21 年及以上"的普通特级教师比例（10.9%）高出职别为单位领导的特级教师比例（2.5%）8.4 个百分比。

表5-15　不同职别特级教师职业认同关键期比较

职业认同关键期	单位领导		普通教师		合计	
	N/人	占比/%	N/人	占比/%	N/人	占比/%
1—5 年	34	43.0	41	40.6	75	41.7
6—10 年	28	35.4	35	34.7	63	35.0
11—15 年	18	22.8	23	22.8	41	22.8
16—20 年	6	7.6	13	12.9	19	10.6
21 年及以上	2	2.5	11	10.9	13	7.2
至今未喜欢	0	0.0	0	0.0	0	0.0

第三节　认同原因

本维度只有一道题目，采用多项选择题形式进行设计，题目为"我喜欢教师职业那是因为（可多选）"，一共有7个选项，试图探究研究对象的职业认同原因。

（一）不同性别特级教师职业认同原因

由表5-16可知，从总体样本来看，特级教师职业认同原因的占比由高到低依次是"自我价值能得到实现""教师工作本身适合我""喜欢学生、喜欢孩子""工作规律稳定，待遇也不错""有寒暑假""没有其他工作可选择""其他"。70.1%的特级教师认为"自我价值能得到实现"是教师职业认同的最主要原因，认为"教师工作本身适合我"是最主要原因的占63.1%。相对而言，"有寒暑假"是教师职业认同的最主要原因的比例为18.7%，并不算高；"其他"选项所占比例最低，为5.3%。

从不同性别比较来看，男性特级教师认为教师职业认同原因的前3位为"自我价值能得到实现""教师工作本身适合我""喜欢学生、喜欢孩子"；女性特级教师认为教师职业认同原因的前3位为"自我价值能得到实现""喜欢学生、喜欢孩子""教师工作本身适合我"。

相比较而言,女性特级教师在"自我价值能得到实现""教师工作本身适合我""喜欢学生、喜欢孩子"选项上的比例均高于男性特级教师,其中,选择"自我价值能得到实现"的女性特级教师比例(71.4%)高出男性特级教师比例(69.1%)2.3个百分比;在"教师工作本身适合我""喜欢学生、喜欢孩子"选项上女性特级教师比例分别高出男性特级教师3.1和14.3个百分比。

表5-16 不同性别特级教师职业认同原因比较

职业认同原因	男		女		合计	
	N/人	占比/%	N/人	占比/%	N/人	占比/%
教师工作本身适合我	68	61.8	50	64.9	118	63.1
喜欢学生、喜欢孩子	60	54.5	53	68.8	113	60.4
有寒暑假	21	19.1	14	18.2	35	18.7
没有其他工作可选择	11	10.0	4	5.2	15	8.0
工作规律稳定,待遇也不错	30	27.3	12	15.6	42	22.5
自我价值能得到实现	76	69.1	55	71.4	131	70.1
其他	7	6.4	3	3.9	10	5.3

(二)不同年龄段特级教师职业认同原因

由表5-17可知,45岁及以下特级教师认为,教师职业认同原因前3位为"自我价值能得到实现""教师工作本身适合我""喜欢学生、喜欢孩子";46岁及以上特级教师认为教师职业认同原因前3位为"教师工作本身适合我""自我价值能得到实现""喜欢学生、喜欢孩子"。

相比较而言,45岁及以下特级教师在"自我价值能得到实现""教师工作本身适合我""喜欢学生、喜欢孩子"选项上的比例均高于46岁及以上特级教师,其中,选择"自我价值能得到实现"的45岁及以下特级教师比例(77.1%)高出46岁及以上特级教师比例(61.0%)16.1个百分比;在"教师工作本身适合我"

选项上 45 岁及以下特级教师高出 46 岁及以上特级教师 3.8 个百分比；在"喜欢学生、喜欢孩子"选项上 46 岁及以上特级教师低于 45 岁及以下特级教师 5.6 个百分比。

表 5-17 不同年龄段特级教师职业认同原因比较

职业认同原因	≤ 45 岁		≥ 46 岁		合计	
	N/人	占比/%	N/人	占比/%	N/人	占比/%
教师工作本身适合我	68	64.8	50	61.0	118	63.1
喜欢学生、喜欢孩子	66	62.9	47	57.3	113	60.4
有寒暑假	22	21.0	13	15.9	35	18.7
没有其他工作可选择	5	4.8	10	12.2	15	8.0
工作规律稳定，待遇也不错	23	21.9	19	23.2	42	22.5
自我价值能得到实现	81	77.1	50	61.0	131	70.1
其他	6	5.7	4	4.9	10	5.3

（三）不同学段特级教师职业认同原因

由表 5-18 可知，幼儿园特级教师认为，教师职业认同原因前 3 位依次为"喜欢学生、喜欢孩子""教师工作本身适合我""自我价值能得到实现"；小学特级教师认为，教师职业认同原因前 3 位依次为"自我价值能得到实现""喜欢学生、喜欢孩子""教师工作本身适合我"；初中特级教师认为，教师职业认同原因前 3 位依次为"自我价值能得到实现""教师工作本身适合我""喜欢学生、喜欢孩子"；普高特级教师认为，教师职业认同原因前 3 位依次为"教师工作本身适合我""自我价值能得到实现""喜欢学生、喜欢孩子"；职高特级教师认为，教师职业认同原因前 2 位依次为"自我价值能得到实现""教师工作本身适合我"，同时，选择"喜欢学生、喜欢孩子""工作规律稳定，待遇也不错"的比例并列第三位，均为 41.7%。

相比较而言，认为"自我价值能得到实现"是职业认同原因的职高特级教师比例（87.5%）在所有学段中最高，高出幼儿园特级教师29.2个百分比；普高特级教师选择"教师工作本身适合我"的比例（75.0%）在所有学段中最高，高出职高特级教师20.8个百分比；在"喜欢孩子、喜欢学生"的选项上，幼儿园特级教师的比例（91.7%）在所有学段中最高，高出职高特级教师50.0个百分比。

表5-18　不同学段特级教师职业认同原因比较

职业认同原因	幼儿园		小学		初中		普高		职高		合计	
	N/人	占比/%	N/人	占比/%	N/人	占比/%	N/人	占比/%	N/人	占比/%	N/人	占比/%
教师工作本身适合我	7	58.3	37	58.3	28	56.0	33	75.0	13	54.2	118	63.1
喜欢学生、喜欢孩子	11	91.7	39	68.4	27	54.0	26	59.1	10	41.7	113	60.4
有寒暑假	1	8.3	11	19.3	12	24.0	4	9.1	7	29.2	35	18.7
没有其他工作可选择	1	8.3	4	7.0	6	12.0	2	4.5	2	8.3	15	8.0
工作规律稳定，待遇也不错	1	8.3	13	22.8	12	24.0	6	13.6	10	41.7	42	22.5
自我价值能得到实现	7	58.3	44	77.2	32	64.0	27	61.4	21	87.5	131	70.1
其他	0	0.0	2	3.5	3	6.0	2	4.5	3	12.5	10	5.3

（四）不同任教学科特级教师职业认同原因

由表5-19可知，文科特级教师认为，教师职业认同原因前3位为"喜欢学生、喜欢孩子""教师工作本身适合我""自我价值能得到实现"；理（工）科特级教师认为，教师职业认同原因前3位为"自我价值能得到实现""教师工作本身适合我""喜欢学生、喜欢孩子"；艺体及其他学科特级教师认为，教师职业认同原因前3位为"喜欢学生、喜欢孩子""自我价值能得到实现""教师工作本身适合我"。

相比较而言，在"教师工作本身适合我"选项上，不同任教学科特级教师所选比例有一定差异：文科特级教师比例最高（69.2%），艺体及其他学科次之

（61.3%），理（工）科比例最低（57.3%），文科特级教师比例高出理（工）科特级教师11.9个百分比；在"喜欢学生、喜欢孩子"选项上，艺体及其他学科特级教师比例高出理（工）科特级教师26.6个百分比；在"自我价值能得到实现"选项上，艺体及其他学科特级教师比例高出理（工）科特级教师3.9个百分比。

表5-19　不同任教学科特级教师职业认同原因比较

职业认同原因	文科		理（工）科		艺体及其他		合计	
	N/人	占比/%	N/人	占比/%	N/人	占比/%	N/人	占比/%
教师工作本身适合我	45	69.2	47	57.3	19	61.3	111	62.4
喜欢学生、喜欢孩子	46	70.8	39	47.6	23	74.2	108	60.7
有寒暑假	18	27.7	10	12.2	5	16.1	33	18.5
没有其他工作可选择	6	9.2	8	9.8	1	3.2	15	8.4
工作规律稳定，待遇也不错	11	16.9	15	18.3	10	32.3	36	20.2
自我价值能得到实现	45	69.2	55	67.1	22	71.0	122	68.5
其他	5	7.7	3	3.7	2	6.5	10	5.6

（五）不同职别特级教师职业认同原因

由表5-20可知，不同职别特级教师均认为教师职业认同原因前3位为"自我价值能得到实现""教师工作本身适合我""喜欢学生、喜欢孩子"。

相比较而言，在"教师工作本身适合我""喜欢学生、喜欢孩子""自我价值能得到实现"这几个选项上，职别为单位领导的特级教师所选比例均高于仅为普通教师的特级教师；选择"教师工作本身适合我"的职别为单位领导的特级教师比例（64.6%）高出仅为普通教师的特级教师比例（60.4%）4.2个百分比，选择"喜欢学生、喜欢孩子"的职别为单位领导的特级教师比例（62.0%）高出仅为普通教师的特级教师比例（59.4%）2.6个百分比，选择"自我价值能得到实现"的职别为单位领导的特级教师比例（69.6%）高出仅为普通教师的特级教师比例

（68.3%）1.3 个百分比。

表5-20　不同职别特级教师职业认同原因比较

职业认同原因	单位领导		普通教师		合计	
	N/人	占比/%	N/人	占比/%	N/人	占比/%
教师工作本身适合我	51	64.6	61	60.4	112	62.2
喜欢学生、喜欢孩子	49	62.0	60	59.4	109	60.6
有寒暑假	13	16.5	21	20.8	34	18.9
没有其他工作可选择	5	6.3	10	9.9	15	8.3
工作规律稳定，待遇也不错	15	19.0	24	23.8	39	21.7
自我价值能得到实现	55	69.6	69	68.3	124	68.9
其他	4	5.1	6	5.9	10	5.6

第四节　本章小结

一、特级教师的职业认同指数很高

不同性别、不同年龄段、不同学段、不同任教学科、不同职别的特级教师在职业认同感上均不存在显著差异。从总体样本来看，不同性别、不同年龄段、不同学段、不同任教学科和不同职别的特级教师的职业认同指数均值在 4.39—4.83 之间。该均值越趋近 5，表示教师职业认同感越高，可见特级教师均有很高的教师职业认同感。

二、特级教师的职业选择较坚定、明确

从总体样本来看，不同性别、不同年龄段、不同学段、不同任教学科、不同职别的特级教师的职业选择呈现一定差异：61.1% 的特级教师的职业选择是"会"，在职业选择上的比例从高到低依次为"会""说不定""不会"。从不同维度比较来看：女性特级教师的职业选择相对于男性特级教师而言更加坚定和明确；不同年龄段特级教师在各职业选择上差异不大，分布均匀；幼儿园特级教师的职业选择最坚定、明确，小学特级教师的职业选择比较坚定，初中特级教师的职业选择在所有学段中居后，普高特级教师的职业选择较为坚定、明确，职高特级教师的职业选择比较不坚定；文科特级教师的职业选择最不明确，理（工）科特级教师的职业选择最不坚定，艺体及其他学科特级教师的职业选择最坚定、明确；职别为单位领导的特级教师的职业选择相对于身为普通教师的特级教师而言更坚定、明确。

三、特级教师的职业认同关键期较早

从总体样本来看，特级教师职业认同关键期占比由高到低依次是从教"1—5 年""6—10 年""11—15 年""16—20 年""21 年及以上"和"至今未喜欢"。41.2% 的特级教师认为职业认同关键期在从教后"1—5 年"，认为在从教后"6—10 年"为教师职业认同关键期的占 35.3% 左右。相对而言，在从教后"至今未喜欢"所占比例最小，为 0。从不同维度比较来看：女性特级教师的职业认同关键期早于男性特级教师；45 岁及以下的特级教师的职业认同关键期集中在从教后"1—5 年"，46 岁及以上的特级教师的职业认同关键期集中在从教后"1—5 年""6—10 年""11—15 年"，这 3 个阶段分布均匀；幼儿园和职高特级教师的职业认同关键期集中在从教后"1—5 年"和"6—10 年"，小学、初中、普高特级教师的职业认同关键期均集中在"1—5 年""6—10 年""11—15 年"，其中绝大多数幼儿园特级教师的职业认同关键期集中在从教后"1—5 年"和"6—10 年"；大部分文科特级教师的职业认同关键期为从教后"1—5 年"，理（工）科特级教师的职业认同关键期集中在从教后"1—5 年"和"6—10 年"，分布均匀，绝大多数艺体及其他特级教师的职业认同关键期集中在从教后"1—5 年"和"6—10 年"；仅为普通教师的特级教师选择"21 年及以上"的比例（10.9%）高出职别为单位领导的特级教师 8.4 个百分比，其他阶段不同职别特级教师所选比例差异很小。

四、特级教师的职业认同原因较集中

从总体样本来看，特级教师职业认同原因占比由高到低的 3 个选项依次是"自我价值能得到实现""教师工作本身适合我""喜欢学生、喜欢孩子"。70.1% 的特级教师认为"自我价值能得到实现"是教师职业认同最主要原因，认为"教师工作本身适合我"是最主要原因的占 63.1%，认为"喜欢学生、喜欢孩子"是最主要原因的占 60.4%。从不同维度比较来看：女性特级教师在"自我价值能得到实现""教师工作本身适合我""喜欢学生、喜欢孩子"选项上的比例均高干男性特级教师；45 岁及以下特级教师在"自我价值能得到实现""教师工作本身适合我""喜欢学生、喜欢孩子"选项上的比例均高于 46 岁及以上特级教师；认为"自我价值能得到实现"为职业认同原因的职高特级教师比例（87.5%）高于其他学段特级教师，普高特级教师选择"教师工作本身适合我"的比例（75.0%）高于其他学段特级教师，在"喜欢学生、喜欢孩子"的选项上，幼儿园特级教师的比例（91.7%）高于其他学段特级教师；在"教师工作本身适合我"选项上，文科特级教师比例最高（69.2%），在"喜欢学生、喜欢孩子"选项上，艺体及其他学科特级教师比例最高（74.2%），在"自我价值能得到实现"选项上，艺体及其他学科特级教师比例最高（71.0%）；在"教师工作本身适合我""喜欢学生、喜欢孩子""自我价值能得到实现"这几个选项上，职别为单位领导的特级教师所选比例均高于仅为普通教师的特级教师。

参考文献

［1］崔新玲，梁进龙. 我国教师职业认同研究综述［J］. 晋城职业技术学院学报，2011（4）：68-71.

［2］方明军，毛晋平. 我国大学教师职业认同现状的调查与分析［J］. 高等教育研究，2008，29（7）：56-61.

［3］韩效辉. 教师职业认同文献述评［J］. 宿州教育学院学报，2010，13（2）：80-82.

［4］刘富喜. 教师职业认同的指向和态势［J］. 当代教育论坛，2007（9）：64-65.

［5］吕国光. 教师信念及其影响因素研究［D］. 兰州：西北师范大学，2004.

［6］宋广文，魏淑华. 影响教师职业认同的相关因素分析［J］. 心理发展与教

育，2006（1）：80-86.

［7］魏淑华,山显光. 国外教师职业认同的研究现状[J]. 外国教育研究,2005,32（3）：15-17.

［8］魏淑华，宋广文. 国外教师职业认同研究综述［J］. 比较教育研究，2005（5）：61-66.

［9］吴文胜. 教师职业认同：困境与理性回归[J]. 现代教育论坛，2008（6）：55-59.

［10］张敏. 国外教师职业认同与专业发展研究评述[J]. 比较教育研究,2006（2）：77-81.

［11］BEIJAARD D, VERLOOP N, VERMUNT J D. Teachers'perceptions of professional identity: an exploratory study from a personal knowledge perspective［J］. Teaching and teacher education, 2000（16）：749-764.

［12］TAYLOR C. Sources of the self: the making of the modern identity［M］. Cambridge, MA: Harvard University Press, 1989.

第六章　职业倦怠

这一章我们将讨论不同类型特级教师的职业倦怠感、职业倦怠关键期与职业倦怠克服 3 个方面的问题。

第一节　职业倦怠感

本维度共有 2 道题目,均采用五点量表题(反向题)形式进行设计,题目为"教师职业压力大、责任重、工作累,让我感觉很无趣"和"教育教学工作让我感觉重复繁杂,缺乏动力",试图探究研究对象的职业倦怠感。

(一)不同性别特级教师的职业倦怠感

由表 6-1 和图 6-1 可知,男女性特级教师在职业倦怠感上的平均得分分别为 3.64 和 4.00,因为是反向题,分数越趋近于 5 分,表明倦怠状况越好,也就是越没有职业倦怠,故女性特级教师的职业倦怠状况比男性特级教师好。独立样本 t 检验表明,不同性别特级教师在职业倦怠感这一维度上的得分存在显著差异。

表6-1　不同性别特级教师的职业倦怠感比较

性别	N/人	均值	标准差	t
男	110	3.64	1.797	−2.755

性别	N/人	均值	标准差	t
女	77	4.00	1.747	

注：p < 0.01

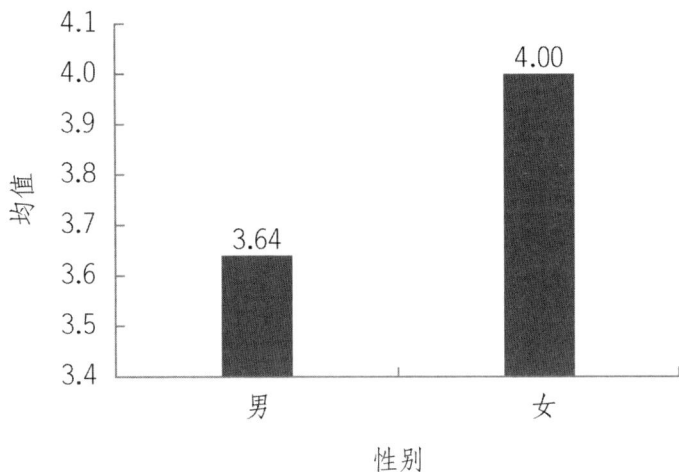

图 6-1　不同性别特级教师的职业倦怠感比较

（二）不同年龄段特级教师的职业倦怠感

由表 6-2 和图 6-2 可知，45 岁及以下和 46 岁及以上的特级教师在职业倦怠感上的平均得分分别为 3.75 和 3.84，说明 45 岁及以下和 46 岁及以上的特级教师职业倦怠感较低（最佳状况评价得分为 5 分），45 岁及以下特级教师的职业倦怠感稍高于 46 岁及以上特级教师。独立样本 t 检验表明，45 岁及以下和 46 岁及以上特级教师在职业倦怠感这一维度上的得分不存在显著差异。

表 6-2　不同年龄段特级教师的职业倦怠感比较

年龄段	N/人	均值	标准差	t
≤45 岁	105	3.75	1.693	−0.658
≥46 岁	82	3.84	1.950	

注：$p > 0.05$

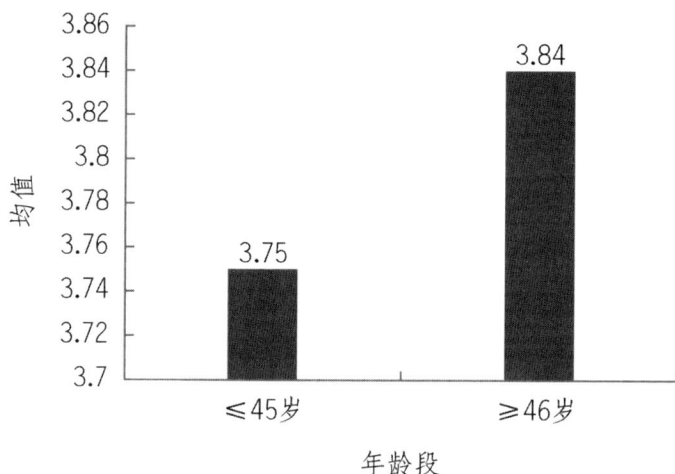

图 6-2　不同年龄段特级教师的职业倦怠感比较

（三）不同学段特级教师的职业倦怠感

由表 6-3 和图 6-3 可知，不同学段特级教师的职业倦怠感存在显著差异。幼儿园特级教师职业倦怠感的平均得分为 4.13，小学特级教师职业倦怠感的为 3.76，初中特级教师职业倦怠感的为 3.85，普高特级教师职业倦怠感的为 3.60，职高教师职业倦怠感的为 3.88，故幼儿园特级教师的职业倦怠感在所有学段中最低（最佳状况评价得分为 5 分）。单因素方差分析检验结果显示，$F_{(4, 182)} = 1.007$，$p = 0.405$。这表明不同学段特级教师在这一维度上的得分差异不显著。

表6-3 不同学段特级教师的职业倦怠感比较

学段	N/人	均值	标准差	F	p
幼儿园	12	4.13	1.960	1.007	0.405
小学	57	3.76	1.794		
初中	50	3.85	1.594		
普高	44	3.60	2.053		
职高	24	3.88	1.700		

注：$p > 0.05$

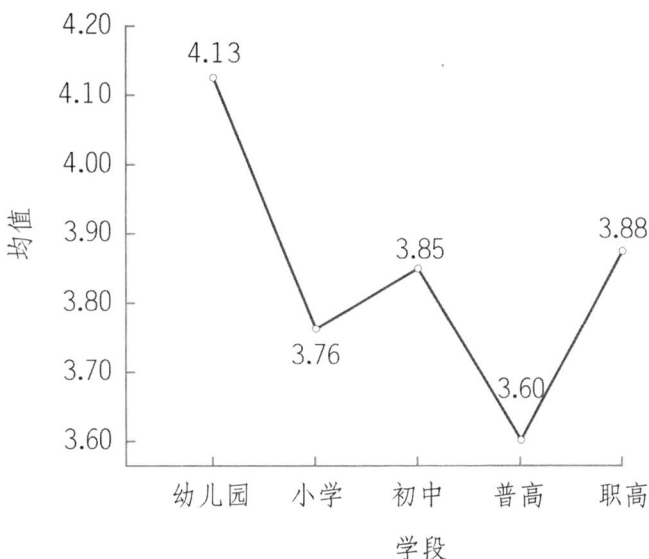

图6-3 不同学段特级教师的职业倦怠感

（四）不同任教学科特级教师的职业倦怠感

由表6-4和图6-4可知，文科特级教师职业倦怠感的平均得分为3.76，理（工）科特级教师职业倦怠感的平均得分为3.74，艺体及其他学科特级教师职业倦怠感的平均得分为3.79，说明艺体及其他学科特级教师职业倦怠感较低，略优于文科、理（工）科特级教师（最佳状况评价得分为 5 分）。单因素方差分析检验结果显示，$F_{(2, 175)} = 0.030$，$p = 0.971$。这表明不同任教学科特级教师在这一维度上的差异不显著。

表6-4　不同任教学科特级教师的职业倦怠感比较

任教学科	N	均值	标准差	F	p
文科	65	3.76	1.821	0.030	0.971
理（工）科	82	3.74	1.848		
艺体及其他	31	3.79	1.769		

注：$p > 0.05$

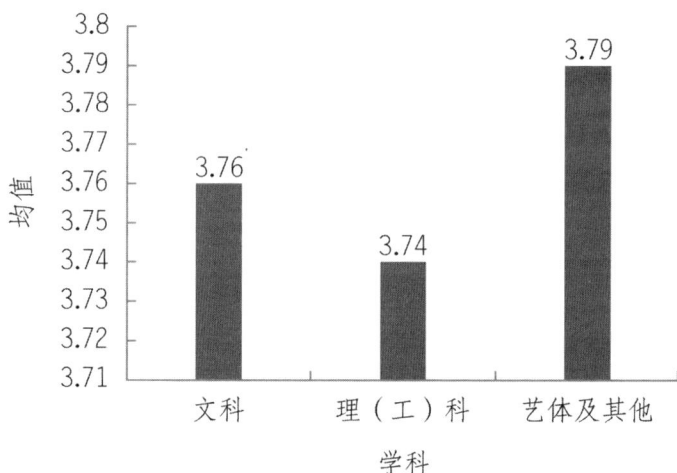

图6-4　不同任教学科特级教师的职业倦怠感比较

（五）不同职别特级教师的职业倦怠感

由表 6-5 和图 6-5 可知，职别为单位领导和仅为普通教师的特级教师在职业倦怠感上的平均得分分别为 3.82 和 3.73，说明不同职别的特级教师均存在一定程度的职业倦怠感（最佳状况评价得分为 5 分），而职别为单位领导的特级教师得分稍高于仅为普通教师的特级教师。独立样本 t 检验表明，这两种不同职别的特级教师在职业倦怠感这一维度上的得分不存在显著差异。

表6-5　不同职别特级教师的职业倦怠感比较

职别	N/人	均值	标准差	t
单位领导	79	3.82	1.717	0.660
普通教师	101	3.73	1.895	

注：$p > 0.05$

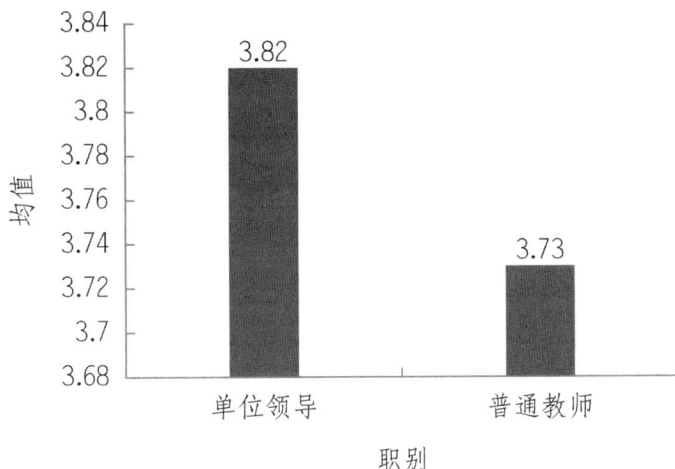

图6-5　不同职别特级教师的职业倦怠感比较

（六）不同性格特级教师的职业倦怠感

由表6-6和图6-6可知，外向开朗型特级教师的职业倦怠感平均得分为3.96，内向沉稳型特级教师的职业倦怠感平均得分为3.68，介于外向开朗与内向平稳性格之间的特级教师职业倦怠感平均得分为3.78，说明不同性格特级教师有一定程度的职业倦怠感，外向开朗型特级教师的职业倦怠状况略优于其他两类型特级教师（最佳状况评价得分为5分）。单因素方差分析检验结果显示，F（2，184）＝

1.228，$p = 0.295$。这表明不同性格特级教师在这一维度上的差异不显著。

表 6-6　不同性格特级教师的职业倦怠感比较

性格	N/人	均值	标准差	F	p
外向开朗	41	3.96	0.90	1.228	0.295
内向沉稳	68	3.68	0.84		
两者之间	78	3.78	0.96		

注：$p > 0.05$

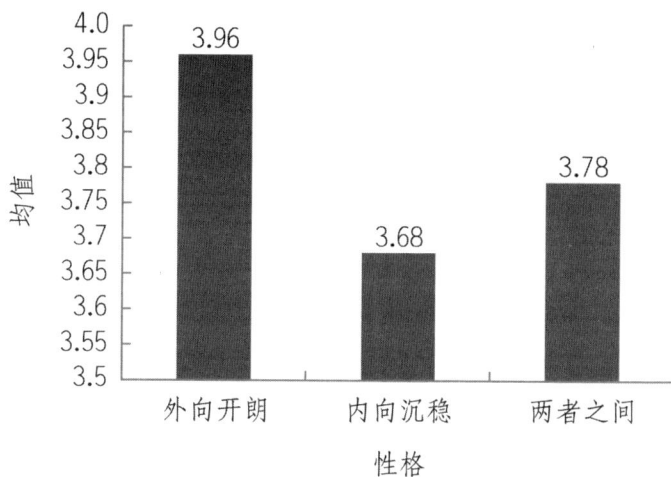

图 6-6　不同性格特级教师的职业倦怠

第二节 职业倦怠关键期

本维度只有一道题目，采用多项选择题形式进行设计，题目为"从教几年后您开始较强烈的厌倦教师职业（可多选）"，一共有 6 个选项，试图探究研究对象的职业倦怠关键期。

（一）不同性别特级教师的职业倦怠关键期

由表 6-7 可知，从总体样本来看，特级教师认为职业倦怠的关键期主要集中在 3 个时间段，分别为"至今未厌倦""6—10 年"和"1—5 年"；认为"至今未厌倦"的特级教师所占比重最高，为 75.1%。

从不同性别来看，男性特级教师认为职业倦怠关键期的前 3 位为"至今未厌倦""6—10 年"和"1—5 年"，女性特级教师认为职业倦怠关键期的前 3 位为"至今未厌倦""6—10 年"和"16—20 年"。其中，"至今未厌倦"在男、女性特级教师的选择中占比最高，分别为 71.8% 和 80.0%。

相比较而言，男性特级教师在"至今未厌倦"这一选项上低于女性特级教师 8.2 个百分比，在"1—5 年"这一选项上低于女性特级教师将近 7 个百分比，而在关键期处于"16—20 年"和"21 年及以上"这一段期间内，男性特级教师所占比重均低于女性特级教师。这说明，在从教前期，男性特级教师的职业倦怠感较强，女性特级教师职业倦怠感较弱；而随着从教时间的增加，男女性特级教师的职业倦怠感与从教前期相反。

表 6-7 不同性别特级教师的职业倦怠关键期比较

职业倦怠关键期	男		女		合计	
	N/人	占比/%	N/人	占比/%	N/人	占比/%
1—5 年	9	8.2	1	1.3	10	5.4

职业倦怠关键期	男		女		合计	
	N/人	占比/%	N/人	占比/%	N/人	占比/%
6—10 年	11	10.0	8	10.7	19	10.3
11—15 年	6	5.5	2	2.7	8	4.3
16—20 年	4	3.6	3	4.0	7	3.8
21 年及以上	1	0.9	2	2.7	3	1.6
至今未厌倦	79	71.8	60	80.0	139	75.1

（二）不同年龄特级教师的职业倦怠关键期

由表 6-8 可知，45 岁及以下特级教师职业倦怠关键期与 46 岁及以上特级教师职业倦怠关键期的前 2 位均为"至今未厌倦""6—10 年"。

相比较而言，45 岁及以下特级教师的职业倦怠关键期为"1—5 年""6—10年"及"至今未厌倦"的比重低于 46 岁及以上的特级教师，说明在这 3 个时间段的从教过程中，年龄较轻的特级教师对职业的厌倦感较低；而在从教 11 年以后，45 岁及以下特级教师开始厌倦教师职业的比重逐渐高于 46 岁及以上特级教师，说明教龄的延长对 45 岁及以下特级教师的职业倦怠感有一定影响。

表 6-8　不同年龄段特级教师的职业倦怠关键期比较

职业倦怠关键期	≤ 45 岁		≥ 46 岁		合计	
	N/人	占比/%	N/人	占比/%	N/人	占比/%
1—5 年	5	4.9	5	6.1	10	5.4
6—10 年	9	8.7	10	12.2	19	10.3
11—15 年	5	4.9	3	3.7	8	4.3
16—20 年	6	5.8	1	1.2	7	3.8
21 年及以上	2	1.9	1	1.2	3	1.6
至今未厌倦	76	73.8	63	76.8	139	75.1

（三）不同学段特级教师的职业倦怠关键期

由表6-9可知，从总体样本来看，有75.1%的特级教师至今未厌倦教师职业，不同学段特级教师开始厌倦教师职业的关键期集中在"6—10年"。

从不同学段来看，幼儿园特级教师主要在从教"6—10年"和从教"21年及以上"开始厌倦教师职业；小学特级教师开始厌倦教师职业主要在从教"6—10年"和从教"11—15年"期间；初中特级教师对教师职业产生厌倦感的关键期主要在从教"6—10年"和从教"1—5年"期间；普高特级教师主要集中在从教"6—10年"期间开始厌倦教师职业；职高特级教师开始厌倦教师职业的关键期分散于从教"6—10年""1—5年"和"16—20年"期间。

相比较而言，职高特级教师在"16—20年"这一选项上所占比例（8.3%）均高于其他学段，最少高出4.3个百分比，最多高出8.3个百分比；幼儿园特级教师在"21年及以上"这一选项上所占比例最高，高出普高特级教师5.5个百分比；在"6—10年"这一选项上，5个学段特级教师所选的比例有所差别，初中特级教师所占比例最高（14.0%），职高特级教师次之（12.5%），幼儿园特级教师位于第3（10.0%），普高和小学特级教师居后。

表6-9 不同学段特级教师的职业倦怠关键期比较

职业倦怠关键期	幼儿园		小学		初中		普高		职高		合计	
	N/人	占比/%	N/人	占比/%	N/人	占比/%	N/人	占比/%	N/人	占比/%	N/人	占比/%
1—5年	0	0.0	3	5.3	3	6.0	2	4.5	2	8.3	10	5.4
6—10年	1	10.0	4	7.0	7	14.0	4	9.1	3	12.5	19	10.3
11—15年	0	0.0	4	7.0	2	4.0	2	4.5	0	0.0	8	4.3
16—20年	0	0.0	2	3.5	2	4.0	1	2.3	2	8.3	7	3.8
21年及以上	1	10.0	0	0.0	0	0.0	2	4.5	0	0.0	3	1.6
至今未厌倦	8	80.0	44	77.2	36	72.0	33	75.0	18	75.0	139	75.1

（四）不同任教学科特级教师的职业倦怠关键期

由表6-10可知，文科特级教师职业倦怠关键期前3位分别为"至今未厌倦""6—10年""16—20年"；理（工）科特级教师职业倦怠关键期前3位分别为"至今未厌倦""6—10年""1—5年（11—15年）"；艺体及其他学科特级教师职业倦怠关键期前3位分别为"至今未厌倦""1—5年（6—10年）"。

相比较而言，艺体及其他学科特级教师在"1—5年"这一时间段内，开始对教师职业产生厌倦感的比例要高于文科和理（工）科特级教师；文科特级教师在"6—10年"这一时间段内，产生职业厌倦感的比例高出理（工）科特级教师8.1个百分比，高出艺体及其他学科特级教师5.4个百分比。在"至今未厌倦"这一选项上，不同任教学科特级教师所选比例有所差别：理（工）科特级教师所占比例最高（78.0%），艺体及其他学科特级教师次之（73.3%），文科特级教师最低（69.2%）。

表6-10 不同任教学科特级教师的职业倦怠关键期比较

职业倦怠关键期	文科		理（工）科		艺体及其他		合计	
	N/人	占比/%	N/人	占比/%	N/人	占比/%	N/人	占比/%
1—5年	3	4.6	4	4.9	3	10.0	10	5.6
6—10年	10	15.4	6	7.3	3	10.0	19	10.7
11—15年	3	4.6	4	4.9	1	3.3	8	4.5
16—20年	4	6.2	2	2.4	1	3.3	7	4.0
21年及以上	0	0.0	2	2.4	1	3.3	3	1.7
至今未厌倦	45	69.2	64	78.0	22	73.3	131	74.0

（五）不同职别特级教师的职业倦怠关键期

由表6-11可知，职别为单位领导和仅为普通教师的特级教师均认为职业倦怠关键期的前2位为"至今未厌倦"和"6—10年"。

相比较而言，职别为单位领导的特级教师在"11—15年"和"16—20年"

这2个时间段内，开始产生职业倦怠感的比例分别高出仅为普通教师的特级教师3.4和4.4个百分比。在"至今未厌倦"这一选项上，仅为普通教师的特级教师的比例高出职别为单位领导的特级教师6.5个百分比。

表6-11　不同职别特级教师的职业倦怠关键期比较

职业倦怠关键期	单位领导		普通教师		合计	
	N/人	占比/%	N/人	占比/%	N/人	占比/%
1—5 年	5	6.4	5	5.0	10	5.6
6—10 年	8	10.3	11	11.0	19	10.7
11—15 年	5	6.4	3	3.0	8	4.5
16—20 年	5	6.4	2	2.0	7	3.9
21年及以上	0	0.0	3	3.0	3	1.7
至今未厌倦	55	70.5	77	77.0	132	74.2

（六）不同性格特级教师的职业倦怠关键期

由表6-12可知，从总体样本来看，75.1%的特级教师至今未厌倦教师职业，说明即便是不同性格的特级教师大多数尚未对教师职业产生厌倦感。不同性格特级教师开始厌倦教师职业的关键期主要集中在"6—10年"。

从不同性格比较来看，外向开朗型特级教师主要集中在从教"6—10年"和"16—20年"期间开始产生职业倦怠感；内向沉稳型特级教师开始产生职业倦怠感主要集中在"6—10年"期间；介于两者之间的特级教师主要集中在"6—10年"和"1—5年"期间开始厌倦教师职业。

相比较而言，在"至今未厌倦"这一选项上，外向开朗型特级教师所占比例最高（85.0%），高出其余2种性格特级教师约13个百分比，说明性格外向开朗型的特级教师不易对教师职业产生厌倦感。

表 6-12　不同性格特级教师的职业倦怠关键期比较

职业倦怠关键期	外向开朗		内向沉稳		两者之间		合计	
	N/人	占比/%	N/人	占比/%	N/人	占比/%	N/人	占比/%
1—5 年	1	2.5	4	5.9	5	6.5	10	5.4
6—10 年	2	5.0	7	10.3	10	13.0	19	10.3
11—15 年	1	2.5	4	5.9	3	3.9	8	4.3
16—20 年	2	5.0	4	5.9	1	1.3	7	3.8
21 年及以上	0	0.0	1	1.5	2	2.6	3	1.6
至今未厌倦	34	85.0	49	72.1	56	72.7	139	75.1

第三节　职业倦怠克服

本维度只有一道题目，一共有 9 个选项，采用多项选择题形式设计，题目为"您认为要克服职业倦怠，下列因素中哪些因素更重要（最多选 6 项）"，试图探究影响研究对象克服职业倦怠的因素。

（一）不同性别特级教师的职业倦怠克服

由表 6-13 可知，从总体样本来看，特级教师认为克服职业倦怠的途径的前 6 位为靠自己（学会自我调节）、靠组织（评价更科学）、靠学校（制度更合理）、靠环境（良好家校关系）、靠学生（良好师生关系）、靠家人（多支持）。87.6% 的特级教师认为，克服职业倦怠是靠自己（学会自我调节），认为靠组织（评价更科学）和靠学校（制度更合理）的比例分别为 60.2% 和 59.1%。相对而言，选择"靠家长（良好家校关系）"所占比例偏低，仅为 8.1%。

从不同性别比较来看，男性特级教师认为克服职业倦怠的因素的前 3 位为"靠自己（学会自我调节）""靠组织（评价更科学）""靠学校（制度更合理）"，女性特级教师认为克服职业倦怠的因素的前 3 位为"靠自己（学会自我调节）""靠学校（制度更合理）""靠组织（评价更科学）"，其中"靠自己（学会自我调节）"在男、女性特级教师的选择中所占的比例均为最高，分别为 86.4% 和 89.5%。

相比较而言，女性特级教师除了选择"靠环境（良好家校关系）"和"其他"这 2 个因素略低于男性特级教师外，其余各项比例均高于男性特级教师，其中"靠学校（制度更合理）"的比例高出男性特级教师 20.2 个百分比。

表6-13　不同性别特级教师的职业倦怠克服比较

克服职业倦怠途径	男		女		合计	
	N/人	占比/%	N/人	占比/%	N/人	占比/%
靠组织（评价更科学）	66	60.0	26	60.5	112	60.2
靠学校（制度更合理）	56	50.9	54	71.1	110	59.1
靠自己（学会自我调节）	95	86.4	68	89.5	163	87.6
靠朋友（良好人际关系）	17	15.5	14	18.4	31	16.7
靠学生（良好师生关系）	34	30.9	24	31.6	58	31.2
靠家长（良好家校关系）	7	6.4	8	10.5	15	8.1
靠家人（多支持）	24	21.8	26	34.2	50	26.9
靠环境（良好家校关系）	54	49.1	37	48.7	91	48.9
其他	2	1.8	1	1.3	3	1.6

（二）不同年龄段特级教师的职业倦怠克服

由表 6-14 可知，45 岁及以下特级教师与 46 岁及以上特级教师均认为克服职业倦怠的途径的前 6 位为"靠自己（学会自我调节）""靠组织（评价更科学）""靠学校（制度更合理）""靠环境（良好家校关系）""靠家人（多支持）""靠学生（良好师生关系）"。

相比较而言，45 岁及以下特级教师在"靠自己（学会自我调节）"选项上低于 46 岁及以上特级教师 4.6 个百分比，而在"靠环境（良好家校关系）"选项上高出 46 岁及以上特级教师 4.7 个百分比。此外，45 岁及以下特级教师在"靠朋友（良好人际关系）"和"靠家人（多支持）"选项上均高出 46 岁及以上特级教师约 11 个百分比。

表 6-14　不同年龄段特级教师的职业倦怠克服比较

克服职业倦怠途径	≤ 45 岁		≥ 46 岁		合计	
	N/人	占比/%	N/人	占比/%	N/人	占比/%
靠组织（评价更科学）	62	59.6	50	61.0	112	60.2
靠学校（制度更合理）	62	59.6	48	58.5	110	59.1
靠自己（学会自我调节）	89	85.6	74	90.2	163	87.6
靠朋友（良好人际关系）	22	21.2	9	11.0	31	16.7
靠学生（良好师生关系）	31	29.8	27	32.9	58	31.2
靠家长（良好家校关系）	8	7.7	7	8.5	15	8.1
靠家人（多支持）	33	31.7	17	20.7	50	26.9
靠环境（良好家校关系）	53	51.0	28	46.3	91	48.9
其他	1	1.0	2	2.4	3	1.6

（三）不同学段特级教师的职业倦怠克服

由表 6-15 可知，幼儿园特级教师认为，克服职业倦怠途径的前 7 位为"靠自己（学会自我调节）""靠学校（制度更合理）""靠组织（评价更科学）""靠环境（良好家校关系）""靠家人（多支持）""靠学生（良好师生关系）""靠家长（良好家校关系）"；小学和职高特级教师认为，克服职业倦怠途径的前 6 位为"靠自己（学会自我调节）""靠学校（制度更合理）""靠环境（良好家校关系）""靠组织（评价更科学）""靠家人（多支持）""靠学生（良好师生关系）"；初中特级教师认为，克服职业倦怠途径的前 6 位为"靠自己（学会自我调节）""靠组织（评价更科学）""靠学校（制度更合理）""靠环境（良好家校关系）""靠学生（良好师生关系）""靠家人（多支持）"；普高特级教师认为，克服职业倦怠途径的前 6

位为"靠自己（学会自我调节）""靠组织（评价更科学）""靠学校（制度更合理）""靠环境（良好家校关系）""靠学生（良好师生关系）""靠朋友（良好人际关系）"。

相比较而言，幼儿园特级教师选择"靠学校（制度更合理）"的比例（83.3%）均高于其他学段特级教师，高出17—30个百分比；幼儿园特级教师在"靠组织（评价更加科学）"这一选项上所占比例（75.0%）也均高于其他学段特级教师。在"靠自己（学会自我调节）"选项上，所有学段特级教师所选比例有一定差异，职高特级教师比例最高（95.8%），初中特级教师比例次之（93.9%），普高特级教师比例最低（75%）。

表6-15　不同学段特级教师的职业倦怠克服比较

克服职业倦怠途径	幼儿园		小学		初中		普高		职高		合计	
	N/人	占比/%	N/人	占比/%	N/人	占比/%	N/人	占比/%	N/人	占比/%	N/人	占比/%
靠组织（评价更科学）	9	75.0	31	54.4	30	61.2	28	63.6	14	58.3	112	60.2
靠学校（制度更合理）	10	83.3	35	61.4	25	51.0	24	54.5	16	66.7	110	59.1
靠自己（学会自我调节）	11	91.7	50	87.7	46	93.9	33	75.0	23	95.8	163	87.6
靠朋友（良好人际关系）	0	0.0	9	15.8	10	20.4	9	20.5	3	12.5	31	16.7
靠学生（良好师生关系）	1	8.3	17	29.8	18	36.7	16	36.4	6	25.0	58	31.2
靠家长（良好家校关系）	1	8.3	5	8.8	4	8.2	3	6.8	2	8.3	15	8.1
靠家人（多支持）	5	41.7	15	26.3	14	28.6	6	13.6	10	41.7	50	26.9
靠环境（良好家校关系）	6	50.0	34	59.6	19	38.8	18	40.9	14	58.3	91	48.9
其他	0	0.0	1	1.8	0	0.0	0	0.0	2	8.3	3	1.6

（四）不同任教学科特级教师的职业倦怠克服

由表6-16可知，文、理（工）科特级教师均认为，克服职业倦怠的途径的前6位为"靠自己（学会自我调节）""靠组织（评价更科学）""靠学校（制度更合理）""靠环境（良好家校关系）""靠学生（良好师生关系）""靠家人（多支持）"；艺体及其他学科特级教师认为，克服职业倦怠的途径的前6位为"靠自己（学会自我调节）""靠学校（制度更合理）""靠组织（评价更科学）""靠家人（多支持）""靠环境（良好家校关系）""靠学生（良好师生关系）"。

相比较而言，在"靠学校（制度更合理）"选项上，所有任教学科特级教师所选比例有一定差异：艺体及其他学科特级教师比例最高（71.0%），文科特级教师比例次之（56.3%），理（工）科特级教师比例居后（53.7%），艺体及其他学科特级教师所选比例高出理（工）科特级教师17.3个百分比。在"靠家人（多支持）"选项上，所有任教学科特级教师所选比例存在较大差异：艺体及其他学科特级教师比例最高（48.4%），文科特级教师比例次之（28.1%），理（工）科特级教师比例最低（19.5%），艺体及其他学科特级教师所选比例高出理（工）科特级教师将近29个百分比。

表6-16　不同任教学科特级教师的职业倦怠克服比较

克服职业倦怠途径	文科		理（工）科		艺体及其他		合计	
	N/人	占比/%	N/人	占比/%	N/人	占比/%	N/人	占比/%
靠组织（评价更科学）	38	59.4	48	58.5	18	58.1	104	58.8
靠学校（制度更合理）	36	56.3	44	53.7	22	71.0	102	57.6
靠自己（学会自我调节）	58	90.6	70	85.4	27	87.1	155	87.6
靠朋友（良好人际关系）	17	26.6	9	11.0	4	12.9	30	16.9
靠学生（良好师生关系）	25	39.1	24	29.3	7	22.6	56	31.6
靠家长（良好家校关系）	7	10.9	4	4.9	3	9.7	14	7.9
靠家人（多支持）	18	28.1	16	19.5	15	48.4	49	27.7
靠环境（良好家校关系）	32	50.0	37	45.1	15	48.4	84	47.5
其他	1	1.6	0	0.0	1	3.2	2	1.1

（五）不同职别特级教师的职业倦怠克服

由表 6-17 可知，职别为单位领导和身为普通教师的特级教师均认为克服职业倦怠的途径的前 6 位为"靠自己（学会自我调节）""靠组织（评价更科学）""靠学校（制度更合理）""靠环境（良好家校关系）""靠学生（良好师生关系）""靠家人（多支持）"。

相比较而言，身为普通教师的特级教师选择"靠学生（良好师生关系）"的比例高出职别为单位领导的特级教师 16.5 个百分比，选择"靠家人（多支持）"的比例高出职别为单位领导的特级教师 12.7 个百分比。其余选项上，不同职别特级教师所占比例均比较接近。

表 6-17　不同职别特级教师的职业倦怠克服比较

克服职业倦怠途径	单位领导		普通教师		合计	
	N/人	占比/%	N/人	占比/%	N/人	占比/%
靠组织（评价更科学）	49	62.0	59	59.0	108	60.3
靠学校（制度更合理）	47	59.5	58	58.0	105	58.7
靠自己（学会自我调节）	70	88.6	87	87.0	157	87.7
靠朋友（良好人际关系）	13	16.5	18	18.0	31	17.3
靠学生（良好师生关系）	17	21.5	38	38.0	55	30.7
靠家长（良好家校关系）	7	8.9	7	7.0	14	7.8
靠家人（多支持）	16	20.3	33	33.0	49	27.4
靠环境（良好家校关系）	37	46.8	49	49.0	86	48.0
其他	0	0.0	3	3.0	3	1.7

（六）不同性格特级教师的职业倦怠克服

由表 6-18 可知，外向开朗型特级教师认为，克服职业倦怠的途径的前 6 位为"靠自己（学会自我调节）""靠组织（评价更科学）""靠学校（制度更合理）""靠环境（良好家校关系）""靠学生（良好师生关系）""靠家人（多支持）"/"靠朋友（良好人际关系）"；内向沉稳型特级教师认为，克服职业倦怠的途径的前 6 位为"靠自己（学会自我调节）""靠组织（评价更科学）""靠学校（制度更合理）""靠环境（良好家校关系）""靠学生（良好师生关系）""靠家人（多支持）"；介于之间的特级教师认为，克服职业倦怠的途径的前 6 位为"靠自己（学会自我调节）""靠学校（制度更合理）""靠组织（评价更科学）""靠环境（良好家校关系）""靠家人（多支持）""靠学生（良好师生关系）"。

相比较而言，在"靠朋友（良好人际关系）"选项上，外向开朗型特级教师所占比例分别高于内向沉稳型和介于两者之间特级教师 13.6 个百分比和 12.5 个百分比。在"靠自己（学会自我调节）"选项上，3 种性格特级教师所选比例有一定差异：介于两者之间的特级教师比例最高（94.8%），外向开朗型特级教师次之（82.9%），内向沉稳型特级教师居后（82.4%），介于两者之间的特级教师所占比例均高出其余 2 种性格特级教师约 12 个百分比。在"靠家人（多支持）"选项上，3 种性格特级教师所选比例有一定差异：介于两者之间的特级教师比例最高（35.1%），外向开朗型特级教师比例次之（26.8%），内向沉稳型特级教师比例居后（17.6%），介于两者之间的特级教师所占比例分别高出外向开朗型特级教师和内向沉稳型特级教师 8.3 和 17.5 个百分比。

表 6-18　不同性格特级教师的职业倦怠克服比较

克服职业倦怠途径	外向开朗		内向沉稳		两者之间		合计	
	N/人	占比/%	N/人	占比/%	N/人	占比/%	N/人	占比/%
靠组织（评价更科学）	27	65.9	44	64.7	41	53.2	112	60.2
靠学校（制度更合理）	26	63.4	35	51.5	49	63.6	110	59.1
靠自己（学会自我调节）	34	82.9	56	82.4	73	94.8	163	87.6
靠朋友（良好人际关系）	11	26.8	9	13.2	11	14.3	31	16.7

续　表

克服职业倦怠途径	外向开朗		内向沉稳		两者之间		合计	
	N/人	占比/%	N/人	占比/%	N/人	占比/%	N/人	占比/%
靠学生（良好师生关系）	18	43.9	19	27.9	21	27.3	58	31.2
靠家长（良好家校关系）	3	7.3	5	7.4	7	9.1	15	8.1
靠家人（多支持）	11	26.8	12	17.6	27	35.1	50	26.9
靠环境（良好家校关系）	21	51.2	29	42.6	41	53.2	91	48.9
其他	0	0.0	2	2.9	1	1.3	3	1.6

第四节　本章小结

（一）特级教师也存在较低的职业倦怠感，绝大多数特级教师对教育教学活动充满激情和活力。不同年龄段、不同学段、不同任教学科、不同职别、不同性格的特级教师在职业倦怠感上均不存在显著差异，而不同性别的特级教师在职业倦怠感上呈现出显著差异。

（二）特级教师职业倦怠关键期较为集中，但从不同维度来看，特级教师的职业倦怠关键期有一定的差异。从总体样本来看，特级教师的职业倦怠关键期集中在"至今未厌倦"和"6—10年"这2个时间段，且"至今未厌倦"教师职业的比例大多处于70%—80%之间，但不同维度的特级教师在职业倦怠关键期上有着一定的差异。

（三）特级教师克服职业倦怠的途径较为集中。从总体样本来看，克服职业倦怠的最主要途径是"靠自己（学会自我调节）""靠组织（评价更科学）""靠学校（制度更合理）"，相比较而言，不同维度的特级教师克服职业倦怠的侧重点略有不同。

参考文献

［1］黄伶俐. 中学教师职业倦怠现状及成因分析——以浙江省台州市中学教师为例［D］. 上海：华东师范大学，2008.

［2］李永鑫. 工作倦怠及其测量［J］. 心理科学，2003（3）：556-557.

［3］刘晴. 中小学教师职业倦怠影响因素及模型研究［D］. 武汉：华中科技大学，2007.

［4］钦国强. 高中教师职业倦怠原因分析及对策研究——以浙江省 C 县为例［D］. 上海：华东师范大学，2007.

［5］王博. 影响教师职业倦怠因素及解决策略的研究［D］. 哈尔滨：哈尔滨师范大学，2013.

［6］王荩桢. 武汉市中小学校教师职业倦怠现状及影响因素调查研究［D］. 武汉：华中农业大学，2007.

［7］王以仁等. 教师心理卫生［M］. 北京：中国轻工业出版社，1999.

［8］阎海燕. 中学教师职业倦怠、工作满意度现状及其关系［D］. 济南：山东师范大学，2007.

［9］赵玉芳，毕重增. 中学教师职业倦怠状况及影响因素的研究［J］. 心理发展与教育，2003，19（1）：80-84.

［10］BYRNE B. The Maslach burnout inventory: testing for factorial validity and invariance across elementary intermediate and secondary teachers［J］. Journal of occupational and organizational psychology, 1993（3）：197-212.

第七章　职业幸福

这一章我们将讨论不同类型特级教师的职业幸福指数、影响特级教师职业幸福的内因、影响特级教师职业幸福的外因、特级教师对其获得职业的幸福原因的认识等 4 个方面的问题。

第一节　职业幸福指数

本维度共有两道题目，采用五点量表题形式进行设计，题目为"总的来说，我对自己的生活和工作感觉很幸福"和"我是一位很幸福的老师"，将 2 道题视为一组，试图探究研究对象的职业幸福指数。

（一）不同性别特级教师的职业幸福指数

由表 7-1 和图 7-1 可知，男、女性特级教师的职业幸福指数的平均得分分别为 4.30 和 4.38，说明男、女性特级教师对"总的来说，我对自己的生活和工作感觉很幸福""我是一位很幸福的老师"高度认同（最佳状况评分得分为 5 分），幸福指数高，同时，女性特级教师的幸福指数略高于男性特级教师。独立样本 t 检验表明，不同性别特级教师在职业幸福指数这一维度上的得分不存在显著差异。

表 7-1　不同性别特级教师的职业幸福指数比较

性别	N/人	均值	标准差	t
男	110	4.30	0.57	-0.87
女	77	4.38	0.57	

注：$p > 0.05$

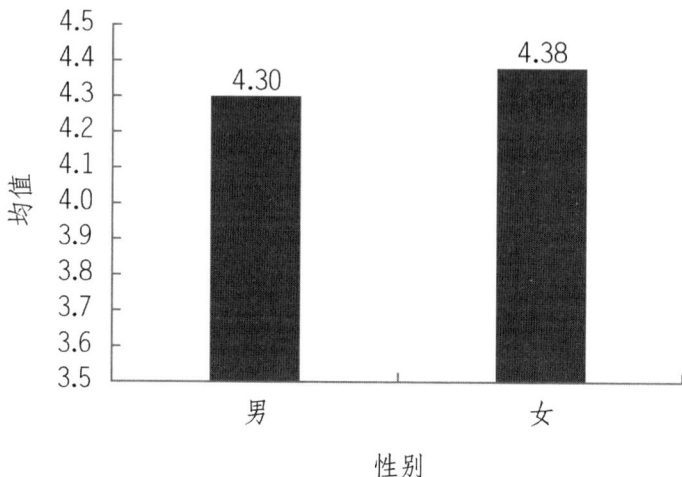

图 7-1　不同性别特级教师的职业幸福指数比较

（二）不同学段特级教师的职业幸福指数

由表 7-2 和图 7-2 可知，不同学段特级教师的职业幸福指数差异不显著：幼儿园特级教师的平均得分为 4.50，小学特级教师的平均得分为 4.31，初中特级教师的平均得分为 4.38，普高特级教师的平均得分为 4.27，职高特级教师的平均得分为 4.35，说明所有学段特级教师对自身幸福感评分高，对"总的来说，我对自己的生活和工作感觉很幸福""我是一位很幸福的老师"高度认同（最佳状况评分得分为 5 分），也预示着所有学段特级教师均有很高的职业幸福指数。

单因素方差分析检验结果显示，$F_{(4, 182)} = 0.47$，$p = 0.755$。这表明不同学段特级教师在这一维度上的得分不存在显著差异。

表 7-2　不同学段特级教师的职业幸福指数比较

学段	N/人	均值	标准差	F	p
幼儿园	12	4.50	0.52	0.47	0.755
小学	57	4.31	0.59		
初中	50	4.38	0.53		
普高	44	4.27	0.59		
职高	24	4.35	0.59		

注：$p > 0.05$

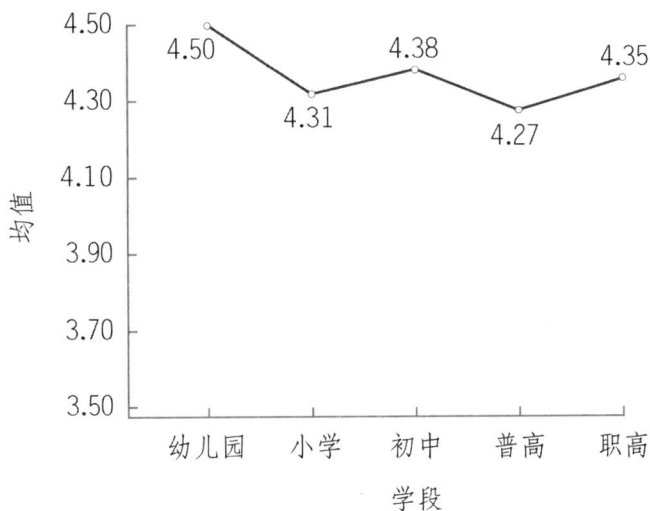

图 7-2　不同学段特级教师的职业幸福指数比较

（三）不同年龄段特级教师的职业幸福指数

漫画表 7-3 和图 7-3 可知，不同年龄段特级教师的职业幸福指数的平均得分分别为 4.26 和 4.43，说明不同年龄段特级教师对"总的来说，我对自己的生活和工作感觉很幸福""我是一位很幸福的老师"高度认同（最佳状况评分得分为 5 分），幸福指数高，而且 46 岁及以上特级教师的幸福指数略高于 45 岁及以下的特级教师。独立样本 t 检验表明，不同年龄段特级教师在这一维度上存在显著差异（$p < 0.05$）。

表 7-3　不同年龄段特级教师的职业幸福指数比较

年龄段	N	均值	标准差	t
≤ 45 岁	105	4.26	0.57	−2.12
≥ 46 岁	82	4.43	0.55	

注：$p < 0.05$

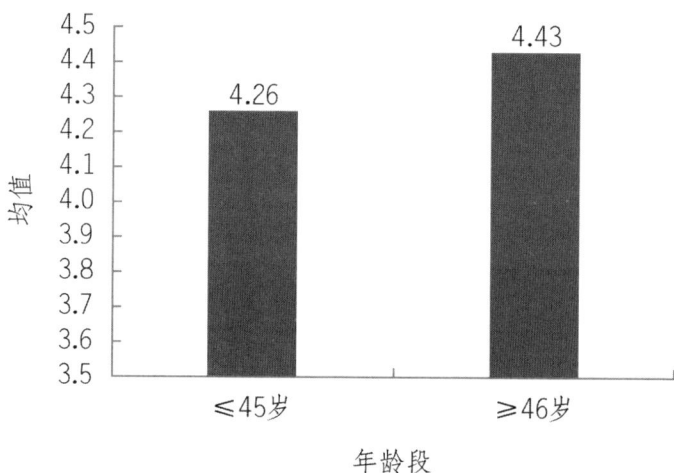

图 7-3　不同年龄段特级教师的职业幸福指数比较

（四）不同任教学科特级教师的职业幸福指数

由表 7-4 和图 7-4 可知,不同任教学科特级教师的职业幸福指数差异不显著：文科特级教师的平均得分为 4.28，理（工）科特级教师为 4.32，艺体及其他学科特级教师为 4.46，说明不同任教学科特级教师对自身幸福感评分高（最佳状况评分得分为 5 分），也预示着不同任教学科特级教师有较高的职业幸福指数。

单因素方差分析检验结果显示，F（2，175）= 1.12，$p = 0.330$。这表明不同任教学科特级教师在这一维度上不存在显著差异（$p > 0.05$）。

表7-4 不同任教学科特级教师的职业幸福指数比较

任教学科	N/人	均值	标准差	F	p
文科	65	4.28	0.56	1.12	0.330
理（工）科	82	4.32	0.58		
艺体及其他	31	4.46	0.53		
总数	178	4.33	0.57		

注：$p > 0.05$

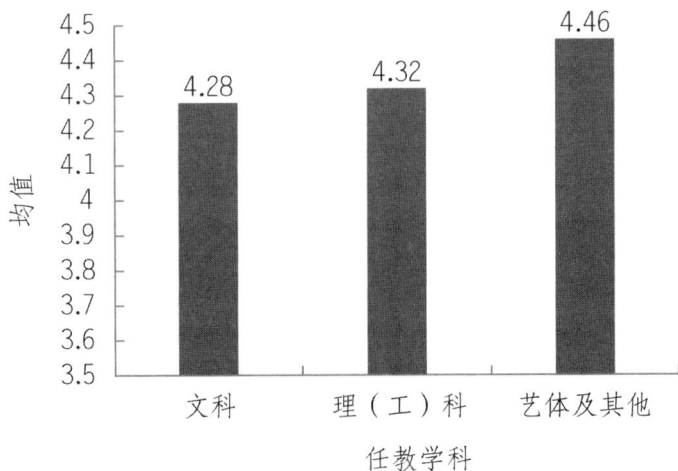

图7-4 不同任教学科特级教师的职业幸福指数比较

（五）不同职别特级教师的职业幸福指数

由表7-5和图7-5可知，不同职别特级教师在职业幸福上的平均得分分别为4.41和4.29，说明不同职别特级教师对"总的来说，我对自己的生活和工作感觉很幸福""我是一位很幸福的老师"高度认同（最佳状况评分得分为5分），幸福指数高，同时，职别为单位领导特级教师的幸福指数优于身为普通教师的特级教师。独立样本 t 检验表明，不同职别特级教师在这一维度上的得分不存在显著差异（ $p > 0.05$ ）。

表7-5　不同职别特级教师的职业幸福指数比较

职别	N/人	均值	标准差	t
单位领导	79	4.41	0.54	1.39
普通教师	101	4.29	0.58	

注：$p > 0.05$

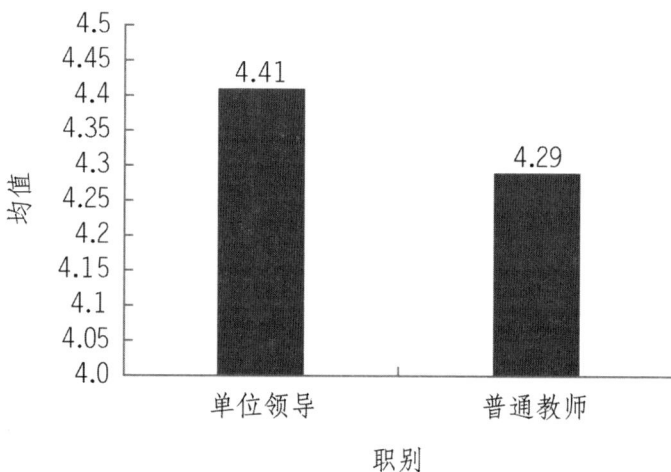

图7-5　不同职别特级教师的职业幸福指数比较

（六）不同性格特级教师的职业幸福指数

由表7-6和图7-6可知，不同性格特级教师的职业幸福指数存在显著差异：外向开朗型的平均得分为4.52，内向沉稳型特级教师的为4.25，两者之间型的平均分为4.32。单因素方差分析检验结果显示，$F_{(2, 187)} = 3.09$，$p = 0.048$。这表明不同性格的特级教师在这一维度上的得分差异显著。

经方差齐性检验，不同性格特级教师幸福指数的方差存在显著差异，所以我们采用了 Games-Howell 方法进行方差分析的事后检验，以便进一步比较不同性格特级教师的幸福指数。为了清晰起见，我们将分别呈现各性格类型之间的两两比较。

表 7-6　不同性格特级教师的职业幸福指数比较

性格	N	均值	标准差	F	p
外向开朗	41	4.52	0.45	3.09	0.048
内向沉稳	68	4.25	0.57		
两者之间	78	4.32	0.61		

注：$p < 0.05$

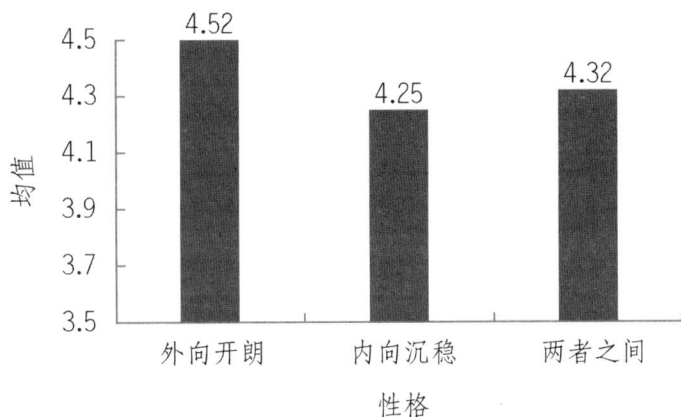

图 7-6　不同性格特级教师的职业幸福指数比较

①外向开朗型与内向沉稳型特级教师的职业幸福指数

由表 7-7 可知，外向开朗型特级教师的平均得分为 4.52，内向沉稳型特级教师的平均得分则为 4.25。由此可见，外向开朗型特级教师的幸福指数略高，幸福感较强。$p < 0.05$，说明这 2 种性格特级教师的幸福指数存在显著差异。

表7-7　外向开朗型与内向沉稳型特级教师的职业幸福指数比较

性格	N/人	均值	标准差	p
外向开朗	41	4.52	0.45	0.017
内向沉稳	68	4.25	0.57	

注：$p < 0.05$

②外向开朗型与两者之间型特级教师的职业幸福指数

由表7-8可知，外向开朗型特级教师的平均得为4.52，两者之间型特级教师的平均得则为4.32，说明外向开朗型特级教师的幸福指数略高，幸福感较强。$p > 0.05$，说明这2种性格特级教师的幸福指数不存在显著差异。

表7-8　外向开朗型与两者之间型特级教师的职业幸福指数比较

性格	N/人	均值	标准差	p
外向开朗	41	4.52	0.45	0.101
两者之间	78	4.32	0.61	

注：$p > 0.05$

③内向沉稳型与两者之间型特级教师的职业幸福指数

由表7-9可知，内向沉稳型特级教师平均得为4.25，两者之间型特级教师的平均得则为4.32，说明两者之间型特级教师的幸福指数略高，幸福感较强。$p > 0.05$，说明这2种性格特级教师的幸福指数不存在显著差异。

表7-9　内向沉稳型两者与之间型特级教师的职业幸福指数比较

性格	N/人	均值	标准差	p
内向沉稳	68	4.25	0.57	0.752
两者之间	78	4.32	0.61	

注：$p > 0.05$

第二节　内因外因

一、影响特级教师职业幸福的内因

本维度只有一道题目，一共有 10 个选项，采用多项选择题形式进行设计，题目为"您认为影响教师职业幸福的主要因素是（　　）？（最多选 6 项）"，试图探究研究对象对影响教师职业幸福内因的认识。

（一）不同性别特级教师对影响教师职业幸福内因的认识

由表 7-10 可知，从总体样本来看，特级教师对影响教师职业幸福内在因素的判断，位居前 6 位的依次是"职业喜好""实现价值""身心健康""人际关系""工作热情与绩效"和"工作能力"。60.0% 的特级教师认为，"职业喜好"是影响职业幸福的最主要内因；58.9% 的特级教师认为，"实现价值"是影响其职业幸福的最主要内因。相对而言，"自身能力欠缺"这一选项所占比例最低，仅为 5.4%。

从不同性别比较来看，男性特级教师认为，影响教师职业幸福的内在因素前 3 位依次为"职业喜好""实现价值""工作热情与绩效"；而女性特级教师认为，影响教师职业幸福的内在因素前 3 位为"职业喜好""身心健康""实现价值"。

相比较而言，女性特级教师在"人际关系""工作能力""身心健康"选项上的比例均高于男性特级教师，其中，选择"工作能力"的女性特级教师比例（49.4%）高出男性特级教师（40.7%）8.7 个百分比；在"人际关系"和"身心健康"选项上分别高出男性特级教师 7.7 和 7.1 个百分比。

表7-10　不同性别特级教师对影响教师职业幸福内因的认识比较

职业幸福的内因	男		女		合计	
	N/人	占比/%	N/人	占比/%	N/人	占比/%
职业喜好	67	62.0	44	57.1	111	60.0
个体性格	39	36.1	29	37.7	68	36.8
人际关系	52	48.1	43	55.8	95	51.4
工作能力	44	40.7	38	49.4	82	44.3
身心健康	54	50.0	44	57.1	98	53.0
工作的意义和使命	41	38.0	34	44.2	75	40.5
工作热情与绩效	56	51.9	39	50.6	95	51.4
情绪管理	37	34.3	26	33.8	63	34.1
实现价值	65	60.2	44	57.1	109	58.9
自身能力欠缺	6	5.6	4	5.2	10	5.4

（二）不同年龄段特级教师对影响教师职业幸福内因的认识

由表7-11可知，45岁及以下特级教师认为，影响教师职业幸福的内在因素的前3位依次为"实现价值""职业喜好""工作热情与绩效"；46岁及以上特级教师认为，影响教师职业幸福的内在因素的前3位依次为"职业喜好""身心健康""实现价值"。

相比较而言，46岁及以上特级教师在"职业喜好""身心健康"选项上的比例均高于45岁及以下特级教师，其中，选择"身心健康"的46岁及以上特级教师比例（60.3%）高出45岁及以下特级教师（45.2%）15.1个百分比；在"实现价值"选项上46岁及以上特级教师比例低于45岁及以下特级教师3.8个百分比。

表 7-11 不同年龄段特级教师对影响教师职业幸福内因认识的比较

职业幸福的内因	≤45 岁		≥46 岁		合计	
	N/人	占比/%	N/人	占比/%	N/人	占比/%
职业喜好	61	58.7	50	61.7	111	60.0
个体性格	32	30.8	36	44.4	68	36.8
人际关系	52	50.0	43	53.1	95	51.4
工作能力	47	45.2	35	43.2	82	44.3
身心健康	47	45.2	51	60.3	98	53.0
工作的意义和使命	44	42.3	31	38.3	75	40.5
工作热情与绩效	54	51.9	41	50.6	95	51.4
情绪管理	35	33.7	28	34.6	63	34.1
实现价值	63	60.6	46	56.8	109	58.9
自身能力欠缺	5	4.8	5	6.2	10	5.4

（三）不同学段特级教师对影响教师职业幸福内因的认识

由表 7-12 可知，幼儿园特级教师认为，影响教师职业幸福的内在因素前 3 位（实际为 5 项，因为其中有并列选项，下文同）为"人际关系""身心健康""职业喜好""工作的意义和使命""工作能力"；小学特级教师认为，前 3 位为"实现价值""工作热情与绩效""职业喜好"；初中特级教师认为，前 3 位为"职业喜好""实现价值""身心健康"；普高特级教师认为，前 3 位为"职业喜好""工作热情与绩效""人际关系""实现价值"；职高特级教师认为，前 3 位为"身心健康""实现价值""人际关系""工作能力"。

相比较而言，认为"身心健康"为主要内因的职高特级教师比例（87.5%）高于其他学段教师，尤其高出小学特级教师 50 个百分比；幼儿园特级特级教师选择"工作的意义和使命"的比例（58.3%）高于其他学段特级教师，尤其高出职高特级教师 33.3 个百分比；在"实现价值"的选项上，所有学段特级教师的比例有所差异，职高特级教师比例最高（79.2%），小学特级教师次之（62.5%），幼儿园特级教师最低（33.3%）。

表 7-12　不同学段特级教师对影响教师职业幸福内因的认识比较

职业幸福的内因	幼儿园		小学		初中		普高		职高		合计	
	N/人	占比/%	N/人	占比/%	N/人	占比/%	N/人	占比/%	N/人	占比/%	N/人	占比/%
职业喜好	7	58.3	32	57.1	34	69.4	26	59.1	12	50.0	111	60.0
个体性格	5	41.7	15	26.8	23	46.9	16	36.4	9	37.5	68	36.8
人际关系	8	66.7	24	42.9	26	53.1	23	52.3	14	58.3	95	51.4
工作能力	7	58.3	21	37.5	22	44.9	18	40.9	14	58.3	82	44.3
身心健康	8	66.7	21	37.5	27	55.1	21	47.7	21	87.5	98	53.0
工作的意义和使命	7	58.3	26	46.4	17	34.7	19	43.2	6	25.0	75	40.5
工作热情与绩效	6	50.0	34	60.7	20	40.8	25	56.8	10	41.7	95	51.4
情绪管理	5	41.7	23	41.1	14	28.6	8	18.2	13	54.2	63	34.1
实现价值	4	33.3	35	62.5	28	57.1	23	52.3	19	79.2	109	58.9
自身能力欠缺	0	0.0	4	7.1	4	8.2	1	2.3	1	4.2	10	5.4

（四）不同任教学科特级教师对影响教师职业幸福内因的认识

由表 7-13 可知，文科特级教师认为，影响教师职业幸福的内在因素的前 5 位依次为"职业喜好""实现价值""身心健康""工作热情与绩效""人际关系"；理（工）科特级教师认为，影响教师职业幸福的内在因素的前 5 位依次为"职业喜好""实现价值""工作热情与绩效""身心健康""人际关系"；艺体及其他学科特级教师认为，影响教师职业幸福的内在因素的前 5 位依次为"身心健康""人际关系""实现价值""工作能力""情绪管理""工作的意义和使命""个体性格"。

相比较而言，在"职业喜好"选项上，3 个任教学科特级教师所选比例有一定差异，文科特级教师比例最高（67.7%），理（工）科次之（61.3%），艺体及其他学科比例最低（45.2%），可见文科特级教师比例高出艺体及其他学科特级教师22.5个百分比；在"人际关系"选项上，艺体及其他学科特级教师比例（61.3%）高出理（工）科特级教师13.8个百分比；在"工作热情与绩效"选项上，理（工）科特级教师比例（52.5%）高出艺体及其他学科特级教师7.3个百分比。

表7-13　不同任教学科特级教师对影响教师职业幸福内因的认识比较

职业幸福的内因	文科		理（工）科		艺体及其他		合计	
	N/人	占比/%	N/人	占比/%	N/人	占比/%	N/人	占比/%
职业喜好	44	67.7	49	61.3	14	45.2	107	60.8
个体性格	27	41.5	23	28.8	15	48.4	65	36.9
人际关系	32	49.2	38	47.5	19	61.3	89	50.6
工作能力	29	44.6	32	40.0	17	54.8	78	44.3
身心健康	34	52.3	40	50.0	20	64.5	94	53.4
工作的意义和使命	25	38.5	31	38.8	15	48.4	71	40.3
工作热情与绩效	34	52.3	42	52.5	14	45.2	90	51.1
情绪管理	23	35.4	21	26.3	15	48.4	59	33.5
实现价值	41	63.1	44	55.0	18	58.1	103	58.5
自身能力欠缺	6	9.2	4	5.0	0	0.0	10	5.7

（五）不同职别特级教师对影响教师职业幸福内因的认识

由表7-14可知，担任单位领导的特级教师认为，影响职业幸福的内在因素的前5位为"职业喜好""人际关系""身心健康""工作热情与绩效""实现价值"；普通特级教师认为，影响职业幸福的内在因素的前5位为"实现价值""职业喜好""身心健康""人际关系""工作热情与绩效"。

相比较而言，在"人际关系""工作能力""工作热情与绩效"这几个选项上，不同职别特级教师所选比例差异不大；而选择"实现价值"的普通特级教师比例

（65.0%）高出担任单位领导的特级教师（48.7%）16.3 个百分比。

表 7-14　不同职别特级教师对影响教师职业幸福内因的认识比较

职业幸福的内因	单位领导		普通教师		合计	
	N/人	占比/%	N/人	占比/%	N/人	占比/%
职业喜好	45	57.7	63	63.0	108	60.0
个体性格	25	32.1	42	42.0	67	37.6
人际关系	40	51.3	52	52.0	92	51.7
工作能力	33	42.3	43	43.0	76	42.7
身心健康	40	51.3	57	57.0	97	54.5
工作的意义和使命	31	39.7	41	41.0	72	40.4
工作热情与绩效	40	51.3	51	51.0	91	51.1
情绪管理	23	29.5	38	38.0	61	34.3
实现价值	38	48.7	65	65.0	103	57.9
自身能力欠缺	5	6.4	5	5.0	10	5.6

二、影响特级教师职业幸福的外因

本维度只有一道题目，一共有 10 个选项，采用多项选择题形式进行设计，题目为"您认为影响教师职业幸福的主要因素是（最多选 6 项）"，试图探究研究对象对影响教师职业幸福外因的认识。

（一）不同性别特级教师对影响教师职业幸福外因的认识

由表 7-15 可知，从总体样本来看，特级教师对影响教师职业幸福外在因素的判断，位居前 5 位的依次是"学校文化和环境""薪酬待遇""职称晋升　考核评比""学生的成绩与管理"和"教学教研　课改教改"。54.9% 的特级教师认为"学校文化和环境"是影响教师职业幸福的最主要外因，认为"薪酬待遇"是最主要外因的占 50.5%。相对而言，"家庭和亲友支持"选项所占比例较低，仅为 22.8%。

从不同性别比较来看，男性特级教师认为，影响教师职业幸福的外在因素的前 3 位依次为"学校文化和环境""薪酬待遇""职称晋升 考核评比"，而女性特级教师认为影响教师职业幸福的外在因素的前 3 位依次为"学校文化和环境""薪酬待遇""学生的成绩与管理"。

相比较而言，男性特级教师在"职称晋升 考核评比""学校文化和环境""薪酬待遇"选项上的比例均高于女性特级教师，其中，选择"职称晋升考核评比"的男性特级教师比例（47.7%）高出女性特级教师（42.7%）5 个百分比；在"学校文化和环境""薪酬待遇"选项上分别高出女性特级教师 4.9 和 4.3 个百分比。

表 7-15　不同性别特级教师对影响教师职业幸福外因的认识比较

职业幸福外因	男		女		合计	
	N/人	占比/%	N/人	占比/%	N/人	占比/%
学生的成绩与管理	48	44.0	35	46.7	83	45.1
职称晋升 考核评比	52	47.7	32	42.7	84	45.7
教学教研 课改教改	49	45.0	33	44.0	82	44.6
人际关系	41	37.6	34	45.3	75	40.8
工作时间和强度	37	33.9	34	45.3	71	38.6
身体状况	35	32.1	29	38.7	64	34.8
薪酬待遇	57	52.3	36	48.0	93	50.5
学校文化和环境	62	56.9	39	52.0	101	54.9
家庭和亲友支持	23	21.1	19	25.3	42	22.8
其他	0	0.0	5	6.7	5	2.7

（二）不同年龄段特级教师对影响教师职业幸福外因的认识

由表7-16可知，45岁及以下特级教师认为影响教师职业幸福的外在因素的前3位依次为"学校义化和环境""学生的成绩与管理""教学教研　课改教改"，而46岁及以上特级教师认为影响教师职业幸福的外在因素的前3位依次为"薪酬待遇""职称晋升　考核评比""学校文化和环境"。

相比较而言，46岁及以上特级教师在"职称晋升　考核评比""薪酬待遇"选项上的比例均高于45岁及以下特级教师。其中：选择"职称晋升　考核评比"的46岁及以上特级教师比例（56.8%）高出45岁及以下特级教师（36.9%）19.9个百分比；在"薪酬待遇"选项上，46岁及以上特级教师比例高出45岁及以下特级教师17.8个百分比；在"学校文化和环境"选项上，46岁及以上特级教师比例低于45岁及以下特级教师14.4个百分比。

表7-16　不同年龄段特级教师对影响教师职业幸福外因的认识比较

职业幸福外因	≤45岁		≥46岁		合计	
	N/人	占比/%	N/人	占比/%	N/人	占比/%
学生的成绩与管理	49	47.6	34	42.0	83	45.1
职称晋升 考核评比	38	36.9	46	56.8	84	45.7
教学教研 课改教改	45	43.7	37	45.7	82	44.6
人际关系	39	37.9	36	44.4	75	40.8
工作时间和强度	42	40.8	29	35.8	71	38.6
身体状况	28	27.2	36	44.4	64	34.8
薪酬待遇	44	42.7	49	60.5	93	50.5
学校文化和环境	63	61.3	38	46.9	101	54.9
家庭和亲友支持	28	27.2	14	17.3	42	22.8
其他	4	3.9	1	1.2	5	2.7

（三）不同学段特级教师对影响教师职业幸福外因的认识

由表 7-17 可知，幼儿园特级教师认为，影响教师职业幸福的外在因素的前 3 位（实际为 6 项，因为其中有并列选项，下同）依次为"人际关系""职称晋升　考核评比""工作时间和强度""身体状况""薪酬待遇""学校文化和环境"；小学特级教师认为，前 3 位依次为"学校文化和环境""职称晋升　考核评比""薪酬待遇"；初中特级教师认为，前 3 位依次为"学生的成绩与管理""学校文化和环境""薪酬待遇"；普高特级教师认为，前 3 位依次为"学校文化和环境""薪酬待遇""教学教研　课改教改"；职高特级教师认为，前 5 位依次为"教学教研　课改教改""工作时间和强度""身体状况""薪酬待遇""学校文化和环境"，而且此 5 项比例相同，均为 54.2%。

相比较而言，认为"学生的成绩与管理"为主要外因的初中特级教师比例（68.0%）高于其他学段特级教师，尤其高出职高特级教师 43 个百分比；幼儿园特级教师选择"职称晋升　考核评比"的比例（58.3%）高于其他学段特级教师，尤其高出普高特级教师 24.2 个百分比；在"薪酬待遇"选项上，所有学段特级教师的比例差异不大，职高特级教师的比例最高（54.2%），其他学段特级教师的比例相同且均为 50.0%。

表 7-17　不同学段特级教师对影响教师职业幸福外因的认识比较

职业幸福外因	幼儿园		小学		初中		普高		职高		合计	
	N/人	占比/%	N/人	占比/%	N/人	占比/%	N/人	占比/%	N/人	占比/%	N/人	占比/%
学生的成绩与管理	4	33.3	20	37.0	34	68.0	19	43.2	6	25.0	83	45.1
职称晋升　考核评比	7	58.3	28	51.9	24	48.0	15	34.1	10	41.7	84	45.7
教学教研 课改教改	4	33.3	24	44.4	21	42.0	20	45.5	13	54.2	82	44.6
人际关系	8	66.7	24	44.4	17	34.0	16	36.4	10	41.7	75	40.8

续　表

职业幸福外因	幼儿园		小学		初中		普高		职高		合计	
	N/人	占比/%	N/人	占比/%	N/人	占比/%	N/人	占比/%	N/人	占比/%	N/人	占比/%
工作时间和强度	6	50.0	17	31.5	19	38.0	16	36.4	13	54.2	71	38.6
身体状况	6	50.0	12	22.2	18	36.0	15	34.1	13	54.2	64	34.8
薪酬待遇	6	50.0	27	50.0	25	50.0	22	50.0	13	54.2	93	50.5
学校文化和环境	6	50.0	31	57.4	27	54.0	24	54.5	13	54.2	101	54.9
家庭和亲友支持	3	25.0	17	31.5	10	20.0	5	11.4	7	29.2	42	22.8
其他	0	0.0	2	3.7	0	0.0	2	4.5	1	4.2	5	2.7

（四）不同任教学科特级教师对影响教师职业幸福外因的认识

由表7-18可知，文科特级教师认为，影响教师职业幸福的外在因素的前3位依次为"教学教研　课改教改""学校文化和环境""学生的成绩与管理"；理（工）科特级教师认为，影响教师职业幸福的外在因素的前3位依次为"薪酬待遇""学校文化和环境""学生的成绩与管理"；艺体及其他学科特级教师认为，影响教师职业幸福的外在因素的前3位依次为"职称晋升　考核评比""薪酬待遇""学校文化和环境"。

相比较而言，在"学生的成绩与管理"选项上，3个任教学科特级教师所选比例有一定差异，文科特级教师的比例最高（54.0%），理（工）科次之（44.4%），艺体及其他学科的比例最低（29.0%），而且文科特级教师的比例高出艺体及其他学科特级教师25个百分比；在"教学教研　课改教改"选项上，文科特级教师的比例高出理（工）科特级教师18.6个百分比；在"薪酬待遇"选项上，艺体及其他学科特级教师的比例高出文科特级教师10.4个百分比。

表7-18 不同任教学科特级教师对影响教师职业幸福外因的认识比较

职业幸福外因	文科		理（工）科		艺体及其他		合计	
	N/人	占比/%	N/人	占比/%	N/人	占比/%	N/人	占比/%
学生的成绩与管理	34	54.0	36	44.4	9	29.0	79	45.1
职称晋升 考核评比	26	41.3	34	42.0	18	58.1	78	44.6
教学教研 课改教改	35	55.6	30	37.0	12	38.7	77	44.0
人际关系	31	49.2	23	28.4	16	51.6	70	40.0
工作时间和强度	28	44.4	24	29.6	15	48.4	67	38.3
身体状况	22	34.9	23	28.4	16	51.6	61	34.9
薪酬待遇	28	44.4	44	54.3	17	54.8	89	50.9
学校文化和环境	34	54.0	43	53.1	17	54.8	94	53.7
家庭和亲友支持	18	28.6	14	17.3	8	25.8	40	22.9
其他	1	1.6	2	2.5	1	3.2	4	2.3

（五）不同职别特级教师对影响教师职业幸福外因的认识

由表7-19可知，担任单位领导的特级教师认为，影响教师职业幸福的外在因素的前3位依次为"人际关系""学校文化和环境""职称晋升考核评比"；普通特级教师认为，影响教师职业幸福的外在因素的前3位依次为"学校文化和环境""薪酬待遇""学生的成绩与管理"。

相比较而言，在"学生的成绩与管理""薪酬待遇""学校文化和环境"这几个选项上，仅为普通教师的特级教师所选比例均高于担任单位领导的特级教师；选择"学校文化和环境"的仅为普通教师的特级教师比例（57.0%）高出担任单位领导的特级教师（49.4%）7.6个百分比；在"人际关系"选项上，担任单位领导的特级教师比例（50.6%）高出仅为普通教师的特级教师（34.0%）16.6个百分比。

表7-19　不同职别特级教师对影响教师职业幸福外因的认识比较

职业幸福外因	单位领导		普通教师		合计	
	N/人	占比/%	N/人	占比/%	N/人	占比/%
学生的成绩与管理	33	42.9	48	48.0	81	45.8
职称晋升 考核评比	37	48.1	41	41.0	78	44.1
教学教研 课改教改	33	42.9	47	47.0	80	45.2
人际关系	39	50.6	34	34.0	73	41.2
工作时间和强度	28	36.4	39	39.0	67	37.9
身体状况	21	27.3	41	41.0	62	35.0
薪酬待遇	36	46.8	53	53.0	89	50.3
学校文化和环境	38	49.4	57	57.0	95	53.7
家庭和亲友支持	13	16.9	28	28.0	41	23.2
其他	3	3.9	1	1.0	4	2.3

第三节　幸福原因探讨

本维度只有一道题目，采用多项选择题形式进行设计，题目为"您觉得获得幸福的主要原因有（最多选6项）"，一共有10个选项，试图探究研究对象对其获得职业幸福的原因的认识。

（一）不同性别特级教师对获得幸福原因的认识

由表7-20可知，从总体样本来看，特级教师对获得幸福的主要原因判断，位居前5位的依次是"身体健康，心灵安逸""关系融洽，人际和谐""家庭和美，知足常乐""志趣合一，乐在其中"和"能力突出，自强自信"。86.6%的特级教师认为"身体健康，心灵安逸"是获得幸福的最主要原因，认为"关系融洽，人际和谐"是最主要原因的占 78.5%。相对而言，"阅读写作，留下记忆"选项所占比例最低，仅为 22.0%。

从不同性别比较来看，男性和女性特级教师均认为获得幸福的原因的前 4 位为"身体健康，心灵安逸""关系融洽，人际和谐""家庭和美，知足常乐""志趣合一，乐在其中"。

相比较而言，女性特级教师在"关系融洽，人际和谐""家庭和美，知足常乐""志趣合一，乐在其中"选项上的比例均高于男性特级教师，但差异均不大，其中，选择"志趣合一，乐在其中"的男性特级教师比例（67.0%）低于女性特级教师（76.6%）9.6 个百分比；在"能力突出，自强自信"选项上女性特级教师比例（57.1%）高出男性特级教师（39.4%）17.7 个百分比。

表 7-20 不同性别特级教师对获得幸福原因的认识比较

幸福原因	男		女		合计	
	N/人	占比/%	N/人	占比/%	N/人	占比/%
身体健康，心灵安逸	95	87.2	66	85.7	161	86.6
志趣合一，乐在其中	73	67.0	59	76.6	132	71.0
关系融洽，人际和谐	85	78.0	61	79.2	146	78.5
家庭和美，知足常乐	83	76.1	59	76.6	142	76.3
能力突出，自强自信	43	39.4	44	57.1	87	46.8
获得荣誉，社会肯定	39	35.8	20	26.0	59	31.7
实现理想，领导赞赏	27	24.8	15	19.5	42	22.6
学生成长，家长感激	42	38.5	33	42.9	75	40.3
环境舒适，学校发展	33	30.3	27	35.1	60	32.3
阅读写作，留下记忆	28	25.7	13	16.9	41	22.0

（二）不同年龄段特级教师对获得幸福原因的认识

由表 7-21 可知，45 岁及以下特级教师认为，获得幸福的原因的前 3 位依次为"身体健康，心灵安逸""家庭和美，知足常乐""志趣合一，乐在其中"；46 岁及以上特级教师认为，获得幸福的原因的前 3 位依次为"身体健康，心灵安逸""关系融洽，人际和谐""家庭和美，知足常乐"。

相比较而言，46 岁及以上特级教师在"身体健康，心灵安逸""关系融洽，人际和谐"选项上的比例均高于 45 岁及以下特级教师，其中，在"关系融洽，人际和谐"选项上，46 岁及以上特级教师比例（85.2%）高出 45 岁及以下特级教师（73.0%）12.2 个百分比；选择"身体健康，心灵安逸"的 46 岁及以上特级教师比例（91.4%）高出 45 岁及以下特级教师（82.9%）8.5 个百分比；在"志趣合一，乐在其中"选项上，45 岁及以下特级教师比例（74.3%）高出 46 岁及以上特级教师（66.7%）7.6 个百分比。

表 7-21 不同年龄段特级教师对获得幸福原因的认识比较

幸福原因	≤45 岁		≥46 岁		合计	
	N/人	占比/%	N/人	占比/%	N/人	占比/%
身体健康，心灵安逸	87	82.9	74	91.4	161	86.6
志趣合一，乐在其中	78	74.3	54	66.7	132	71.0
关系融洽，人际和谐	77	73.0	69	85.2	146	78.5
家庭和美，知足常乐	81	77.1	61	75.3	142	76.3
能力突出，自强自信	53	50.5	34	42.0	87	46.8
获得荣誉，社会肯定	30	28.6	29	35.8	59	31.7
实现理想，领导赞赏	22	21.0	20	24.7	42	22.6
学生成长，家长感激	46	43.8	29	35.8	75	40.3
环境舒适，学校发展	32	30.5	28	34.6	60	32.3
阅读写作，留下记忆	29	27.6	12	14.8	41	22.0

（三）不同学段特级教师对获得幸福原因的认识

由表 7-22 可知，幼儿园特级教师认为，获得幸福原因的前 5 位依次为"身体健康，心灵安逸""关系融洽，人际和谐""家庭和美，知足常乐""志趣合一，乐在其中""环境舒适，学校发展"；小学特级教师认为，获得幸福原因的前 5 位依次为"身体健康，心灵安逸""家庭和美，知足常乐""志趣合一，乐在其中""关系融洽，人际和谐""能力突出，自强自信"；初中特级教师认为，获得幸福原因的前 5 位依次为"身体健康，心灵安逸""关系融洽，人际和谐""家庭和美，知足常乐""志趣合一，乐在其中""能力突出，自强自信"；普通高中特级教师认为，获得幸福原因的前 5 位依次为"身体健康，心灵安逸""家庭和美，知足常乐""关系融洽，人际和谐""志趣合一，乐在其中""能力突出，自强自信"；职业高中特级教师认为，获得幸福原因的前 5 位依次为"关系融洽，人际和谐""身体健康，心灵安逸""家庭和美，知足常乐""志趣合一，乐在其中""学生成长，家长感激"。

相比较而言，在"志趣合一，乐在其中"选项上，所有学段特级教师比例差异不大；初中特级教师选择"身体健康，心灵安逸"的比例（91.8%）高于其他学段特级教师，尤其高出普高特级教师（81.8%）10 个百分比；在"关系融洽，人际和谐"选项上，幼儿园和职高特级教师比例（91.7%）相同，均高于其他学段特级教师，尤其高出小学特级教师（70.2%）21.5 个百分比；在"家庭和美，知足常乐"选项上，普高特级教师比例（81.8%）高于其他学段特级教师，尤其高出小学特级教师（71.9%）9.9 个百分比。

表 7-22　不同学段特级教师对获得幸福原因的认识比较

幸福原因	幼儿园		小学		初中		普高		职高		合计	
	N/人	占比/%	N/人	占比/%	N/人	占比/%	N/人	占比/%	N/人	占比/%	N/人	占比/%
身体健康，心灵安逸	11	91.7	49	86.0	45	91.8	36	81.8	20	83.3	161	86.6
志趣合一，乐在其中	8	66.7	41	71.9	35	71.4	31	70.5	17	70.8	132	71.0

幸福原因	幼儿园		小学		初中		普高		职高		合计	
	N/人	占比/%	N/人	占比/%	N/人	占比/%	N/人	占比/%	N/人	占比/%	N/人	占比/%
关系融洽，人际和谐	11	91.7	40	70.2	39	79.6	34	77.3	22	91.7	146	78.5
家庭和美，知足常乐	9	75.0	41	71.9	38	77.6	36	81.8	18	75.0	142	76.3
能力突出，自强自信	6	50.0	29	50.9	23	46.9	22	50.0	7	29.2	87	46.8
获得荣誉，社会肯定	2	16.7	15	26.3	19	38.8	16	36.4	7	29.2	59	31.7
实现理想，领导赞赏	3	25.0	16	28.1	10	20.4	8	18.2	5	20.8	42	22.6
学生成长，家长感激	4	33.3	23	40.4	15	30.6	19	43.2	14	58.3	75	40.3
环境舒适，学校发展	8	66.7	16	28.1	12	24.5	16	36.4	8	33.3	60	32.3
阅读写作，留下记忆	1	8.3	16	28.1	9	18.4	7	15.9	8	33.3	41	22.0

（四）不同任教学科特级教师对获得幸福原因的认识

由表 7-23 可知，文科特级教师认为，获得幸福原因的前 4 位依次为"身体健康，心灵安逸""家庭和美，知足常乐""关系融洽，人际和谐""志趣合一，乐在其中"；理（工）科特级教师认为，获得幸福原因的前 4 位依次为"身体健康，心灵安逸""关系融洽，人际和谐""家庭和美，知足常乐""志趣合一，乐在其中"；艺体及其他学科特级教师认为，获得幸福原因的前 4 位依次为"身体健康，心灵安逸""关系融洽，人际和谐""家庭和美，知足常乐""志趣合一，乐在其中"。

相比较而言，在"身体健康，心灵安逸"选项上，艺体及其他学科特级教师比例最高（90.0%），文科次之（87.7%），理（工）科比例最低（85.4%），可见 3 个任教学科特级教师所选比例差异不大；在"关系融洽，人际和谐"选项上，艺体及其他学科特级教师比例（90.0%）高于文、理（工）科特级教师比例，尤其高出理（工）科特级教师（74.4%）15.6 个百分比；在"家庭和美，知足常乐"选项上，文科特级教师比例（81.5%）高出艺体及其他学科特级教师（70.0%）11.5 个百分比。

表 7-23　不同任教学科特级教师对获得幸福原因的认识比较

幸福原因	文科		理（工）科		艺体及其他		合计	
	N/人	占比/%	N/人	占比/%	N/人	占比/%	N/人	占比/%
身体健康，心灵安逸	57	87.7	70	85.4	27	90.0	154	87.0
志趣合一，乐在其中	50	76.9	55	67.1	20	66.7	125	70.6
关系融洽，人际和谐	51	78.5	61	74.4	27	90.0	139	78.5
家庭和美，知足常乐	53	81.5	59	72.0	21	70.0	133	75.1
能力突出，自强自信	33	50.8	36	43.9	12	40.0	81	45.8
获得荣誉，社会肯定	20	30.8	29	35.4	9	30.0	58	32.8
实现理想，领导赞赏	13	20.0	17	20.7	9	30.0	39	22.0
学生成长，家长感激	23	35.4	35	42.7	12	40.0	70	39.5
环境舒适，学校发展	17	26.2	24	29.3	14	46.7	55	31.1
阅读写作，留下记忆	20	30.8	18	22.0	1	3.3	39	22.0

（五）不同职别特级教师对获得幸福原因的认识

由表 7-24 可知，职别为单位领导的特级教师认为，获得教师幸福原因的前 4 位依次为"身体健康，心灵安逸""关系融洽，人际和谐""志趣合一，乐在其中""家庭和美，知足常乐"；仅为普通教师的特级教师认为，获得幸福原因的前 4 位依次为"身体健康，心灵安逸""关系融洽，人际和谐""家庭和美，知足常乐""志趣合一，乐在其中"。

相比较而言，在"身体健康，心灵安逸""志趣合一，乐在其中"选项上，不同职别特级教师差异不大；选择"关系融洽，人际和谐"的仅为普通教师的特级教师比例（83.0%）高出职别为单位领导的特级教师（74.7%）8.3 个百分比；选择"家庭和美，知足常乐"的仅为普通教师特级教师比例（80.0%）高出职别为单位领导的特级教师（72.2%）7.8 个百分比；另外，选择"获得荣誉，社会肯定"的仅为普通教师特级教师比例（40.0%）高出职别为单位领导的特级教师（21.5%）18.5 个百分比。

表 7-24　不同职别特级教师对获得幸福原因的认识比较

幸福原因	单位领导		普通教师		合计	
	N/人	占比/%	N/人	占比/%	N/人	占比/%
身体健康，心灵安逸	71	89.9	86	86.0	157	87.7
志趣合一，乐在其中	58	73.4	70	70.0	128	71.5
关系融洽，人际和谐	59	74.7	83	83.0	142	79.3
家庭和美，知足常乐	57	72.2	80	80.0	137	76.5
能力突出，自强自信	41	51.9	40	40.0	81	45.3
获得荣誉，社会肯定	17	21.5	40	40.0	57	31.8
实现理想，领导赞赏	15	19.0	25	25.0	40	22.3
学生成长，家长感激	30	38.0	40	40.0	70	39.1
环境舒适，学校发展	24	30.4	32	32.0	56	31.3
阅读写作，留下记忆	15	19.0	23	23.0	38	21.2

第四节　本章小结

一、特级教师均有很高的幸福指数

不同性别、不同年龄段、不同学段、不同任教学科、不同职别和不同性格的特级教师的幸福指数均值在 4.25—4.50 区间。而该均值越接近 5，表明幸福指数越高，幸福感也越强，可见特级教师均有较高的幸福指数和较强的幸福感。不同性别、不同学段、不同任教学科和不同职别的特级教师在幸福指数上没有显著差异。不同年龄段特级教师的幸福指数存在显著差异，即 46 岁及以上特级教师的幸福指数优于 45 岁及以下的特级教师。不同性格特级教师的幸福指数也存在显著差异：性格外向开朗型的特级教师幸福指数最高，其次是性格介于两者之间型的特级教师，性格内向沉稳型的特级教师幸福指数居后。

二、特级教师认为影响教师职业幸福的内在因素集中体现在对自身需求的满足和能力的肯定上

特级教师对影响教师职业幸福内在因素的判断，位居前 6 位的依次是"职业喜好""实现价值""身心健康""人际关系""工作热情与绩效"和"工作能力"。60.0% 的特级教师认为"职业喜好"是影响职业幸福的最主要内因，认为"实现价值"是最主要内因的占 58.9%。相对而言，"自身能力欠缺"选项所占比例最低，仅为 5.4%。

三、特级教师认为影响教师职业幸福的外在因素主要来自学校文化和环境、管理体制和经济收入

特级教师对影响教师职业幸福外在因素的判断，位居前 5 位的依次是"学校文化和环境""薪酬待遇""职称晋升 考核评比""学生的成绩与管理"和"教学教研 课改教改"。54.9% 的特级教师认为"学校文化和环境"是影响教师职业幸福的最主要外因，认为"薪酬待遇"是最主要外因的占 50.5%。相对而言，"家庭和亲友支持"选项所占比例较低，仅为 22.8%。

四、特级教师认为影响幸福的原因主要集中体现在身心健康、人际关系、家庭和美等因素上

特级教师对获得幸福的主要原因判断，位居前 5 位的依次是"身体健康，心灵安逸""关系融洽，人际和谐""家庭和美，知足常乐""志趣合一，乐在其中"和"能力突出，自强自信"。86.6% 的特级教师认为"身体健康，心灵安逸"是获得幸福的最主要原因，认为"关系融洽，人际和谐"是最主要原因的占 78.5%。

相对而言，"阅读写作，留下记忆"选项所占比例却较低，仅为 22.0%。

参考文献

［1］李虹. 当前高中教师职业幸福感调查研究——以本溪市高中教师为例［D］. 沈阳：沈阳师范大学，2014.

［2］林冬梅，苗淼. 教师职业幸福感的研究分析及启示［J］. 晋中学院学报，2018，35（6）：74-78.

［3］刘秋红，刘荣秀. 教师职业幸福感水平及其影响因素调查研究［J］. 教育导刊（上半月），2014（6）：33-36.

［4］檀传宝. 论教师的幸福［J］. 教育科学，2002（1）：39-43.

［5］袁玲俊，黄培婷，张寿松. 浙江省特级教师职业幸福感调查研究［J］. 上海教育科研，2017（5）：33-35.

［6］张美兰. 中小学教师职业幸福感的调查研究［J］. 九江学院学报（哲学社会科学版），2011，30（1）：110-113.

［7］张寿松. 特级教师与普通教师的性格特征与做事风格的比较研究［J］. 当代教师教育，2012（2）：29-32.

［8］ELIZABETH H. 教师的幸福感——关注教师的身心健康及职业发展［M］. 闫慧敏译. 北京：中国轻工业出版社，2006.

［9］JOHN W F, LESLIE J F, PETER J. The personal and social correlates of spiritual well-being among primary school teachers［J］. Pastoral psychology，2002，51（1）：3-11.

［10］RUBINA L L. Teachers'sense of professional and social well-being［J］. Russian education and society，1997，39（5）：25-49.

第八章　成长经历

这一章我们将讨论不同类型特级教师的成长关键期、成长过程中的人事物、成长环境等 3 个方面的问题。

第一节　成长关键期

一、成长快速期

本维度只有一道题目，采用多选题形式进行设计，题目为"您专业成长比较快的阶段是从教多少年？（从刚开始工作算）"，一共有 5 个选项，试图探究研究对象的成长快速期。

（一）不同性别特级教师的成长快速期

由表 8-1 可知，从总体样本来看，不同性别特级教师成长快速期的选择比例从高到低分别为"11—15 年""16—20 年""6—10 年""21 年及以上""1—5 年"。所选比例最高的"11—15 年"选项占比为 48.4%，所选比例居后的是"1—5 年"和"21 年及以上"，分别 12.4% 和 12.9%。

从不同性别比较来看，男性特级教师成长快速期前 3 位是"11—15 年""6—10 年""16—20 年"；女性特级教师成长快速期前 3 位是"11—15 年""16—20

年""6—10 年"。

相比较而言，在"1—5 年""11—15 年""21 年及以上"这 3 个选项上，不同性别的特级教师所选比例差异不大；在"16—20 年"这一选项上，女性特级教师的选择比例高出男性特级教师近 14 个百分比。

表 8-1   不同性别特级教师的成长快速期比较

成长快速期	男		女		合计	
	N/人	占比/%	N/人	占比/%	N/人	占比/%
1—5 年	11	10.0	12	15.8	23	12.4
6—10 年	38	34.5	21	27.6	59	31.7
11—15 年	51	46.4	39	51.3	90	48.4
16—20 年	34	30.9	34	44.7	68	36.6
21 年及以上	12	10.9	12	15.8	24	12.9

（二）不同年龄段特级教师的成长快速期

由表 8-2 可知，从总体样本来看，不同年龄段特级教师成长快速期的选择比例从高到低分别为"11—15 年""16—20 年""6—10 年""21 年及以上""1—5 年"。所选比例最高的"11—15 年"选项占比为 48.4%，所选比例最低的"1—5 年"选项占比为 12.4%。

45 岁及以下特级教师成长快速期前 3 位是"11—15 年""6—10 年""16—20 年"；46 岁及以上特级教师成长快速期前 3 位是"11—15 年""16—20 年""6—10 年"。

相比较而言，在"1—5 年""11—15 年""16—20 年"这 3 个选项上，不同年龄段的特级教师所选比例差异不大；在"21 年及以上"这一选项上，46 岁及以上特级教师的选择比例高出 45 岁及以下特级教师 16.2 个百分比。

表8-2 不同年龄特级教师的成长快速期比较

成长快速期	≤ 45 岁		≥ 46 岁		合计	
	N/人	占比/%	N/人	占比/%	N/人	占比/%
1—5 年	13	12.5	10	12.2	23	12.4
6—10 年	38	36.5	21	25.6	59	31.7
11—15 年	49	47.1	41	50.0	90	48.4
16—20 年	38	36.5	30	36.6	68	36.6
21 年及以上	6	5.8	18	22.0	24	12.9

（三）不同学段特级教师的成长快速期

由表8-3可知，从总体样本来看，不同学段特级教师成长快速期的选择比例从高到低分别为"11—15 年""16—20 年""6—10 年""21 年及以上""1—5 年"。所选比例最高的"11—15 年"选项占总比的48.4%，所选比例最低的"1—5 年"选项占总比的12.4%。

幼儿园特级教师成长快速期前3位是"11—15 年""6—10 年""16—20 年"；小学特级教师成长快速期前3位是"16—20 年""11—15 年""6—10 年"；初中特级教师成长快速期前3位是"11—15 年""6—10 年""16—20 年"；普高特级教师成长快速期前3位是"11—15 年""16—20 年""6—10 年"；职高特级教师成长快速期前3位是"11—15 年""16—20 年""6—10 年"。

相比较而言，在"1—5 年"这一选项上，幼儿园特级教师和小学特级教师的选择比例相差最大，相差26个百分比以上；小学特级教师和初中特级教师的选择比例差距最小，只相差2.9个百分比。在"6—10 年"这一选项上，幼儿园特级教师和职高特级教师的选择比例相差最大，相差近21个百分比；小学特级教师和初中特级教师的选择比例相差最小，只相差0.4个百分比。在"11—15 年"这一选项上，小学特级教师和职高特级教师的选择比例相差最大，相差11个百分比以上；初中特级教师和职高特级教师的选择比例相差最小，只相差0.2个百分比。在"16—20 年"这一选项上，小学特级教师和初中特级教师的选择比例相差最大，相差近 15 个百分比；普高特级教师和职高特级教师的选择比例相差最小，只相差 0.8 个百分比。在"21 年及以上"这选项上，小学特级教师和初中特级教师的选择比例相差最大，相差 16 个百分比以上；幼儿园特级教师和普高特级教师的选择比例相差最小，只相差 0.8 个百分比。

表8-3 不同学段特级教师的成长快速期比较

成长快速期	幼儿园		小学		初中		普高		职高		合计	
	N/人	占比/%	N/人	占比/%	N/人	占比/%	N/人	占比/%	N/人	占比/%	N/人	占比/%
1—5 年	4	33.3	4	7.1	5	10.0	6	13.6	4	16.7	23	12.4
6—10 年	6	50.0	17	30.4	15	30.0	14	31.8	7	29.2	59	31.7
11—15 年	6	50.0	24	42.9	27	54.0	20	45.5	13	54.2	90	48.4
16—20 年	5	41.7	25	44.6	15	30.0	15	34.1	8	33.3	68	36.6
21 年及以上	2	16.7	2	3.6	10	20.0	7	15.9	3	12.5	24	12.9

（四）不同任教学科特级教师的成长快速期

由表 8-4 可知，从总体样本来看，不同任教学科特级教师成长快速期的选择比例从高到低分别为"11—15 年""16—20 年""6—10 年""21 年及以上""1—5 年"（选择"21 年及以上"和"1—5 年"的比例相同）。所选比例最高的"11—15 年"选项占总比的 48.6%，所选比例最低的"21 年及以上"和"1—5 年"选项分别占总比的 13.0%。

文科特级教师成长快速期前 3 位是"11—15 年""16—20 年""6—10 年"（选择"16—20 年"和"6—10 年"的比例相同）；理（工）科特级教师成长快速期前 3 位是"11—15 年""16—20 年""6—10 年"；艺体及其他学科特级教师成长快速期前 3 位是"6—10 年""11—15 年""16—20 年"（选择"6—10 年"和"11—15 年"的比例相同）。

相比较而言，在"1—5 年"这一选项上，理（工）科特级教师和艺体及其他学科特级教师的选择比例相差最大，相差 10.4 个百分比；在"6—10 年"这一选项上，理（工）科特级教师和艺体及其他学科特级教师的选择比例相差最大，相差 16 个百分比以上；在"11—15 年"这一选项上，理（工）科特级教师和艺体及其他学科特级教师的选择比例相差最大，相差 8 个百分比以上；在"16—20 年"这一选项上，各任教学科特级教师的选择比例相差均较小，最大只相差 2.2 个百分比；在"21 年及以上"这一选项上，文科特级教师和理（工）科特级教师的选择比例相差最大，相差 16 个百分比以上。

表 8-4　不同任教学科特级教师的成长快速期比较

成长快速期	文科		理（工）科		艺体及其他		合计	
	N/人	占比/%	N/人	占比/%	N/人	占比/%	N/人	占比/%
1—5 年	13	12.5	10	12.2	7	22.6	23	13.0
6—10 年	38	36.5	21	25.6	13	41.9	57	32.2
11—15 年	49	47.1	41	50.0	13	41.9	86	48.6
16—20 年	38	36.5	30	36.6	12	38.7	63	35.8
21 年及以上	6	5.8	18	22.0	5	16.1	23	13.0

（五）不同职别特级教师的成长快速期

由表 8-5 可知，从总体样本来看，不同职别特级教师成长快速期的选择比例从高到低分别为"11—15 年""16—20 年""6—10 年""21 年及以上""1—5 年"（选择"21 年及以上"和"1—5 年"的比例相同）。所选比例最高的"11—15 年"选项占总比的 49.2%，所选比例最低的"21 年及以上"和"1—5 年"选项分别占总比的 12.8%。

从不同职别比较来看，职别为单位领导的特级教师成长快速期前 3 位是"11—15 年""6—10 年""16—20 年"；仅为普通教师的特级教师成长快速期前 3 位是"11—15 年""16—20 年""6—10 年"。

相比较而言，在"1—5 年""6—10 年""11—15 年"这 3 个选项上，不同职别的特级教师所选比例差异不大；在"21年及以上"这一选项上，仅为普通教师的特级教师的选择比例高出职别为单位领导的特级教师16个百分比。

表8-5　不同职别特级教师的成长快速期比较

成长快速期	单位领导		普通教师		合计	
	N/人	占比/%	N/人	占比/%	N/人	占比/%
1—5年	12	15.4	11	10.9	23	12.8
6—10年	27	34.6	30	29.7	57	31.8
11—15年	36	46.2	52	51.5	88	49.2
16—20年	24	30.8	39	38.6	63	35.2
21年及以上	3	3.8	20	19.8	23	12.8

（六）不同性格特级教师的成长快速期

由表8-6可知，从总体样本来看，不同性格特级教师成长快速期的选择比例从高到低分别为"11—15年""16—20年""6—10年""21年及以上""1—5年"。所选比例最高的"11—15年"选项占总比的48.4%，所选比例最低的"1—5年"选项占总比的12.4%。

从不同性格比较来看，外向开朗型特级教师成长快速期前3位是"11—15年""6—10年""16—20年"；内向沉稳型特级教师成长快速期前3位是"11—15年""16—20年""6—10年"；性格处于两者之间的特级教师成长快速期前3位是"11—15年""16—20年""6—10年"。

相比较而言，在"1—5年"这一选项上，不同性格的特级教师选择比例相差均较小，最大只相差5.4个百分比；在"6—10年"这一选项上，性格为外向开朗的特级教师和性格处于两者之间的特级教师的选择比例相差最大，相差近7个百分比；在"11—15年"这一选项上，性格为外向开朗的特级教师和性格为内向沉稳的特级教师的选择比例相差最大，相差近18个百分比；在"16—20年"这一选项上，性格为外向开朗的特级教师和性格处于两者之间的特级教师的选择比例相差最大，相差近 15 个百分比；在"21 年及以上"这一选项上，性格为内向沉稳的特级教师和性格处于两者之间的特级教师的选择比例相差最大，相差近 8 个百分比。

表 8-6　不同性格特级教师的成长快速期比较

成长快速期	外向开朗		内向沉稳		两者之间		合计	
	N/人	占比/%	N/人	占比/%	N/人	占比/%	N/人	占比/%
1—5 年	4	10.0	7	10.3	12	15.4	23	12.4
6—10 年	14	35.0	23	33.8	22	28.2	59	31.7
11—15 年	23	57.5	27	39.7	40	51.3	90	48.4
16—20 年	11	27.5	24	35.3	33	42.3	68	36.6
21 年及以上	5	12.5	6	8.8	13	16.7	24	12.9

二、成长缓慢期

本维度只有一道题目，采用多选题形式进行设计，题目为"您专业成长比较慢的阶段是（从刚开始工作算）"，一共有 5 个选项，试图探究研究对象的成长缓慢期。

（一）不同性别特级教师的成长缓慢期

由表 8-7 可知，从总体样本来看，不同性别特级教师成长缓慢期的选择比例从高到低分别为"1—5 年""6—10 年""11—15 年""16—20 年""21 年及以上"。所选比例最高的"1—5 年"选项占总比的 40.0%，所选比例最低的"21 年及以上"选项占总比的 9.2%。

从不同性别比较来看，男性和女性特级教师成长缓慢期的前 3 位均是"1—5 年""6—10 年""11—15 年"。

相比较而言，在成长缓慢期的 5 个选项中，不同性别的特级教师所选比例差异不大，选择差异最大的"6—10 年"选项也仅相差 5.4 个百分比。

表8-7 不同性别特级教师的成长缓慢期比较

成长缓慢期	男		女		合计	
	N/人	占比/%	N/人	占比/%	N/人	占比/%
1—5 年	43	39.4	31	40.8	74	40.0
6—10 年	30	27.5	25	32.9	55	29.7
11—15 年	22	20.2	15	19.7	37	20.0
16—20 年	15	13.8	11	14.5	26	14.1
21 年及以上	10	9.2	7	9.2	17	9.2

（二）不同年龄段特级教师的成长缓慢期

由表8-8可知，从总体样本来看，不同年龄段特级教师成长缓慢期的选择比例从高到低分别为"1—5 年""6—10 年""11—15 年""16—20 年""21 年及以上"。所选比例最高的"1—5 年"选项占总比的40.0%，所选比例最低的"21 年及以上"选项占总比的9.2%。

从不同年龄段比较来看，特级教师成长缓慢期的前3位均是"1—5 年""6—10 年""11—15 年"。

相比较而言，在"21 年及以上"这一选项上，不同年龄段特级教师所选比例差异不大；在"6—10 年"这一选项上，46 岁及以上特级教师选择的比例高出45 岁及以下特级教师14.5 个百分比。

表8-8 不同年龄特级教师的成长缓慢期比较

成长缓慢期	≤45 岁		≥46 岁		合计	
	N/人	占比/%	N/人	占比/%	N/人	占比/%
1—5 年	38	36.9	36	43.9	74	40.0
6—10 年	24	23.3	31	37.8	55	29.7
11—15 年	23	22.3	14	17.1	37	20.0

成长缓慢期	≤45 岁		≥46 岁		合计	
	N/人	占比/%	N/人	占比/%	N/人	占比/%
16—20 年	17	16.5	9	11.0	26	14.1
21 年及以上	10	9.7	7	8.5	17	9.2

（三）不同学段特级教师的成长缓慢期

由表 8-9 可知，从总体样本来看，不同学段特级教师成长缓慢期的选择比例从高到低分别为"1—5 年""6—10 年""11—15 年""16—20 年""21 年及以上"。所选比例最高的"1—5 年"选项占总比的 40.0%，所选比例最低的"21 年及以上"选项占总比的 9.2%。

从不同学段比较来看，幼儿园、小学和初中特级教师成长缓慢期前 3 位均是"1—5 年""6—10 年""11—15 年"；普高特级教师成长缓慢期前 3 位是"6—10 年""1—5 年""21 年及以上"；职高特级教师成长缓慢期前 3 位是"1—5 年""11—15 年""16—20 年"。

相比较而言，在"1—5 年"这一选项上，普高特级教师和职高特级教师的选择比例相差最大，相差 37.5 个百分比；小学特级教师和初中特级教师的选择比例相差最小，相差 5.4 个百分比。在"6—10 年"这一选项上，幼儿园特级教师（与普高特级教师的选择比例相同）和职高特级教师的选择比例相差最大，相差近 24 个百分比。在"11—15 年"这一选项上，小学特级教师和职高特级教师的选择比例相差最大，相差近 12 个百分比；幼儿园特级教师和普高特级教师的选择比例相同。在"16—20 年"这一选项上，幼儿园特级教师和职高特级教师的选择比例相差最大，相差近 12 个百分比；小学特级教师和普高特级教师的选择比例相差最小，相差不到 1 个百分比。在"21 年及以上"这一选项上，普高特级教师和幼儿园特级教师（与职高特级教师的选择比例相同）的选择比例相差最大，相差 20.5 个百分比。

表8-9　不同学段特级教师的成长缓慢期比较

成长缓慢期	幼儿园		小学		初中		普高		职高		合计	
	N/人	占比/%	N/人	占比/%	N/人	占比/%	N/人	占比/%	N/人	占比/%	N/人	占比/%
1—5 年	6	54.5	24	42.1	18	36.7	11	25.0	15	62.5	74	40.0
6—10 年	4	36.4	16	28.1	16	32.7	16	36.4	3	12.5	55	29.7
11—15 年	2	18.2	10	17.5	10	20.4	8	18.2	7	29.2	37	20.0
16—20 年	1	9.1	7	12.3	8	16.3	5	11.4	5	20.8	26	14.1
21 年及以上	0	0.0	4	7.0	4	8.2	9	20.5	0	0.0	17	9.2

（四）不同任教学科特级教师的成长缓慢期

由表8-10可知，从总体样本来看，不同任教学科特级教师成长缓慢期的选择比例从高到低分别为"1—5 年""6—10 年""11—15 年""16—20 年""21 年及以上"。所选比例最高的"1—5 年"选项占总比的39.2%，所选比例最低的"21年及以上"选项占总比的9.7%。

从不同任教学科比较来看，文科特级教师成长缓慢期前 3 位是"1—5 年""6—10 年""11—15 年"；理（工）科特级教师成长缓慢期前 3 位是"1—5 年""6—10 年""11—15 年"（选择"1—5 年"和"6—10 年"的比例相同）；艺体及其他学科特级教师成长缓慢期前 2 位是"1—5 年""11—15 年"。

相比较而言，在"1—5 年"这一选项上，理（工）科特级教师和艺体及其他学科特级教师的选择比例相差最大，相差 21.2 个百分比；在"6—10 年"这一选项上，理（工）科特级教师和艺体及其他学科特级教师的选择比例相差最大，相差近 9 个百分比；在"11—15 年"这一选项上，文科特级教师和艺体及其他学科特级教师的选择比例相差最大，相差 11.3 个百分比；在"16—20 年"这一选项上，理（工）科特级教师和艺体及其他学科特级教师的选择比例相差最大，相差 13 个百分比以上；在"21 年及以上"这一选项上，理（工）科特级教师和艺体及其他学科特级教师的选择比例相差最大，相差 12.3 个百分比。

表 8-10　不同任教学科特级教师的成长缓慢期比较

成长缓慢期	文科		理（工）科		艺体及其他		合计	
	N/人	占比/%	N/人	占比/%	N/人	占比/%	N/人	占比/%
1—5 年	27	41.5	26	32.1	16	53.3	69	39.2
6—10 年	20	30.8	26	32.1	7	23.3	53	30.1
11—15 年	10	15.4	18	22.2	8	26.7	36	20.5
16—20 年	9	13.8	8	9.9	7	23.3	24	13.6
21 年及以上	7	10.8	10	12.3	0	0.0	17	9.7

（五）不同职别特级教师的成长缓慢期

由表 8-11 可知，从总体样本来看，不同职别特级教师成长缓慢期的选择比例从高到低分别为"1—5 年""6—10 年""11—15 年""16—20 年""21 年及以上"。所选比例最高的"1—5 年"选项占总比的 39.3%，所选比例最低的"21 年及以上"选项占总比的 9.0%。

从不同职别比较来看，职别为单位领导的特级教师和仅为普通教师的特级教师成长缓慢期的前 3 位均是"1—5 年""6—10 年""11—15 年"。

相比较而言，在成长缓慢期的 5 个选项中，不同职别的特级教师所选比例差异不大，选择差异最大的"1—5 年"选项也仅相差 7.5 个百分比。

表 8-11　不同职别特级教师的成长缓慢期比较

成长缓慢期	单位领导		普通教师		合计	
	N/人	占比/%	N/人	占比/%	N/人	占比/%
1—5 年	27	35.1	43	42.6	70	39.3
6—10 年	22	28.6	31	30.7	53	29.8
11—15 年	17	22.1	20	19.8	37	20.8
16—20 年	9	11.7	15	14.9	24	13.5

成长缓慢期	单位领导		普通教师		合计	
	N/人	占比/%	N/人	占比/%	N/人	占比/%
21 年及以上	7	9.1	9	8.9	16	9.0

（六）不同性格特级教师的成长缓慢期

由表 8-12 可知，从总体样本来看，不同性格特级教师成长缓慢期的选择比例从高到低分别为"1—5 年""6—10 年""11—15 年""16—20 年""21 年及以上"。所选比例最高的"1—5 年"选项占总比的 40.0%，所选比例最低的"21 年及以上"选项占总比的 9.2%。

从不同性格比较来看，性格为外向开朗的特级教师成长缓慢期前 3 位是"1—5 年""11—15 年""6—10 年"；性格为内向沉稳的特级教师成长缓慢期前 3 位是"1—5 年""6—10 年""11—15 年"；性格处于两者之间的特级教师成长缓慢期前 3 位是"1—5 年""6—10 年""11—15 年"。

相比较而言，在"1—5 年"这一选项上，性格为内向沉稳的特级教师和性格处于两者之间的特级教师的选择比例相差最大，相差 8 个百分比以上；在"6—10 年"这一选项上，性格为外向开朗的特级教师和性格为内向沉稳的特级教师的选择比例相差最大，相差近 7 个百分比；在"11—15 年"这一选项上，性格为外向开朗的特级教师和性格处于两者之间的特级教师的选择比例相差最大，相差近 10 个百分比；在"16—20 年"这一选项上，性格为外向开朗的特级教师和性格处于两者之间的特级教师的选择比例相差最大，相差近 6 个百分比；在"21 年及以上"这一选项上，性格为外向开朗的特级教师和性格为内向沉稳的特级教师的选择比例相差最大，相差 6 个百分比以上。

表8-12　不同性格特级教师的成长缓慢期比较

成长缓慢期	外向开朗		内向沉稳		两者之间		合计	
	N/人	占比/%	N/人	占比/%	N/人	占比/%	N/人	占比/%
1—5 年	16	39.0	24	35.8	34	44.2	74	40.0
6—10 年	10	24.4	21	31.3	24	31.2	55	29.7
11—15 年	11	26.8	13	19.4	13	16.9	37	20.0
16—20 年	4	9.8	10	14.9	12	15.6	26	14.1
21 年及以上	5	12.2	4	6.0	8	10.4	17	9.2

第二节　成长过程中的人事物

一、他人影响

本维度只有一道题目，采用多选题形式进行设计，题目为"成长过程中的他人影响"，一共有 8 个选项，试图探究研究对象成长过程中的他人影响。

（一）不同性别特级教师成长过程的他人影响

由表 8-13 可知，从总体样本来看，不同性别的特级教师选择比例的前 4 位依次是"导师""学生""专家""同事"。所选比例最高的"导师"选项占总比的 71.7%，所选比例最低的"其他"选项占总比的 4.3%。

从不同性别比较来看，男性特级教师成长中对其影响较大的前 5 位依次是"导师""学生""专家""校长""同事"；女性特级教师成长中对其影响较大的前 5 位依次是"导师""学生""父母家人""专家""同事"，其中，女性特级教师选择"学生"和"父母家人"所占的比例相同，选择"专家"和"同事"所占的比例相同。

相比较而言，在"父母家人"这一选项上，男性特级教师和女性特级教师的选择比例相差最大，相差 13 个百分比以上；在"学生"和"朋友"这 2 个选项上，男性特级教师和女性特级教师的选择比例差距相同，均为 3.6 个百分比。

表 8-13　不同性别特级教师成长过程中受他人影响的比较

他人影响	男		女		合计	
	N/人	占比/%	N/人	占比/%	N/人	占比/%
专家	42	38.2	25	32.5	67	35.8
导师	77	70.0	57	74.0	134	71.7
校长	33	30.0	20	26.0	53	28.3
同事	30	27.3	25	32.5	55	29.4
学生	44	40.0	28	36.4	72	38.5
父母家人	25	22.7	28	36.4	53	28.3
朋友	14	12.7	7	9.1	21	11.2
其他	4	3.6	4	5.2	8	4.3

（二）不同年龄段特级教师成长过程中的他人影响

由表 8-14 可知，从总体样本来看，不同年龄段的特级教师选择比例的前 4 位依次是"导师""学生""专家""同事"。所选比例最高的"导师"选项占总比的 71.7%，所选比例最低的"其他"选项占总比的 11.2%。

从不同年龄段比较来看，45 岁及以下特级教师在成长过程中对其影响较大的前 5 位依次是"导师""学生""专家""校长""父母家人"；46 岁及以上特级教师在成长过程中对其影响较大的前 5 位依次是"导师""专家""学生""同事""父母家人"。

相比较而言，在"专家"这一选项上，45 岁以下特级教师和 46 岁以上特级教师的选择比例相差最大，相差 12.2 个百分比；在"学生"这一选项上，45 岁以下特级教师和 46 岁以上特级教师的选择比例相差不大，仅相差 1.2 个百分比。

表 8-14 不同年龄段特级教师成长过程中受他人影响的比较

他人影响	≤45 岁		≥46 岁		合计	
	N/人	占比/%	N/人	占比/%	N/人	占比/%
专家	32	30.5	35	42.7	67	35.8
导师	77	73.3	57	69.5	134	71.7
校长	31	29.5	22	26.8	53	28.3
同事	27	25.7	28	34.1	55	29.4
学生	41	39.0	31	37.8	72	38.5
父母家人	29	27.6	24	29.3	53	28.3
朋友	14	13.3	7	8.5	21	11.2
其他	3	2.9	5	6.1	8	4.3

（三）不同学段特级教师成长过程中的他人影响

由表 8-15 可知，从总体样本来看，不同学段特级教师选择比例的前 4 位依次是"导师""学生""专家""同事"。所选比例最高的"导师"选项占总比的 71.7%，所选比例最低的"其他"选项占总比的 4.3%。

从不同学段比较来看，幼儿园特级教师成长过程中对其影响较大的前 5 位依次是"导师""父母家人""学生""校长""专家"；小学特级教师成长过程中对其影响较大的前 5 位依次是"导师""校长""学生""同事""专家"（"专家"和"同事"所占比例相同）；初中特级教师成长过程中对其影响较大的前 5 位依次是"导师""学生""专家""同事""父母家人"；普高特级教师成长过程中对其影响较大的前 5 位依次是"导师""学生""专家""同事""父母家人""校长"（"父母家人"和"校长"所占比例相同）；职高特级教师成长过程中对其影响较大的前 5 位依次是"导师""专家""父母家人""校长""学生"（"导师"和"专家"所占比例相同）。

相比较而言，在"专家"这一选项上，职高特级教师和小学特级教师的选择比例相差最大，相差 33.7 个百分比；在"导师"这一选项上，职高特级教师和小学特级教师的选择比例相差最大，相差 29.4 个百分比；在"校长"这一选项上，小学特级教师和初中特级教师的选择比例相差最大，相差 22.6 个百分比；在"同事"这一选项上，初中特级教师和幼儿园特级教师的选择比例相差最大，相差 36.4 个百分比；在"学生"这一选项上，初中特级教师和普高特级教师的选择比例相差较小，仅相差 2.8 个百分比；在"父母家人"这一选项上，幼儿园特级教师和职高特级教师的选择比例相差较小，仅相差 4.2 个百分比；在"朋友"这一选项上，各个学段的特级教师的选择比例相差不大，均值为 11.2%。

表 8-15　不同学段特级教师成长过程中受他人影响的比较

他人影响	幼儿园		小学		初中		普高		职高		合计	
	N/人	占比/%	N/人	占比/%	N/人	占比/%	N/人	占比/%	N/人	占比/%	N/人	占比/%
专家	3	25.0	14	24.6	21	42.0	15	34.1	14	58.3	67	35.8
导师	10	83.3	50	87.7	30	60.0	30	68.2	14	58.3	134	71.7
校长	4	33.3	22	38.6	8	16.0	10	22.7	9	37.5	53	28.3
同事	3	1.6	14	24.6	19	38.0	12	27.3	7	29.2	55	29.4
学生	5	41.7	17	29.8	23	46.0	19	43.2	8	33.3	72	38.5
父母家人	6	50.0	12	21.1	14	28.0	10	22.7	11	45.8	53	28.3
朋友	2	16.7	8	14.0	5	10.0	3	6.8	3	12.5	21	11.2
其他	1	8.3	3	5.3	0	0.0	1	2.3	3	12.5	8	4.3

（四）不同任教学科特级教师成长过程中的他人影响

由表 8-16 可知，从总体样本来看，不同任教学科的特级教师选择比例的前 4 位依次是"导师""学生""专家""同事"。所选比例最高的"导师"选项占总比的 71.9%，所选比例最低的"其他"选项占总比的 4.5%。

从不同学科比较来看，文科特级教师成长过程中对其影响较大的前 5 位依次是"导师""学生""专家""同事""校长";理（工）科特级教师成长过程中对其影响较大的前5位是"导师""专家""学生""同事""父母家人";艺体及其他学科特级教师成长过程中对其影响较大的前5位是"导师""专家""校长""父母家人""同事","专家"和"校长"所占比例相同。

相比较而言,在"父母家人"这一选项上,文科特级教师和理（工）科特级教师的选择比例相差较小,仅差0.1个百分比;在"校长"这一选项上,艺体及其他学科特级教师和理（工）科特级教师的选择比例相差最大,相差24.5个百分比。

表8-16　不同任教学科特级教师成长过程中受他人影响的比较

他人影响	文科		理（工）科		艺体及其他		合计	
	N/人	占比/%	N/人	占比/%	N/人	占比/%	N/人	占比/%
专家	20	30.8	29	35.4	14	45.2	63	35.4
导师	46	70.8	60	73.2	22	71.0	128	71.9
校长	17	26.2	17	20.7	14	45.2	48	27.0
同事	19	29.2	22	26.8	11	35.5	52	29.2
学生	31	47.7	27	32.9	9	29.0	67	37.6
父母家人	15	23.1	19	23.2	12	38.7	46	25.8
朋友	9	13.8	6	7.3	4	12.9	19	10.7
其他	2	3.1	2	2.4	4	12.9	8	4.5

（五）不同职别特级教师成长过程中的他人影响

由表8-17可知,从总体样本来看,不同职别特级教师选择比例的前4位依次是"导师""学生""专家""同事"。所选比例最高的"导师"选项占总比的71.7%,所选比例最低的"其他"选项占总比的4.4%。

从不同职别比较来看,职别为单位领导的特级教师成长过程中对其影响较大的前5位是"导师""学生""专家""校长""同事";仅为普通教师的特级教师成长过程中对其影响较大的前5位是"导师""专家""学生""同事""父母家人"

（"专家"和"学生"所占比例相同，"同事"和"父母家人"所占比例相同）。

相比较而言，在"校长"这一选项上，职别为单位领导的特级教师和仅为普通教师的特级教师的选择比例相差较小，仅相差 0.1 个百分比；在"导师"这一选项上，职别为单位领导的特级教师和仅为普通教师的特级教师的选择比例相差较大，相差 7.6 个百分比。

表8-17　不同职别特级教师成长过程中受他人影响的比较

他人影响	单位领导		普通教师		合计	
	N/人	占比/%	N/人	占比/%	N/人	占比/%
专家	26	32.9	40	39.6	66	36.7
导师	60	75.9	69	68.3	129	71.7
校长	22	27.8	28	27.7	50	27.8
同事	21	26.6	30	29.7	51	28.3
学生	27	34.2	40	39.6	67	37.2
父母家人	19	24.1	30	29.7	49	27.2
朋友	11	13.9	8	7.9	19	10.6
其他	1	1.3	7	6.9	8	4.4

（六）不同性格特级教师成长过程中的他人影响

由表 8-18 可知，从总体样本来看，不同性格的特级教师选择比例的前 4 位依次是"导师""学生""专家""同事"。所选比例最高的"导师"选项占总比的71.7%，所选比例最低的"其他"选项占总比的 4.3%。

从不同性格比较来看，外向开朗型特级教师成长过程中对其影响较大的前 5 位是"导师""学生""专家""校长""同事"（"校长"和"同事"所占比例相同）；内向沉稳型特级教师成长过程中对其影响较大的前 5 位是"导师""专家""学生""校长""同事"；性格介于两者之间的特级教师成长过程中对其影响较大的前 5 位是"导师""父母家人""学生""同事""专家"("学生"和"父母家人"的选择比例相同)。

　　相比较而言，在"专家"这一选项上，性格外向开朗的特级教师和性格介于两者之间的特级教师的选择比例相差较大，相差 12 个百分比；在"导师"这一选项上，性格外向开朗的特级教师和性格介于两者之间的特级教师的选择比例相差较大，相差 12.2 个百分比；在"校长"这一选项上，性格内向沉稳的特级教师和性格介于两者之间的特级教师的选择比例相差较小，仅相差 3.2 个百分比；在"同事"这一选项上，性格外向开朗的特级教师和性格为内向沉稳的特级教师的选择比例相差较大，相差 12 个百分比；在"学生"这一选项上，性格内向沉稳的特级教师和性格介于两者之间的特级教师的选择比例相差较小，仅相差 0.9 个百分比；在"父母家人"这一选项上，性格内向沉稳的特级教师和性格介于两者之间的特级教师的选择比例相差较大，相差 16.8 个百分比；在"朋友"这一选项上，性格外向开朗的特级教师和性格内向沉稳的特级教师的选择比例相差较大，相差近 9 个百分比。

表 8-18　不同性格特级教师成长过程中受他人影响的比较

他人影响	外向开朗		内向沉稳		两者之间		合计	
	N/人	占比/%	N/人	占比/%	N/人	占比/%	N/人	占比/%
专家	17	41.5	27	39.7	23	29.5	67	35.8
导师	26	63.4	49	72.1	59	75.6	134	71.7
校长	14	34.1	17	25.0	22	28.2	53	28.3
同事	14	34.1	15	22.1	26	33.3	55	29.4
学生	19	46.3	25	36.8	28	35.9	72	38.5
父母家人	12	29.3	13	19.1	28	35.9	53	28.3
朋友	3	7.3	11	16.2	7	9.0	21	11.2
其他	3	7.3	1	1.5	4	5.1	8	4.3

二、事的影响

本维度只有一道题目，采用多选题形式进行设计，题目为"特级教师成长过程中事的影响"，一共有 10 个选项，试图探究研究对象成长过程中事的影响。

（一）不同性别特级教师成长过程中的事

由表 8-19 可知，从总体样本来看，不同性别特级教师选择比例的前 5 位依次是"公开课""参加教学竞赛""阅读写作""拜师结对""学习培训""论文课题获奖"（"学习培训"和"论文课题获奖"所占比例相同）。所选比例最高的"公开课"选项占总比的 72.2%，所选比例最低的"做错事受批评"和"其他"选项均占总比的 3.2%。

从不同性别比较来看，男性特级教师成长过程中重要事件的前 5 位依次是"公开课""参加教学竞赛""论文课题获奖""阅读写作""拜师结对"（"阅读写作"和"拜师结对"所占比例相同）；女性特级教师成长过程中重要事件的前 5 位依次是"公开课""阅读写作""参加教学竞赛""拜师结对""学习培训"。

相比较而言，在"阅读写作"这一选项上，男性和女性特级教师的选择比例相差较大，相差 10.9 个百分比；在"论文课题获奖"这一选项上，男性和女性特级教师的选择比例相差较大，相差 10.7 个百分比；在"公开课"这一选项上，男性特级教师和女性特级教师的选择比例相差较小，仅相差 0.9 个百分比。

表 8-19　不同性别特级教师成长过程中重要事件的比较

重要事件	男		女		合计	
	N/人	占比/%	N/人	占比/%	N/人	占比/%
公开课	79	71.8	56	72.7	135	72.2
参加教学竞赛	63	57.3	46	59.7	109	58.3
阅读写作	58	52.7	49	63.6	107	57.2
拜师结对	58	52.7	45	58.4	103	55.1
班主任工作	19	17.3	18	23.4	37	19.8

续　表

重要事件	男		女		合计	
	N/人	占比/%	N/人	占比/%	N/人	占比/%
学习培训	53	48.2	39	50.6	92	49.2
论文课题获奖	59	53.6	33	42.9	92	49.2
获得荣誉受表扬	35	31.8	18	23.4	53	28.3
做错事受批评	4	3.6	2	2.6	6	3.2
其他	4	3.6	2	2.6	6	3.2

（二）不同年龄段特级教师成长过程中的事

由表 8-20 可知，从总体样本来看，不同年龄段的特级教师选择比例的前 5 位依次是"公开课""参加教学竞赛""阅读写作""拜师结对""学习培训""论文课题获奖"（"学习培训"和"论文课题获奖"所占比例相同）。所选比例最高的"公开课"选项占总比的 72.2%，所选比例最低的"做错事受批评"和"其他"选项均占总比的 3.2%。

从不同年龄段比较来看，45 岁及以下特级教师成长过程中重要事件的前 5 位依次是"公开课""参加教学竞赛""阅读写作""拜师结对""学习培训"；46 岁及以上特级教师成长过程中重要事件的前 5 位依次是"公开课""拜师结对""论文课题获奖""参加教学竞赛""阅读写作"。

相比较而言，在"阅读写作"这一选项上，45 岁及以下特级教师和 46 岁及以上特级教师的选择比例相差较大，相差 12.9 个百分比；在"参加教学竞赛"这一选项上，45 岁及以下特级教师和 46 岁及以上特级教师的选择比例相差较大，相差 12.6 个百分比；在"拜师结对"这一选项上，45 岁及以下特级教师和 46 岁及以上特级教师的选择比例相差较小，仅相差 1.8 个百分比。

表 8-20 不同年龄段特级教师成长过程中重要事件的比较

重要事件	≤ 45 岁		≥ 46 岁		合计	
	N/人	占比/%	N/人	占比/%	N/人	占比/%
公开课	78	74.3	57	69.5	135	72.2
参加教学竞赛	67	63.8	42	51.2	109	58.3
阅读写作	66	62.9	41	50.0	107	57.2
拜师结对	57	54.3	46	56.1	103	55.1
班主任工作	18	17.1	19	23.2	37	19.8
学习培训	53	50.5	39	47.6	92	49.2
论文课题获奖	48	45.7	44	53.7	92	49.2
获得荣誉受表扬	27	25.7	26	31.7	53	28.3
做错事受批评	5	4.8	1	1.2	6	3.2
其他	2	1.9	4	4.9	6	3.2

（三）不同学段特级教师成长过程中的事

由表 8-21 可知，从总体样本来看，不同学段特级教师选择比例的前 5 位依次是"公开课""参加教学竞赛""阅读写作""拜师结对""学习培训""论文课题获奖"（"学习培训"和"论文课题获奖"所占比例相同）。所选比例最高的"公开课"选项占总比的 72.2%，所选比例最低的"做错事受批评"和"其他"选项均占总比的 3.2%。

从不同学段比较来看，幼儿园特级教师成长过程中重要事件的前 5 位依次是"公开课""拜师结对""参加教学竞赛""阅读写作""学习培训"（"参加教学竞赛""阅读写作"和"学习培训"三者所占比例相同）；小学特级教师成长过程中重要事件的前 5 位依次是"公开课""拜师结对""阅读写作""学习培训""参加教学竞赛"；初中特级教师成长过程中重要事件的前 5 位依次是"公开课""阅读写作""参加教学竞赛""学习培训""拜师结对""论文课题获奖"（"拜师结对"和"论文课题获奖"所占比例相同）；普高特级教师成长过程中重要事件的前5位依次是"公开课""拜师结对""参加教学竞赛""阅读写作""论文课题获奖"（"参加教学竞赛"和"阅读写作"所占比例相同）；职高特级教师成长过程中重要事件的前5位依次是"参加教学竞赛""论文课题获奖""学习培训""获得荣誉受表扬""公开课""阅读写作"（"公开课"和"阅读写作"所占比例相同）。

相比较而言，在"公开课"这一选项上，幼儿园特级教师和职高特级教师的选择比例相差较大，相差29.1个百分比；在"参加教学竞赛"这一选项上，幼儿园特级教师和职高特级教师的选择比例相差较大，相差33.3个百分比；在"阅读写作"这一选项上，幼儿园特级教师和初中特级教师的选择比例相差较大，相差22.3个百分比；在"拜师结对"这一选项上，幼儿园特级教师和普高特级教师的选择比例相差较小，仅相差0.8个百分比；在"班主任工作"这一选项上，幼儿园特级教师和普高特级教师的选择比例相差较大，相差24.2个百分比；在"学习培训"这一选项上，普高特级教师和职高特级教师的选择比例相差较大，相差32.6个百分比；在"论文课题获奖"这一选项上，幼儿园特级教师和职高特级教师的选择比例相差37.5个百分比，而小学特级教师和初中特级教师的选择比例仅相差7.1个百分比；在"获得荣誉受表扬"这一选项上，初中特级教师和职高中特级教师的选择比例相差最大，相差40.3个百分比，而初中特级教师和普高特级教师的选择比例相差较小，仅相差0.2个百分比；在"做错事受批评"这一选项上，初中特级教师和普高特级教师的选择比例相差较小，仅相差0.3个百分比。

表8-21　不同学段特级教师成长过程重要事件的比较

重要事件	幼儿园		小学		初中		普高		职高		合计	
	N/人	占比/%	N/人	占比/%	N/人	占比/%	N/人	占比/%	N/人	占比/%	N/人	占比/%
公开课	10	83.3	40	70.2	38	76.0	34	77.3	13	54.2	135	72.2
参加教学竞赛	5	41.7	30	52.6	31	62.0	25	56.8	18	75.0	109	58.3
阅读写作	5	41.7	32	56.1	32	64.0	25	56.8	13	54.2	107	57.2

续　表

重要事件	幼儿园		小学		初中		普高		职高		合计	
	N/人	占比/%	N/人	占比/%	N/人	占比/%	N/人	占比/%	N/人	占比/%	N/人	占比/%
拜师结对	8	66.7	33	57.9	21	42.0	29	65.9	12	50.0	103	55.1
班主任工作	4	33.3	8	14.0	14	28.0	4	9.1	7	29.2	37	19.8
学习培训	5	41.7	31	54.4	25	50.0	15	34.1	16	66.7	92	49.2
论文课题获奖	4	33.3	28	49.1	21	42.0	22	50.0	17	70.8	92	49.2
获得荣誉受表扬	3	25.0	19	33.3	9	18.0	8	18.2	14	58.3	53	28.3
做错事受批评	1	8.3	2	3.5	1	2.0	1	2.3	1	4.2	6	3.2
其他	0	0.0	1	1.8	2	4.0	1	2.3	2	8.3	6	3.2

（四）不同任教学科特级教师成长过程中的事

由表 8-22 可知，从总体样本来看，不同任教学科的特级教师选择比例的前 5 位依次是"公开课""参加教学竞赛""阅读写作""拜师结对""学习培训""论文课题获奖"（"参加教学竞赛"和"阅读写作"所占比例相同）。所选比例最高的"公开课"选项占总比的 72.5%，所选比例最低的"做错事受批评"和"其他"选项均占总比的 3.4%。

从不同任教学科比较来看，文科特级教师成长过程中重要事件的前 5 位依次是"阅读写作""公开课""参加教学竞赛""拜师结对""学习培训"；理（工）科特级教师成长过程中重要事件的前 5 位依次是"公开课""拜师结对""参加教学竞赛""论文课题获奖""学习培训"；艺体及其他学科特级教师成长过程中重要事件的前 5 位依次是"公开课""拜师结对""参加教学竞赛""学习培训""论文课题获奖"（"参加教学竞赛""学习培训""论文课题获奖"三者所占比例相同）。

相比较而言，在"公开课"这一选项上，文科特级教师和艺体及其他学科特级教师的选择比例相差较大，相差 10.9 个百分比；在"参加教学竞赛"这一选项上，理（工）科特级教师和艺体及其他学科特级教师的选择比例相差较小，仅相差 1.1 个百分比；在"阅读写作"这一选项上，文科特级教师和艺体及其他学科特级教师的选择比例相差较大，相差 33.3 个百分比；在"拜师结对"这一选项上，理（工）科特级教师和艺体及其他学科特级教师的选择比例相差较小，仅相差 2 个百分比；在"班主任工作"这一选项上，文科特级教师和理（工）科特级教师的选择比例相差较大，相差 19.8 个百分比；在"学习培训"这一选项上，文科特级教师和理（工）科特级教师的选择比例相差较小，仅相差 0.1 个百分比；在"论文课题获奖"这一选项上，文科特级教师和艺体及其他学科特级教师的选择比例相差较大，相差 10.2 个百分比；在"获得荣誉受表扬"这一选项上，文科特级教师和理（工）科特级教师的选择比例相差较小，仅相差 0.1 个百分比；在"做错事受批评"这一选项上，文科特级教师和艺体及其他学科特级教师的选择比例相差较大，相差 5 个百分比。

表 8-22　不同任教学科特级教师成长过程中重要事件的比较

重要事件	文科		理（工）科		艺体及其他		合计	
	N/人	占比/%	N/人	占比/%	N/人	占比/%	N/人	占比/%
公开课	49	75.4	60	73.2	20	64.5	129	72.5
参加教学竞赛	42	64.6	44	53.7	17	54.8	103	57.9
阅读写作	51	78.5	38	46.3	14	45.2	103	57.9
拜师结对	34	52.3	46	56.1	18	58.1	98	55.1
班主任工作	20	30.8	9	11.0	7	22.6	36	20.2
学习培训	31	47.7	39	47.6	17	54.8	87	48.9
论文课题获奖	29	44.6	40	48.8	17	54.8	86	48.3
获得荣誉受表扬	15	23.1	19	23.2	16	51.6	50	28.1
做错事受批评	1	1.5	3	3.7	2	6.5	6	3.4
其他	2	3.1	2	2.4	2	6.5	6	3.4

（五）不同职别特级教师成长过程中的事

由表 8-23 可知，从总体样本来看，不同职别的特级教师选择比例的前 5 位依次是"公开课""参加教学竞赛""阅读写作""拜师结对""学习培训"。所选比例最高的"公开课"选项占总比的 72.8%，所选比例最低的"做错事受批评"和"其他"选项均占总比的 3.3%。

从不同职别比较来看，职别为单位领导的特级教师成长过程中重要事件的前 5 位依次是"公开课""拜师结对""学习培训""阅读写作""参加教学竞赛"；仅为普通教师的特级教师成长过程中重要事件的前 5 位依次是"公开课""参加教学竞赛""阅读写作""论文课题获奖""拜师结对"。

相比较而言，在"公开课"这一选项上，职别为单位领导的特级教师和仅为普通教师的特级教师的选择比例相差较小，仅相差 1.1 个百分比；在"参加教学竞赛"这一选项上，职别为单位领导的特级教师和仅为普通教师的特级教师的选择比例相差较大，相差 15 个百分比；在"获得荣誉受表扬"这一选项上，职别为单位领导的特级教师和仅为普通教师的特级教师的选择比例相差较大，相差 13.2 个百分比；在"做错事受批评"这一选项上，职别为单位领导的特级教师和仅为普通教师的特级教师的选择比例相差较小，仅相差 0.8 个百分比。

表 8-23 不同职别特级教师成长过程中重要事件的比较

重要事件	单位领导		普通教师		合计	
	N/人	占比/%	N/人	占比/%	N/人	占比/%
公开课	58	73.4	73	72.3	131	72.8
参加教学竞赛	39	49.4	65	64.4	104	57.8
阅读写作	42	53.2	61	60.4	103	57.2
拜师结对	48	60.8	51	50.5	99	55.0
班主任工作	10	12.7	26	25.7	36	20.0
学习培训	43	54.4	44	43.6	87	48.3

重要事件	单位领导		普通教师		合计	
	N/人	占比/%	N/人	占比/%	N/人	占比/%
论文课题获奖	33	41.8	53	52.5	86	47.8
获得荣誉受表扬	17	21.5	35	34.7	52	28.9
做错事受批评	3	3.8	3	3.0	6	3.3
其他	1	1.3	5	5.0	6	3.3

（六）不同性格特级教师成长过程中的事

由表8-24可知，从总体样本来看，不同性格的特级教师选择比例的前5位依次是"公开课""参加教学竞赛""阅读写作""拜师结对""学习培训""论文课题获奖"（"学习培训"和"论文课题获奖"所占比例相同）。所选比例最高的"公开课"选项占总比的72.2%，所选比例最低的"做错事受批评"和"其他"选项均占总比的3.2%。

从不同性格比较来看，外向开朗的特级教师成长过程中重要事件的前5位依次是"公开课""参加教学竞赛""阅读写作""拜师结对""论文课题获奖"（"参加教学竞赛"和"阅读写作"所占比例相同）；内向沉稳的特级教师成长过程中重要事件的前5位依次是"公开课""参加教学竞赛""学习培训""论文课题获奖""阅读写作"（"参加教学竞赛""学习培训""论文课题获奖"三者所占比例相同）；性格介于两者之间的特级教师成长过程中重要事件的前5位依次是"公开课""参加教学竞赛""阅读写作""拜师结对""学习培训"（"参加教学竞赛"和"阅读写作"所占比例相同）。

比较而言，在"公开课"这一选项上，性格外向开朗的特级教师和性格内向沉稳的特级教师的选择比例相差较大，相差24.1个百分比；在"参加教学竞赛"这一选项上，性格外向开朗的特级教师和性格介于两者之间的特级教师的选择比例相差很小，仅相差0.7个百分比；在"阅读写作"这一选项上，性格外向开朗的特级教师和性格介于两者之间的特级教师的选择比例相差偏小，仅相差0.7个百分比；在"拜师结对"这一选项上，性格内向沉稳的特级教师和性格介于两者之间的特级教师的选择比例相差较大，相差 9 个百分比；在"班主任工作"这一选项上，性格内向沉稳的特级教师和性格介于两者之间的特级教师的选择比例相差较大，相差 13.7 个百分比；在"学习培训"这一选项上，性格外向开朗的特级教师和性格介于两者之间的特级教师的选择比例相差很小，仅相差 0.1 个百分比；在"论文课题获奖"这一选项上，性格内向沉稳的特级教师和性格介于两者之间的特级教师的选择比例相差较大，相差 10.8 个百分比；在"获得荣誉受表扬"这一选项上，性格内向沉稳的特级教师和性格介于两者之间的特级教师的选择比例相差较大，相差 8 个百分比；在"做错事受批评"这一选项上，性格内向沉稳的特级教师和性格介于两者之间的特级教师的选择比例相差较大，相差 6.4 个百分比。

表 8-24　不同性格特级教师成长过程中重要事件的比较

重要事件	外向开朗		内向沉稳		两者之间		合计	
	N/人	占比/%	N/人	占比/%	N/人	占比/%	N/人	占比/%
公开课	34	82.9	40	58.8	61	78.2	135	72.2
参加教学竞赛	25	61.0	37	54.4	47	60.3	109	58.3
阅读写作	25	61.0	35	51.5	47	60.3	107	57.2
拜师结对	23	56.1	34	50.0	46	59.0	103	55.1
班主任工作	7	17.1	9	13.2	21	26.9	37	19.8
学习培训	19	46.3	37	54.4	36	46.2	92	49.2
论文课题获奖	21	51.2	37	54.4	34	43.6	92	49.2
获得荣誉受表扬	12	29.3	22	32.4	19	24.4	53	28.3
做错事受批评	1	2.4	0	0.0	5	6.4	6	3.2
其他	2	4.9	1	1.5	3	3.8	6	3.2

三、物的影响

本维度只有一道题目，采用五点量表题形式进行设计，题目为"报刊、杂志和网络对我的教师职业发展帮助很大"，试图探究物对研究对象的影响。

（一）不同性别特级教师受物的影响

由表8-25和图8-1可知，不同性别特级教师在这一维度上的平均得分分别为4.30和4.12(最佳状况评价得分为5分)，说明不同性别特级教师均高度认同"报刊、杂志和网络对我的教师职业发展帮助很大"这一描述，同时，男性特级教师稍高于女性特级教师。独立样本t检验表明，不同性别特级教师在这一维度上的得分不存在显著差异。

表8-25　不同性别特级教师受物的影响比较

性别	N/人	均值	标准差	t
男	109	4.30	0.788	1.566
女	77	4.12	0.811	

注：$p > 0.05$

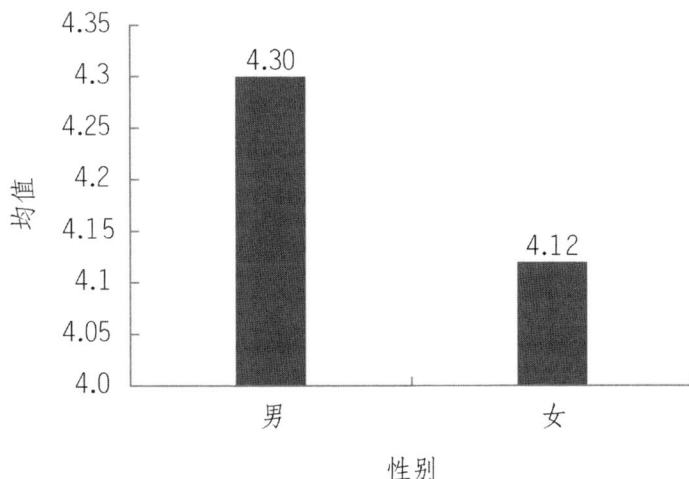

图8-1　不同性别特级教师受物的影响比较

（二）不同年龄段特级教师受物的影响

由表 8-26 和图 8-2 可知，不同年龄段特级教师在这一维度上的平均得分分别为 4.24 和 4.21（最佳状况评价得分为 5 分），说明不同年龄段特级教师高度认同"报刊、杂志和网络对我的教师职业发展帮助很大"这一描述，同时，不同年龄段特级教师的平均得分几乎一致。独立样本 t 检验表明，报刊、杂志和网络对不同年龄段特级教师的专业发展帮助不存在显著差异。

表 8-26　不同年龄段特级教师受物的影响比较

年龄段	N/人	均值	标准差	t
≤45 岁	104	4.24	0.806	0.279
≥46 岁	82	4.21	0.797	

注：$p > 0.05$

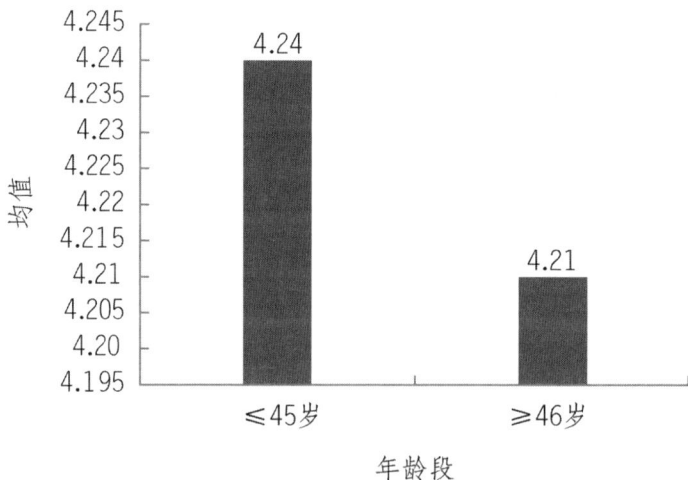

图 8-2　不同年龄段特级教师受物的影响比较

（三）不同学段特级教师受物的影响

由表 8-27 和图 8-3 可知，报刊、杂志和网络对不同学段特级教师职业发展的帮助存在差异：幼儿园特级教师的平均得分为 3.58，小学特级教师的平均得分为 4.21，初中特级教师的平均得分为 4.20，普高特级教师的平均得分为 4.41，职高特级教师的平均得分为 4.30（最佳状况评价得分为 5 分）。由此可见，幼儿园特级教师基本认同"报刊、杂志和网络对我的教师职业发展帮助很大"这一描述，小学特级教师、初中特级教师、普高特级教师、职高特级教师均高度认同"报刊、杂志和网络对我的教师职业发展帮助很大"这一描述。

单因素方差分析检验结果显示，$F_{(4, 181)} = 2.677$，$p = 0.033$。这表明不同学段特级教师在这一维度上的差异显著。

表 8-27　不同学段特级教师受物的影响比较

学段	N/人	均值	标准差	F	p
幼儿园	12	3.58	0.793	2.677	0.033
小学	57	4.21	0.796		
初中	50	4.20	0.857		
普高	44	4.41	0.726		
职高	23	4.30	0.703		

注：$p < 0.05$

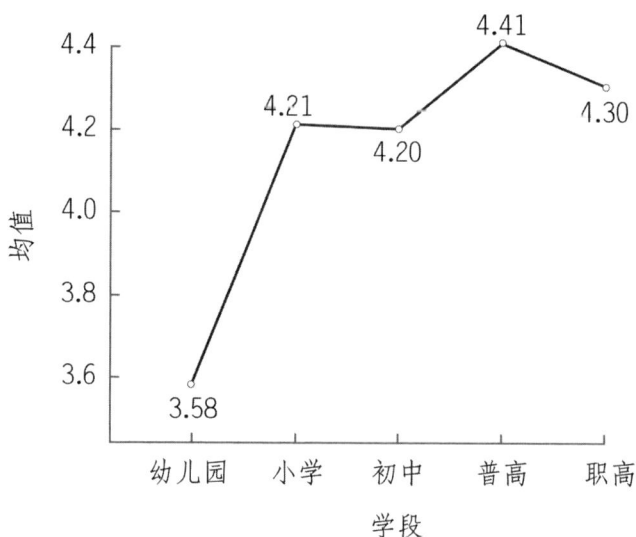

图 8-3　不同学段特级教师受物的影响比较

经方差齐性检验，报刊、杂志和网络对不同学段特级教师职业发展的帮助的方差不存在显著性差异，所以我们采用了 LSD 方法进行方差分析的事后检验。为了清晰起见，我们将分别呈现各学段之间的两两比较。

①幼儿园和小学特级教师受物的影响比较

由表 8-28 可知，幼儿园特级教师的平均得分为 3.58，小学特级教师的则为 4.21，$p = 0.013$，说明这两学段特级教师在这一维度上的得分差异显著。

表 8-28　幼儿园和小学特级教师受物的影响比较

学段	N	均值	标准差	p
幼儿园	12	3.58	0.793	0.013
小学	57	4.21	0.796	

注：$p < 0.05$

②幼儿园和初中特级教师受物的影响比较

由表8-29可知，幼儿园特级教师的平均得分为3.58，初中特级教师的则为4.20，$p = 0.016$，说明这两学段特级教师在这一维度上的得分差异显著。

表8-29 幼儿园和初中特级教师受物的影响比较

学段	N/人	均值	标准差	p
幼儿园	12	3.58	0.793	0.016
初中	50	4.20	0.857	

注：$p < 0.05$

③幼儿园和普高特级教师受物的影响比较

由表8-30可知，幼儿园特级教师的平均得分为3.58，普高特级教师的则为4.41，$p = 0.001$，说明这两学段特级教师在这一维度上的得分差异非常显著。

表8-30 幼儿园和普高特级教师受物的影响比较

学段	N/人	均值	标准差	p
幼儿园	12	3.58	0.793	0.001
普高	44	4.41	0.726	

注：$p < 0.01$

④幼儿园和职高特级教师受物的影响比较

由表8-31可知，幼儿园特级教师的平均得分为3.58，职高特级教师的则为4.30，$p = 0.011$，说明这两学段特级教师在这一维度上的得分差异显著。

表8-31 幼儿园和职高特级教师受物的影响比较

学段	N/人	均值	标准差	p
幼儿园	12	3.58	0.793	0.011
职高	23	4.30	0.703	

注：$p < 0.05$

⑤小学和初中特级教师受物的影响比较

由表8-32可知,小学特级教师的平均得分为4.21,初中特级教师的则为4.20,$p = 0.945$,说明这两学段特级教师在这一维度上的得分不存在显著差异。

表8-32　小学和初中特级教师受物的影响比较

学段	N/人	均值	标准差	p
小学	57	4.21	0.796	0.945
初中	50	4.20	0.857	

注:$p > 0.05$

⑥小学和普高特级教师受物的影响比较

由表8-33可知,小学特级教师的平均得分为4.21,普高特级教师的则为4.41,$p = 0.210$,说明这两学段特级教师在这一维度上的得分不存在显著差异。

表8-33　小学和普高特级教师受物的影响比较

学段	N/人	均值	标准差	p
小学	57	4.21	0.796	0.210
普高	44	4.41	0.726	

注:$p > 0.05$

⑦小学和职高特级教师受物的影响比较

由表8-34可知,小学特级教师的平均得分为4.21,职高特级教师的则为4.30,$p = 0.630$,说明这两学段特级教师在这一维度上的得分不存在显著差异。

表8-34　小学和职高特级教师受物的影响比较

学段	N/人	均值	标准差	p
小学	57	4.21	0.796	0.630
职高	23	4.30	0.703	

注:$p > 0.05$

⑧初中和普高特级教师受物的影响比较

由表 8-35 可知，初中特级教师的平均值为 4.20，普高特级教师的则为 4.41，$p =$ 0.200，说明这两学段特级教师在这一维度上的得分不存在显著差异。

表 8-35　初中和普高特级教师受物的影响比较

学段	N/人	均值	标准差	p
初中	50	4.20	0.857	0.200
普高	44	4.41	0.726	

注：$p > 0.05$

⑨初中和职高特级教师受物的影响比较

由表 8-36 可知，初中特级教师的平均得分为 4.20，职高特级教师的则为 4.30，$p = 0.599$，说明这两学段特级教师在这一维度上的得分不存在显著差异。

表 8-36　初中和职高特级教师受物的影响比较

学段	N/人	均值	标准差	p
初中	50	4.20	0.857	0.599
职高	23	4.30	0.703	

注：$p > 0.05$

⑩普高和职高特级教师受物的影响比较

由表 8-37 可知，普高特级教师的平均得分为 4.41，职高特级教师的则为 4.30，$p = 0.605$，说明这两学段特级教师在这一维度上的得分不存在显著差异。

表 8-37　普高和职高特级教师受物的影响比较

学段	N/人	均值	标准差	p
普高	44	4.41	0.726	0.605
职高	23	4.30	0.703	

注：$p > 0.05$

（四）不同任教学科特级教师受物的影响

由表 8-38 和图 8-4 可知，文科特级教师、理（工）科特级教师、艺体及其他学科特级教师在这一维度上的平均得分分别为 4.23、4.30 和 4.00（最佳状况评价得分为 5 分），说明不同任教学科特级教师均高度认同"报刊、杂志和网络对我的教师职业发展帮助很大"这一描述，同时，理（工）科特级教师的平均得分稍高于文科特级教师和艺体及其他学科特级教师。

单因素方差分析检验结果显示，$F_{(2, 174)} = 1.646$，$p = 0.196$。这表明，报刊、杂志和网络对不同学科特级教师的职业发展帮助不存在显著差异。

表 8-38 不同任教学科特级教师受物的影响比较

学段	N/人	均值	标准差	F	p
文科	64	4.23	0.811	1.646	0.196
理（工）科	82	4.30	0.715		
艺体及其他	31	4.00	0.966		

注：$p > 0.05$

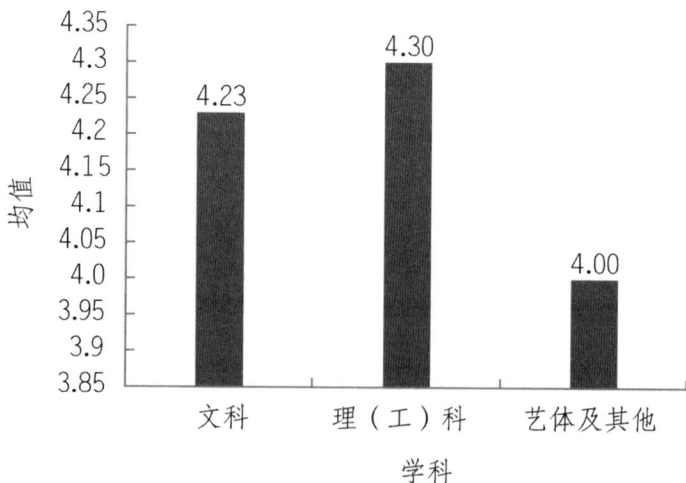

图 8-4 不同学科特级教师受物的影响比较

（五）不同职别特级教师受物的影响

由表 8-39 和图 8-5 可知，职别为单位领导的特级教师和身为普通教师的特级教师在这一维度上的平均得分分别为 4.20 和 4.22（最佳状况评价得分为 5 分），说明不同职别特级教师均高度认同"报刊、杂志和网络对我的教师职业发展帮助很大"这一描述，同时，身为普通教师的特级教师的平均得分稍高于职别为单位领导的特级教师。独立样本 t 检验表明，报刊、杂志和网络对不同职别特级教师的职业发展帮助不存在显著差异。

表 8-39　不同职别特级教师受物的影响比较

职别	N/人	均值	标准差	t
单位领导	79	4.20	0.740	−0.143
普通教师	100	4.22	0.860	

注：$p > 0.05$

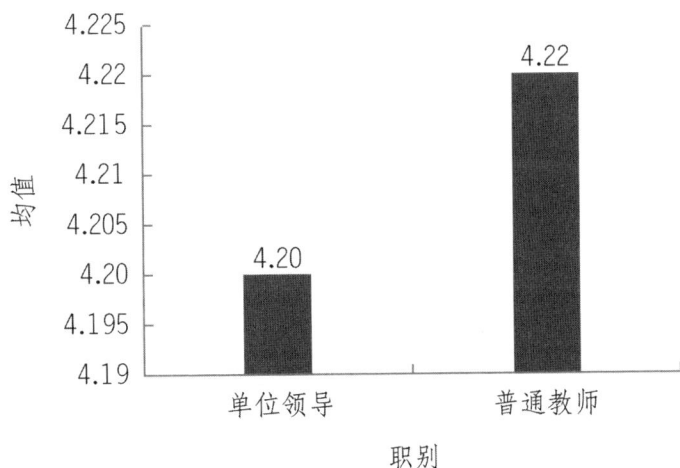

图 8-5　不同职别特级教师受物的影响比较

（六）不同性格特级教师受物的影响

由表 8-40 和图 8-6 可知，性格为外向开朗、内向沉稳和性格介于两者之间的特级教师在这一维度上的平均得分分别为 4.24、4.16 和 4.27（最佳状况评价得分为 5 分），说明不同性格特级教师均高度认同"报刊、杂志和网络对我的教师职业发展帮助很大"这一描述，同时性格介于两者之间的特级教师的平均得分稍高于性格为外向开朗的特级教师和性格为内向沉稳的特级教师。

单因素方差分析检验结果显示，$F_{(2, 183)} = 0.322$，$p = 0.725$。这表明，报刊、杂志和网络对不同性格特级教师的职业发展帮助不存在显著差异。

表 8-40　不同性格特级教师受物的影响比较

性格	N/人	均值	标准差	F	p
外向开朗	41	4.24	0.799	0.322	0.725
内向沉稳	67	4.16	0.790		
两者之间	78	4.27	0.817		

注：$p > 0.05$

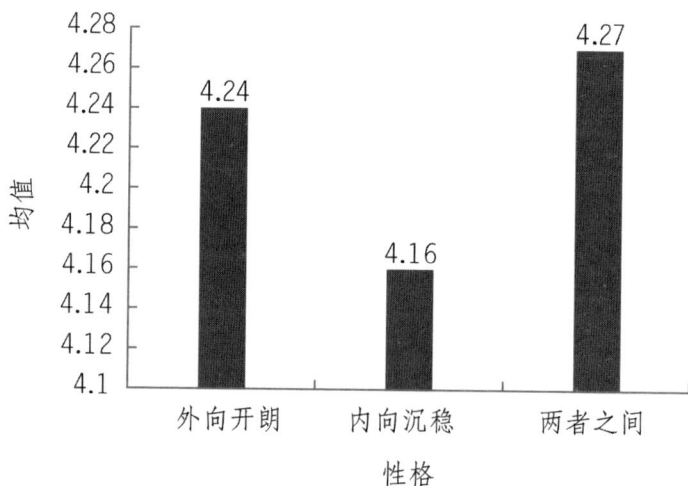

图 8-6　不同性格特级教师受物的影响比较

第三节　成长环境

本维度只有一道题目，采用五点量表题形式进行设计，题目为"我所在的学校环境对我的成长促进很大"，试图探究研究对象成长过程中的环境因素。

（一）不同性别特级教师的学校环境

由表8-41和图8-7可知，不同性别特级教师在这一维度上的平均得分分别为4.46和4.26（最佳状况评价得分为5分），说明不同性别特级教师均高度认同"我所在的学校环境对我的成长促进很大"这一描述。独立样本t检验表明，不同性别特级教师在学校环境这一维度上的得分不存在显著差异。

表8-41　不同性别特级教师的学校环境比较

性别	N/人	均值	标准差	t
男	110	4.46	0.686	1.966
女	77	4.26	0.715	

注：$p > 0.05$

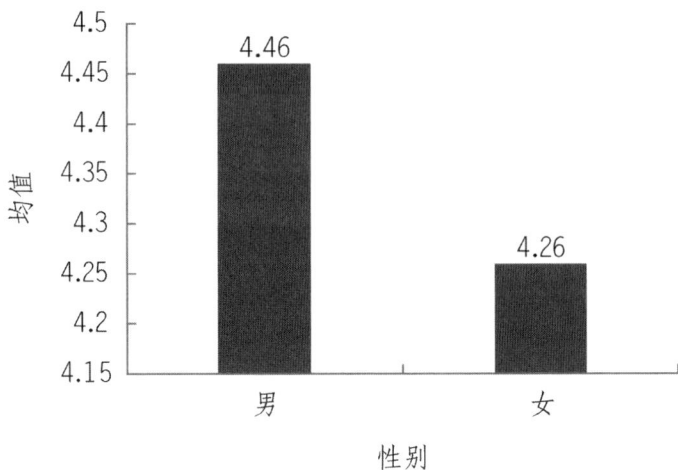

图 8-7　不同性别特级教师的学校环境比较

（二）不同年龄段特级教师的学校环境

由表 8-42 和图 8-8 可知，不同年龄段特级教师在这一维度上的平均得分分别为 4.32 和 4.45（最佳状况评价得分为 5 分），说明不同年龄段的特级教师均高度认同"我所在的学校环境对我的成长促进很大"这一描述，同时 45 岁及以下特级教师的得分稍低于 46 岁及以上特级教师。独立样本 t 检验表明，不同年龄段的特级教师在学校环境这一维度上的得分不存在显著差异。

表 8-42　不同年龄段特级教师的学校环境比较

年龄段	N/人	均值	标准差	t
≤45 岁	105	4.32	0.727	−1.231
≥46 岁	82	4.45	0.669	

注：$p > 0.05$

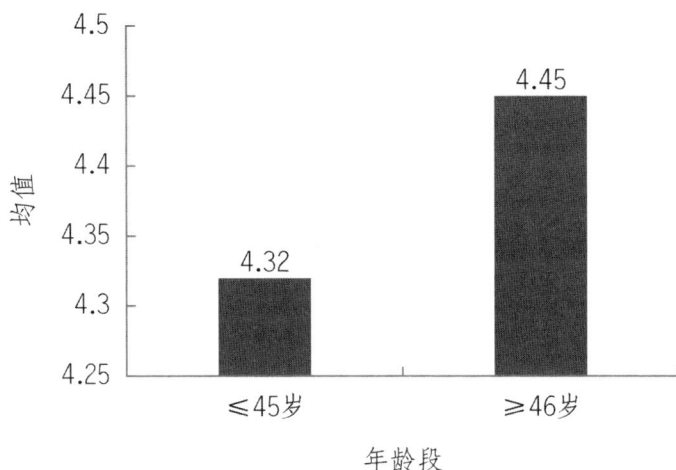

图 8-8 不同年龄段特级教师的学校环境比较

（三）不同学段特级教师的学校环境

由表 8-43 和图 8-9 可知，不同学段特级教师在学校环境这一维度上的得分差异并不显著：幼儿园特级教师的平均得分为 4.50，小学特级教师平均得分为 4.44，初中特级教师平均分为 4.34，普高特级教师平均得分为 4.34，职高特级教师平均得分为 4.33（最佳状况评价得分为 5 分）。这说明 5 种学段的特级教师均高度认同"我所在的学校环境对我的成长促进很大"这一描述，预示着 5 种学段的特级教师都有良好的学校环境以促进其成长。

单因素方差分析检验结果显示，$F(4, 186) = 0.283$，$p = 0.889$。这表明不同学段特级教师的成长在学校环境这一维度上的得分没有显著差异。

表 8-43 不同学段特级教师的学校环境比较

学段	N/人	均值	标准差	F	p
幼儿园	12	4.50	0.674	0.283	0.889
小学	57	4.44	0.627		

续　表

学段	N/人	均值	标准差	F	*p*
初中	50	4.34	0.745		
普高	44	4.34	0.745		
职高	24	4.33	0.761		

注：*p* > 0.05

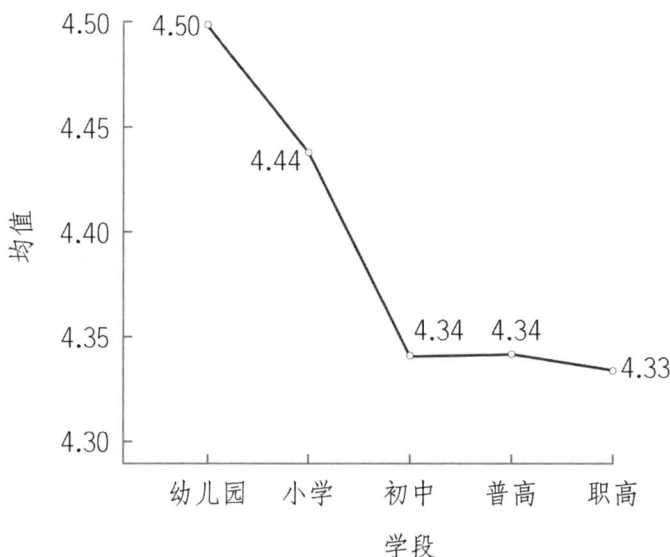

表 8-9　不同学段特级教师的学校环境比较

（四）不同任教学科特级教师的学校环境

由表 8-44 和图 8-10 可知，不同任教学科特级教师的成长在学校环境这一维度上的得分差异并不显著：文科特级教师的平均得分为 4.26，理（工）科特级教师为 4.43，艺体及其他学科特级教师为 4.48（最佳状况评价得分为 5 分）。这说明不同任教学科特级教师均高度认同"我所在的学校环境对我的成长促进很大"这一描述。艺体及其他学科特级教师的得分稍高于文、理（工）科特级教师，预示着不同任教学科特级教师的成长都有良好的学校环境。

单因素方差分析检验结果表明，$F_{(2, 177)} = 1.443$，$p = 0.239$。这表明不同任教学科特级教师的成长在学校环境这一维度上的得分没有显著差异。

表8-44 不同任教学科特级教师的学校环境比较

任教学科	N/人	均值	标准差	F	p
文科	65	4.26	0.691	1.443	0.239
理（工）科	82	4.43	0.721		
艺体及其他	31	4.48	0.677		

注：$p > 0.05$

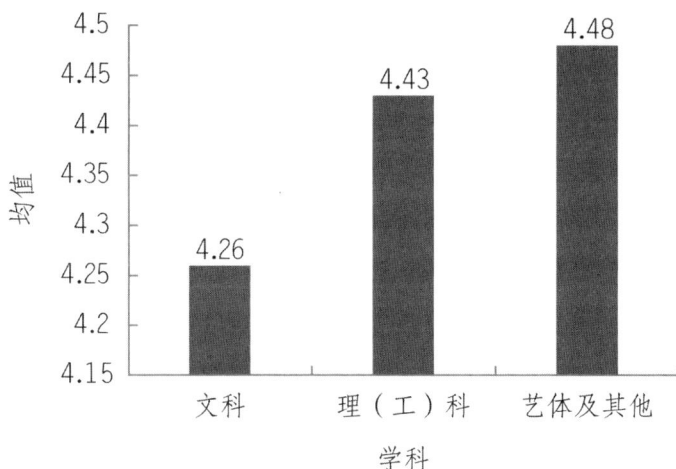

图8-10 不同任教学科特级教师的学校环境比较

（五）不同职别特级教师的学校环境

由表8-45和图8-11可知，不同职别特级教师在这一维度上的平均得分分别为4.37和4.39（最佳状况评价得分为5分），说明不同职别的特级教师均高度认同"我所在的学校环境对我的成长促进很大"这一描述，同时，职别为单位领导的特级教师的得分稍低于身为普通教师的特级教师。独立样本 t 检验表明，不同职别的特级教师的成长在学校环境这一维度上的得分不存在显著差异。

表8-45　不同职别特级教师的学校环境比较

职别	N/人	均值	标准差	t
单位领导	79	4.37	0.644	−0.18
普通教师	101	4.39	0.748	

注：$p > 0.05$

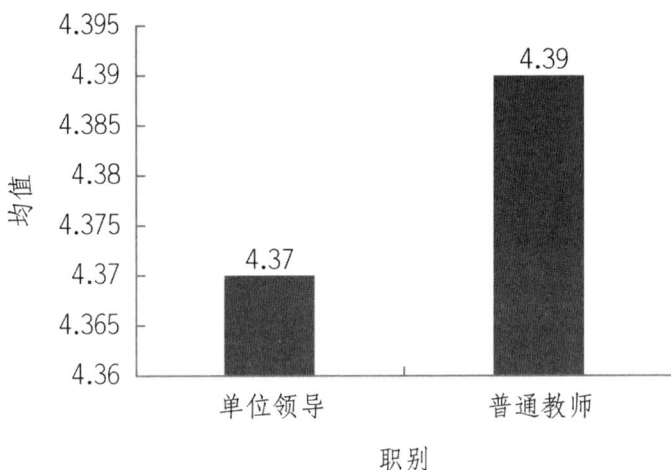

图8-11　不同职别特级教师的学校环境比较

（六）不同性格特级教师的学校环境

由表8-46和图8-12可知，不同性格特级教师成长的学校环境差异不显著：外向开朗的特级教师的平均得分为4.46，内向沉稳的特级教师的为4.37，介于两者之间的特级教师的为4.35（最佳状况评价得分为5分），说明不同性格的特级教师均高度认同"我所在的学校环境对我的成长促进很大"这一描述。

单因素方差分析检验结果显示，F（2，186）＝0.386，$p＝0.680$。这表明不同性格的特级教师在学校环境这一维度上的得分没有显著差异。

表8-46 不同性格特级教师的学校环境比较

性格	N/人	均值	标准差	F	p
外向开朗	41	4.46	0.674	0.386	0.680
内向沉稳	68	4.37	0.710		
两者之间	78	4.35	0.718		

注：p > 0.05

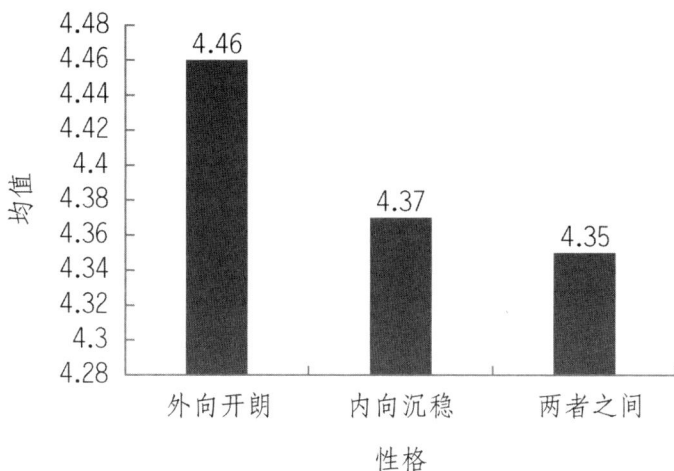

图8-12 不同性格特级教师的学校环境比较

第四节 本章小结

一、特级教师的成长快速期为"11—15年"的最多

不同性别的特级教师中,选择成长快速期为"11—15年"选项的比例均为最高,且都在50%左右。45岁及以下的特级教师和46岁及以上的特级教师的成长快速期存在一定差异,在"21年及以上"这一选项上,46岁及以上特级教师比45岁及以下特级教师高出 16.2 个百分比，而在"6—10 年"选项上，46 岁及以上特级教师则比 45 岁及以下特级教师低 10.9 个百分比。不同学段特级教师的成长快速期呈现较大差异，其中幼儿园特级教师的成长快速期为"1 5 年"的比例在全学段中最高，为 33.3%，而小学特级教师的成长快速期为"1—5 年"的比例在全学段中最低，仅为 7.1%。不同任教学科的 3 类特级教师的成长快速期由"1—5 年""6—10 年"到"11—15 年"呈现递增趋势，再由"11—15 年""16—20 年"到"21 年及以上"呈现递减趋势。职别为单位领导的特级教师与身为普通教师的特级教师的成长快速期在"21 年以后"的比例相差最大，身为普通教师的特级教师选择比例高出职别为单位领导的特级教师 16 个百分比。3 类性格的特级教师的成长快速期在"11—15 年"选项上的比例均为最高，相对而言，内向沉稳型的特级教师选择"11—15 年"的比例较低。

二、特级教师的成长缓慢期为"1—5 年"的最多

不同性别特级教师的成长缓慢期由"1—5 年""6—10 年""11—15 年""16—20 年"到"21 年及以上"呈现递减趋势，且两者递减幅度差异较小。不论是 45 岁及以下的特级教师还是 46 岁及以上的特级教师，其成长缓慢期为"1—5 年"的比例在 5 个选项中均为最高，46 岁及以上的特级教师在该选项上的比例相对更高。不同学段特级教师的成长缓慢期差异较大，其中职高特级教师的成长缓慢期为"1—5 年"的比例在全学段中最高，为 62.5%，而普高特级教师的成长缓慢期为"1—5 年"的比例在全学段中最低，仅为 25.0%。在不同任教学科特级教师的成长缓慢期中，艺体及其他学科特级教师选择"1—5 年"的比例在 3 类特级教师中最高，为 53.3%，而理（工）科特级教师的选择比例仅为 32.1%。职别为单位领导的特级教师与身为普通教师的特级教师的成长缓慢期差异较小。3 类性格的特级教师的成长缓慢期差异较小，在同一选项中，比例差别最大不超过 10 个百分比。

三、特级教师成长过程中受导师的影响最大

不同性别特级教师成长过程中受他人影响的各个选项中，除了"父母家人"这一选项的差异（13.7%）比较大，其他选项的差异均较小。45 岁及以下特级教

师成长过程中受他人影响与 46 岁及以上特级教师成长过程中受他人影响的差异较小。不同学段特级教师成长过程中受他人影响的差异较大,初中特级教师在"同事"这一选项上的比例为 38.0%,而幼儿园特级教师在这一选项上的比例仅为 1.6%。文科特级教师、理(工)科特级教师、艺体及其他学科特级教师成长过程中受导师的影响差异较小。职别为单位领导的特级教师和身为普通教师的特级教师在成长过程中受他人影响差异较小,在同一选项中,两者的比例最大相差 7.6 个百分比。性格处于外向开朗和内向沉稳之间的特级教师选择受"父母家人"影响的比例为 35.9%,而性格为内向沉稳的特级教师选择受"父母家人"影响的比例仅为 19.1%,说明不同性格的特级教师成长过程中受他人影响差异较大。

四、特级教师受公开课的影响最大

不同性别特级教师成长过程中受事的影响差异较小,差异最大的选项为"阅读写作",女性特级教师选择比例比男性特级教师选择比例高出 10.9 个百分比。45 岁及以下特级教师与 46 岁及以上特级教师成长过程中受"拜师结对"的影响差异最小,仅为 1.8 个百分比。职高特级教师选择"获得荣誉受表扬"的比例在全学段中最高,为 58.3%,而在同一选项上,初中特级教师的选择比例仅为 18.0%,说明不同学段特级教师成长过程中受事的影响差异较大。不同任教学科的特级教师在受事的影响这一维度上也呈现出较大差异,比如在"阅读写作"这一选项上,文科特级教师的选择比例为 78.5%,而理(工)科、艺体及其他学科特级教师的选择比例均在 46% 左右,低于文科特级教师 30 多个百分比。职别为单位领导的特级教师和身为普通教师的特级教师在成长过程中受"公开课"的影响差异较小,仅相差 1.1 个百分比。相对而言,在 3 类不同性格的特级教师中,性格外向开朗的特级教师与性格介于外向开朗和内向沉稳之间的特级教师在成长过程中受事的影响差异较小。

五、报刊、杂志和网络对不同类型特级教师职业发展帮助均较大

报刊、杂志和网络对男性特级教师专业发展的帮助稍大于女性特级教师。报刊、杂志和网络对 45 岁及以下特级教师职业发展的帮助略大于 46 岁及以上特级教师。相对而言,报刊、杂志和网络对普高特级教师职业发展的帮助最大,而对

幼儿园特级教师专业发展的帮助最小。报刊、杂志和网络对理（工）科特级教师专业发展的帮助稍大于文科特级教师和艺体及其他学科特级教师。

六、不同类型特级教师所在的学校坏境对其自身成长均有较大促进，均高度认同所在的学校环境对其自身成长的促进作用，但不同类型的特级教师之间均不存在显著差异

男性特级教师所在的学校环境对其自身成长的促进作用稍大于女性特级教师。46 岁及以上的特级教师所在的学校环境对其自身成长的促进作用稍大于 45 岁及以下的特级教师。相对而言，幼儿园特级教师所在的学校环境对其自身成长的促进作用最大，而职高特级教师所在的学校环境对其自身成长的促进作用最小。相比较而言，在 3 类任教学科特级教师中，艺体及其他学科特级教师所在的学校环境对其自身的成长促进作用最大。身为普通教师的特级教师所在的学校环境对其成长的促进作用稍大于职别为单位领导的特级教师。性格外向开朗型特级教师所在的学校环境对其成长的促进作用稍大于性格内向沉稳型特级教师以及性格介于两者之间的特级教师。

参考文献

［1］陈琴，庞丽娟，许晓晖. 论教师专业化［J］. 教育理论与实践，2002（1）：38-42.

［2］杜瑞军. 从教学教术到教学实践：卓越教师基本特征探析［J］. 新疆师范大学学报（哲学社会科学版），2014（2）：119-126.

［3］李琼，吴丹丹，李艳玲. 中小学卓越教师的关键特征：一项判别分析的发现［J］. 教育学报，2012（8）：89-95.

［4］罗静. 美国优秀教师的人格特征及启示［J］. 现代教育论丛，2011（2）：65-67.

［5］王荐. 特级教师成长特征及影响因素研究［D］. 上海：华东师范大学，2017.

［6］熊雯. 特级教师职业情感特征及功能研究［D］. 南昌:江西师范大学,2014.

［7］张雳. 教师自主研究的新视角: 个体需要和特性特质［J］. 重庆大学学报（社会科学版）, 2016, 22（4）: 201-205.

［8］张寿松. 对特级教师的人际关系与情绪调节的研究——基于浙江省111名特级教师和160名普通教师的调查分析［J］. 教师发展与管理, 2009（3）: 40-43.

［9］张寿松. 特级教师与普通教师的教学能力提升及其困惑的比较研究［J］. 上海教育科研, 2009（6）: 47-49.

［10］张寿松. 特级教师与普通教师的性格特征与做事风格的比较研究［J］. 当代教师教育, 2012, 5（2）: 29-32.

［11］赵昌木. 论教师成长［J］. 高等师范教育研究, 2002（3）: 11-15.

［12］赵昌木. 教师成长研究［D］. 兰州: 西北师范大学, 2003.

［13］周春良. 卓越教师的个性特征与成长机制研究［D］. 上海: 华东师范大学, 2014.

第九章　成长原因

这一章我们将讨论不同类型特级教师的优秀成因、成长内因、成长外因等 3 个方面的内容。

第一节　优秀成因

本维度只有一道题目，采用五点量表题形式设计，题目为"我认为动力、聪慧和勤毅是成为优秀教师的 3 个必备条件"，试图探究研究对象对优秀教师的成因研判。

（一）不同性别特级教师对优秀教师的成因研判

由表 9-1 和图 9-1 可知，不同性别特级教师在这一维度上的平均得分分别为 4.69 和 4.70，平均得分几乎一致，说明不同性别特级教师都高度认同"我认为动力、聪慧和勤毅是成为优秀教师的 3 个必备条件"这一描述（最佳状况评价得分为 5 分），女性特级教师的认同度稍高于男性特级教师。独立样本 t 检验表明，男性特级教师和女性特级教师在优秀教师成因研判这一维度上的得分无显著差异。

表 9-1　不同性别特级教师对优秀教师的成因研判比较

性别	N/人	均值	标准差	t
男	110	4.69	0.62	−0.12
女	77	4.70	0.52	

注：$p > 0.05$

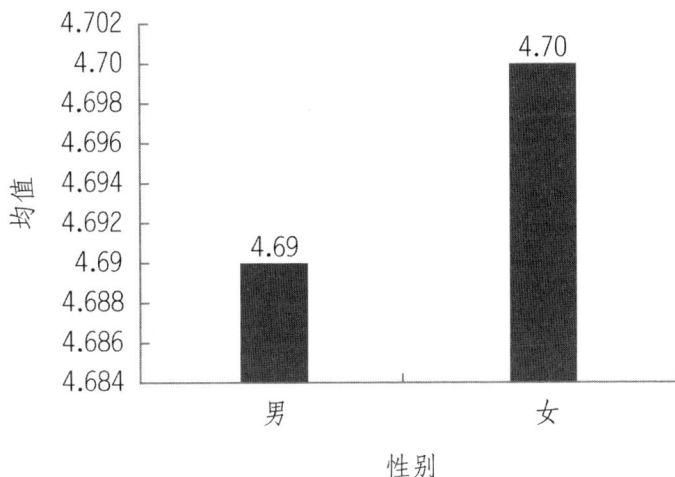

图 9-1　不同性别特级教师对优秀教师的成因研判比较

（二）不同年龄段特级教师对优秀教师的成因研判

由表 9-2 和图 9-2 可知，45 岁及以下和 46 岁及以上的特级教师在这一维度上的平均得分分别为 4.71 和 4.67，说明不同年龄段特级教师均高度认同"我认为动力、聪慧和勤毅是成为优秀教师的 3 个必备条件"这一描述（最佳状况评价得分为 5 分），而 45 岁及以下特级教师的认同度稍高于 46 岁及以上特级教师。独立样本 t 检验表明，不同年龄段特级教师在优秀教师成因研判这一维度上的得分无显著差异。

表 9-2　不同年龄段特级教师对优秀教师的成因研判比较

年龄段	N/人	均值	标准差	t
≤ 45 岁	105	4.71	0.45	0.51
≥ 46 岁	82	4.67	0.70	

注：$p > 0.05$

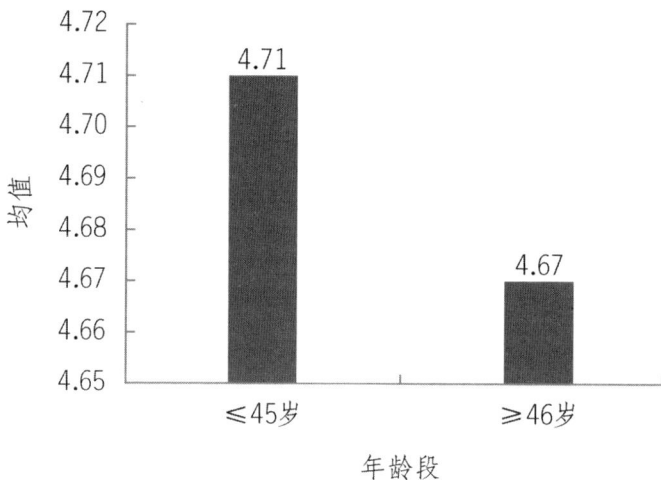

图 9-2　不同年龄段特级教师对优秀教师的成因研判比较

（三）不同学段特级教师对优秀教师成因研判

由表 9-3 和图 9-3 可知，5 学段特级教师的平均得分分别为 4.58、4.68、4.84、4.59、4.67，说明 5 学段特级教师均高度认同"我认为动力、聪慧和勤毅是成为优秀教师的 3 个必备条件"这一描述（最佳状况评价得分为 5 分），但不同学段特级教师对优秀教师成因的理解存在一定差异，初中特级教师对优秀教师成因的理解最强烈，小学与职高特级教师居后。

单因素方差分析检验结果显示，$F_{(4, 182)} = 1.29$，$p = 0.27$。这表明，5 学段特级教师之间在优秀教师成因研判这一维度上没有显著差异。

表9-3 不同学段特级教师对优秀教师的成因研判比较

学段	N/人	均值	标准差	F	p
幼儿园	12	4.58	0.67	1.29	0.27
小学	57	4.68	0.47		
初中	50	4.84	0.42		
普高	44	4.59	0.62		
职高	24	4.67	0.87		

注：$p > 0.05$

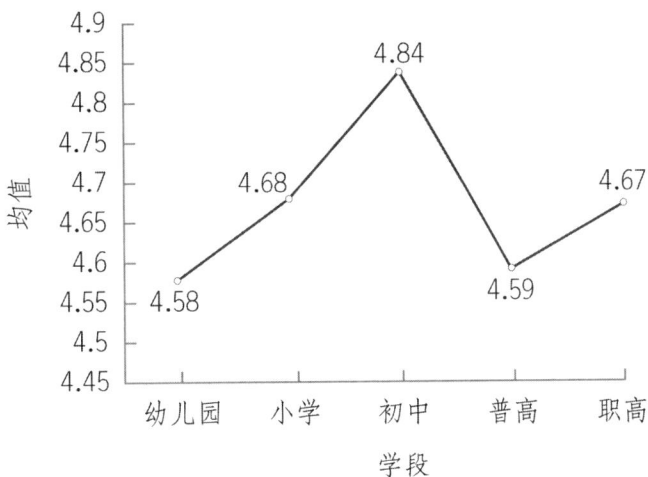

图9-3 不同学段特级教师对优秀教师的成因研判比较

（四）不同任教学科特级教师对优秀教师的成因研判

由表9-4和图9-4可知，文科特级教师对优秀教师成因的研判平均得分为4.66，理（工）科特级教师的为4.67，艺体及其他学科特级教师的为4.84，说明不同任教学科特级教师都高度认同"我认为动力、聪慧和勤毅是成为优秀教师的3个必备条件"这一描述（最佳状况评价得分为5分），但三者之间略有差异，艺体及其他学科特级教师对优秀教师成因的理解最强烈，理（工）科与文科特级教师居后。

单因素方差分析检验结果显示，$F（2，175）= 1.13，p = 0.33$。这表明不同任教学科教师之间在优秀教师的成因研判这一维度上没有显著差异。

表9-4　不同任教学科特级教师对优秀教师的成因研判比较

任教学科	N/人	均值	标准差	F	p
文科	65	4.66	0.59	1.13	0.33
理（工）科	82	4.67	0.61		
艺体及其他	31	4.84	0.45		

注：$p > 0.05$

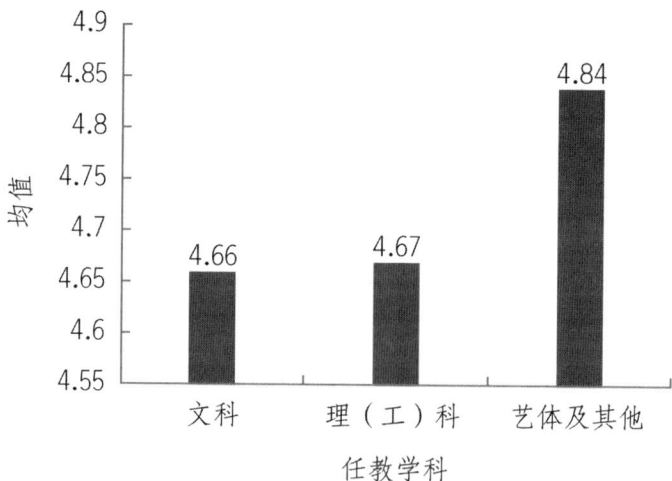

图9-4　不同任教学科特级教师对优秀教师的成因研判比较

（五）不同职别特级教师对优秀教师的成因研判

由表9-5和图9-5可知，职别为单位领导的特级教师与仅为普通教师的特级教师在这一维度上的平均得分分别为4.66和4.71，说明不同职别特级教师均高度认同"我认为动力、聪慧和勤毅是成为优秀教师的 3 个必备条件"这一描述（最佳状况评价得分为 5 分），仅为普通教师的特级教师的认同度稍高于单位领导特级教师。独立样本 t 检验表明，职别为单位领导的特级教师和仅为普通教师的特级教师在优秀教师成因研判这一维度上的得分无显著差异。

表 9-5　不同职别特级教师对优秀教师的成因研判比较

职别	N/人	均值	标准差	t
单位领导	79	4.66	0.50	−0.62
普通教师	101	4.71	0.64	

注：$p > 0.05$

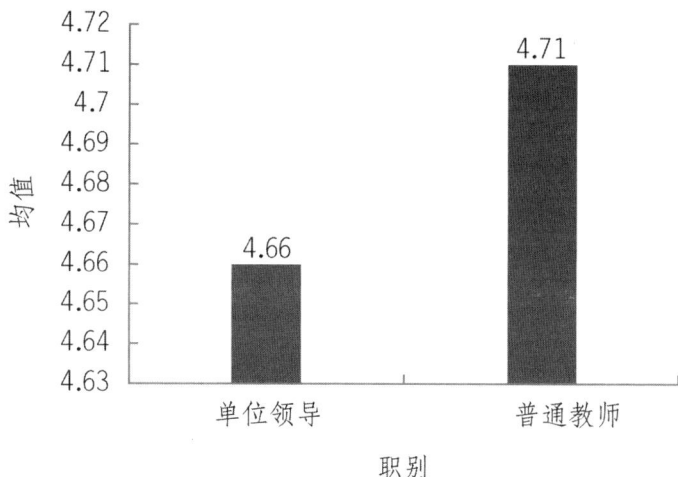

图 9-5　不同职别特级教师对优秀教师的成因研判比较

第二节 成长内因

本维度只有一道题目，采用多选题形式，题目为"您认为对教师专业成长影响比较大的因素是（最多选6项）"，一共有10个选项，试图探究研究对象对教师成长内因的认识。

（一）不同性别特级教师对教师成长内因的认识

从总体样本来看，对教师专业成长影响比较大的前6个因素依次为"勤奋努力""内生动力（如喜欢教师）""教学能力""研究能力""协作能力""聪明智慧"和"身体素质"。有87.7%的特级教师认为"勤奋努力"是影响教师专业成长的因素之一，选择"内生动力（如喜欢教师）"的特级教师占83.4%。相对而言，"管理能力"和"体态姣好、气质优美"所占比例较低，分别为19.3%和3.7%。

由表9-6可知，男性特级教师认为，教师专业成长影响较大因素的前4位依次为"勤奋努力""内生动力（如喜欢教师）""教学能力""研究能力"；女性特级教师认为，教师专业成长影响较大因素的前3位依次为"内生动力（如喜欢教师）""勤奋努力""教学能力""研究能力"。

相比较而言，男性特级教师选择"勤奋努力""研究能力""管理能力""气质类型、性格特征""体态姣好、气质优美"的比例均高于女性特级教师；没有女性特级教师选择"体态姣好、气质优美"。

表9-6 不同性别特级教师对教师成长内因的认识比较

成长内因	男		女		合计	
	N/人	占比/%	N/人	占比/%	N/人	占比/%
聪明智慧	47	42.7	34	44.2	81	43.3
内生动力（如喜欢教师）	89	80.9	67	87.0	156	83.4

成长内因	男		女		合计	
	N/人	占比/%	N/人	占比/%	N/人	占比/%
勤奋努力	97	88.2	67	87.0	164	87.7
身体素质	45	40.9	36	46.8	81	43.3
教学能力	85	77.3	62	80.5	147	78.6
研究能力	84	76.4	55	71.4	139	74.3
管理能力	22	20.0	14	18.2	36	19.3
协作能力	50	45.5	37	48.1	87	46.5
气质类型、性格特征	38	34.5	23	29.9	61	32.6
体态姣好、气质优美	7	6.4	0	0.0	7	3.7

（二）不同年龄段特级教师对教师成长内因的认识

由表9-7可知，45岁及以下特级教师认为，教师专业成长影响较大因素的前4位依次是"勤奋努力""内生动力（如喜欢教师）""研究能力""教学能力"；46岁及以上特级教师认为，教师专业成长影响较大因素的前4位依次是"内生动力（如喜欢教师）""勤奋努力""教学能力""研究能力"。

相比较而言，45岁及以下特级教师在"聪明智慧"选项上的得分低于46岁及以上特级教师11.9个百分比，在"身体素质"选项上的得分低于46岁及以上特级教师9.8个百分比，在"教学能力"选项上的得分低于46岁及以上特级教师5.5个百分比；而在"气质类型、性格特征"选项上，45岁及以下特级教师的得分高于46岁及以上特级教师8.2个百分比，在"研究能力"和"勤奋努力"选项上的得分均高于46岁及以上特级教师6.4个百分比。

表 9-7　不同年龄段特级教师对教师成长内因的认识比较

成长内因	≤45 岁		≥46 岁		合计	
	N/人	占比/%	N/人	占比/%	N/人	占比/%
聪明智慧	40	38.1	41	50.0	81	43.3
内生动力（如喜欢教师）	87	82.9	69	84.1	156	83.4
勤奋努力	95	90.5	69	84.1	164	87.7
身体素质	41	39.0	40	48.8	81	43.3
教学能力	80	76.2	67	81.7	147	78.6
研究能力	81	77.1	58	70.7	139	74.3
管理能力	21	20.0	15	18.3	36	19.3
协作能力	48	45.7	39	47.6	87	46.5
气质类型、性格特征	38	36.2	23	28.0	61	32.6
体态姣好、气质优美	4	3.8	3	3.7	7	3.7

（三）不同学段特级教师对教师成长内因的认识

从总体样本来看，有 87.7% 的特级教师认为"勤奋努力"对教师专业成长影响较大，说明在不同学段中，大多数特级教师都把可控内因当作专业成长的因素，有着正确的归因倾向。不同学段特级教师都普遍认为"体态姣好、气质优美"对自己的专业成长影响不大。

由表 9-8 可知，幼儿园特级教师认为，对教师专业成长影响内因的前 3 位依次是"内生动力（如喜欢教师）""勤奋努力""教学能力"；小学特级教师认为，对教师专业成长影响内因的前 3 位依次是"勤奋努力""内生动力（如喜欢教师）"和"研究能力"；初中特级教师为"勤奋努力""教学能力""内生动力（如喜欢教师）"和"研究能力"；普高特级教师为"勤奋努力""内生动力（如喜欢教师）""教学能力"；职高特级教师为"内生动力""勤奋努力"和"教学能力"。

相比较而言，幼儿园特级教师和职高特级教师选择"身体素质""协作能力"的比例均高于其他学段特级教师，均为58.3%，至少高出约10.6个百分比；在"研究能力"选项上，不同学段特级教师所选比例有一定差异，小学特级教师最高（86.0%），其次是职高特级教师（75.0%）和初中特级教师（74.0%），普高特级教师为63.6%，幼儿园特级教师最低（58.3%）；幼儿园和职高特级教师选择"协作能力"的比例（均为58.3%）均高于其他学段，至少高出约9.2个百分比。

表9-8 不同学段特级教师对教师成长内因的认识比较

成长内因	幼儿园		小学		初中		普高		职高		合计	
	N/人	占比/%	N/人	占比/%	N/人	占比/%	N/人	占比/%	N/人	占比/%	N/人	占比/%
聪明智慧	5	41.7	23	40.4	21	42.0	22	50.0	10	41.7	81	43.3
内生动力（如喜欢教师）	12	100.0	49	86.0	37	74.0	36	81.8	22	91.7	156	83.4
勤奋努力	10	83.3	51	89.5	44	88.0	38	86.4	21	87.5	164	87.7
身体素质	7	58.3	18	31.6	21	42.0	21	47.7	14	58.3	81	43.3
教学能力	8	66.7	44	77.2	39	78.0	35	79.5	21	87.5	147	78.6
研究能力	7	58.3	49	86.0	37	74.0	28	63.6	18	75.0	139	74.3
管理能力	2	16.7	12	21.1	9	18.0	10	22.7	3	12.5	36	19.3
协作能力	7	58.3	28	49.1	20	40.0	18	40.9	14	58.3	87	46.5
气质类型、性格特征	4	33.3	18	31.6	18	36.0	15	34.1	6	25.0	61	32.6
体态姣好、气质优美	0	0.0	2	3.5	2	4.0	3	6.8	0	0.0	7	3.7

（四）不同任教学科特级教师对教师成长内因的认识

由表9-9可知，文科特级教师认为，教师专业成长影响内因的前4位依次是"内生动力（如喜欢教师）""勤奋努力""教学能力""研究能力"；理（工）科特级教师认为，教师专业成长影响较大因素的前4位依次为"勤奋努力""教学能力""研究能力""内生动力（如喜欢教师）"；艺体及其他学科特级教师认为，前4位依次为"内生动力（如喜欢教师）""勤奋努力""研究能力""教学能力"。

相比较而言，在"内生动力（如喜欢教师）"选项上，不同任教学科特级教师所选比例有一定差异，文科特级教师最高（93.8%），艺体及其他学科特级教师次之（87.1%），理（工）科特级教师最低（72.0%），文科特级教师所选比例高出理（工）科特级教师21.8个百分比；在"身体素质"选项上，不同任教学科特级教师所选比例有一定差异，艺体及其他学科特级教师最高（54.8%），文科特级教师次之（44.6%），理（工）科特级教师居后（39.0%），艺体及其他学科特级教师所选比例高出理（工）科特级教师15.8个百分比；在"教学能力"选项上，艺体及其他学科特级教师（67.7%）所选比例低于文科特级教师（83.1%）和理（工）科特级教师（79.3%），艺体及其他学科特级教师所选比例低于文科特级教师15.4个百分比；在"管理能力"选项上，艺体及其他学科特级教师（6.5%）所选比例低于理（工）科特级教师（23.2%）和文科特级教师（18.5%），低于理（工）科特级教师约17个百分比；在"气质类型、性格特征"选项上，艺体及其他学科特级教师（22.6%）所选比例低于理（工）科特级教师（37.8%）和文科特级教师（32.3%），低于理（工）科特级教师约15个百分比。

表9-9　不同任教学科特级教师对教师成长内因的认识比较

成长内因	文科		理（工）科		艺体及其他		合计	
	N/人	占比/%	N/人	占比/%	N/人	占比/%	N/人	占比/%
聪明智慧	30	46.2	32	39.0	14	45.2	76	42.7
内生动力（如喜欢教师）	61	93.8	59	72.0	27	87.1	147	82.6
勤奋努力	58	89.2	71	86.6	26	83.9	155	87.1
身体素质	29	44.6	32	39.0	17	54.8	78	43.8
教学能力	54	83.1	65	79.3	21	67.7	140	78.7

成长内因	文科		理（工）科		艺体及其他		合计	
	N/人	占比/%	N/人	占比/%	N/人	占比/%	N/人	占比/%
研究能力	48	73.8	61	74.4	23	74.2	132	74.2
管理能力	12	18.5	19	23.2	2	6.5	33	18.5
协作能力	29	44.6	38	46.3	16	51.6	83	46.6
气质类型、性格特征	21	32.3	31	37.8	7	22.6	59	33.1
体态姣好、气质优美	1	1.5	5	6.1	0	0.0	6	3.4

（五）不同职别特级教师对教师成长内因的认识

由表9-10可知，职别为单位领导的特级教师认为的教师专业成长影响内因的前4位依次是"内生动力（如喜欢教师）""勤奋努力""教学能力""研究能力"，仅为普通教师的特级教师认为的教师专业成长影响内因的前4位依次是"勤奋努力""教学能力""内生动力（如喜欢教师）""研究能力"。

相比较而言，在"勤奋努力""协作能力""气质类型、性格特征""体态姣好、气质优美"这4个选项上，不同职别的特级教师所选比例差异不大；在"聪明智慧"选项上，担任单位领导的特级教师所选比例低于仅为普通教师的特级教师15.3个百分比：在"教学能力"选项上，担任单位领导的特级教师所选比例低于仅为普通教师的特级教师11个百分比；在"管理能力"选项上，担任单位领导的特级教师所选比例高出仅为普通教师的特级教师15.7个百分比。

表 9-10　不同职别特级教师对教师成长内因的认识比较

成长内因	单位领导		普通教师		合计	
	N/人	占比/%	N/人	占比/%	N/人	占比/%
聪明智慧	27	34.2	50	49.5	77	42.8
内生动力（如喜欢教师）	71	89.9	79	78.2	150	83.3
勤奋努力	71	89.9	86	85.1	157	87.2
身体素质	31	39.2	49	48.5	80	44.4
教学能力	57	72.2	84	83.2	141	78.3
研究能力	55	69.6	78	77.2	133	73.9
管理能力	21	26.6	11	10.9	32	17.8
协作能力	39	49.4	47	46.5	86	47.8
气质类型、性格特征	27	34.2	32	31.7	59	32.8
体态姣好、气质优美	1	1.3	5	5.0	6	3.3

第三节　成长外因

本维度只有一道题目，采用多项选择题形式，题目为"您认为对教师职业发展影响比较大的因素是（最多选 6 项）"，一共有 12 个选项，试图探究影响研究对象对职业发展外在因素的认识。

（一）不同性别特级教师对职业发展外因的认识

由表 9-11 可知，从总体样本来看，特级教师认为影响教师职业发展的外因主要集中在以下 5 个方面："导师引导""学校环境""激励机制""领导扶持""机遇"。79.7% 的特级教师将"导师引导"作为影响自己专业发展的外在因素，认为"学校环境"也是影响因素之一的特级教师占 74.9%。相对而言，"社会因素"所占的比例较低，仅为 4.8%。

男性和女性特级教师认为影响职业发展的外因前 3 位均依次为"导师引导""学校环境""激励机制"。

相比较而言，女性特级教师选择"家庭支持""领导扶持""培训""学生成长""激励机制"的比例均高于男性特级教师，其中最大差异因素为"领导扶持"，前者比后者高出 16.6 个百分比；但男性特级教师选择"获得荣誉"的比例比女性特级教师高出 21.2 个百分比，呈现较大差异。

表 9-11　不同性别特级教师对职业发展外因的认识比较

项目内容	男		女		合计	
	N/人	占比/%	N/人	占比/%	N/人	占比/%
学校环境	85	77.3	55	71.4	140	74.9
导师引导	90	81.8	59	76.6	149	79.7
激励机制	61	55.5	47	61.0	108	57.8
培训	40	36.4	35	45.5	75	40.1
学生成长	30	27.3	25	32.5	55	29.4
同事影响	34	30.9	21	27.3	55	29.4
家庭支持	42	38.2	36	46.8	78	41.7
领导扶持	46	41.8	45	58.4	91	48.7
机遇	53	48.2	28	36.4	81	43.3
社会因素	6	5.5	3	3.9	9	4.8
获得荣誉	39	35.5	11	14.3	50	26.7
其他	1	0.9	1	1.3	2	1.1

（二）不同年龄段特级教师对职业发展外因的认识

由表 9-12 可知，45 岁及以下特级教师认为对影响职业发展的外因的前 6 位依次是"导师引导""学校环境""激励机制""家庭支持""机遇""领导扶持"；46 岁及以上特级教师认为对影响职业发展的外因的前 6 位依次是"导师引导""学校环境""激励机制""领导扶持""机遇""培训"。

相比较而言，45 岁及以下特级教师选择"导师引导""学校环境""激励机制"的比例都低于 46 岁及以上特级教师，分别低了 5.8、12.2、14.5 个百分比；而在"培训""学生成长""家庭支持"上均高于 46 岁及以上特级教师，分别高出 10.7、6.8、17.8 个百分比。

表 9-12　不同年龄段特级教师对职业发展外因的认识比较

成长外因	≤45 岁		≥46 岁		合计	
	N/人	占比/%	N/人	占比/%	N/人	占比/%
学校环境	73	69.5	67	81.7	140	74.9
导师引导	81	77.1	68	82.9	149	79.7
激励机制	54	51.4	54	65.9	108	57.8
培训	47	44.8	28	34.1	75	40.1
学生成长	34	32.4	21	25.6	55	29.4
同事影响	28	26.7	27	32.9	55	29.4
家庭支持	52	49.5	26	31.7	79	41.7
领导扶持	50	47.6	41	50.0	91	48.7
机遇	51	48.6	30	36.6	81	43.3
社会因素	5	4.8	4	4.9	9	4.8
获得荣誉	25	23.8	25	30.5	50	26.7
其他	2	1.9	0	0	2	1.1

（三）不同任教学科特级教师对影响职业发展外因的认识

由表 9-13 可知，不同任教学科特级教师认为影响职业发展的外因的前 3 位相同，皆为"导师引导""学校环境"和"激励机制"。

相比较而言，在"激励机制"选项上，不同任教学科特级教师所选比例有一定的差异，艺体及其他学科特级教师最高（64.5%），文科特级教师次之（56.9%），理（工）科特级教师居后（53.7%），艺体及其他学科特级教师所选比例高出理（工）科特级教师约 10 个百分比；在"领导扶持"选项上，不同任教学科特级教师所选比例存在较大差异，主要表现为艺体及其他学科特级教师与文科、理（工）科特级教师间的差异，艺体及其他学科特级教师最高（71.0%），文科、理（工）科特级教师分别为 41.5%、42.7%，前者比后两者高出约 29 个百分比。

表 9-13　不同学科特级教师对职业发展外因认识的比较

成长外因	文科		理（工）科		艺体及其他		合计	
	N/人	占比/%	N/人	占比/%	N/人	占比/%	N/人	占比/%
学校环境	49	75.4	61	74.4	22	71.0	132	74.2
导师引导	53	81.5	66	80.5	24	77.4	143	80.3
激励机制	37	56.9	44	53.7	20	64.5	101	56.7
培训	33	56.9	28	34.1	13	41.9	74	41.6
学生成长	20	30.8	19	23.2	12	38.7	51	28.7
同事影响	21	32.2	25	30.5	7	22.6	53	29.8
家庭支持	34	52.3	27	32.9	15	48.4	76	42.7
领导扶持	27	41.5	35	42.7	22	71.0	84	47.2
机遇	29	44.6	37	45.1	9	29.0	75	42.1
社会因素	2	3.1	5	6.1	2	6.5	9	5.1
获得荣誉	9	13.8	27	32.9	11	35.5	47	26.4
其他	2	3.1	0	0	0	0	2	1.1

（四）不同学段特级教师对影响职业发展外因的认识

由表 9-14 可知，幼儿园特级教师、职高特级教师均认为，对影响职业发展的外因的前 3 位依次是"学校环境""导师引导""领导扶持"；小学特级教师认为，影响职业发展的外因前 3 位依次是"导师引导""学校环境""培训"；初中特级教师认为，影响职业发展的外因前 3 位依次是"学校环境""导师引导""激励机制"；普高特级教师认为，影响职业发展的外因前 3 位依次是"导师引导""学校环境""激励机制"。

相比较而言，小学特级教师选择"培训"的比例高于其他学段特级教师，为 57.9%，最少高出约 20 个百分比；幼儿园特级教师选择"领导扶持"的比例均高于其他学段特级教师，为 75.0%，而选择"获得荣誉"的比例在 5 个学段特级教师中最低，仅为 8.3%。

表 9-14 不同学段特级教师对影响职业发展外因的认识比较

成长外因	幼儿园		小学		初中		普高		职高		合计	
	N/人	占比/%	N/人	占比/%	N/人	占比/%	N/人	占比/%	N/人	占比/%	N/人	占比/%
学校环境	10	83.3	40	70.2	39	78.0	31	70.5	20	83.3	140	74.9
导师引导	10	83.3	47	82.5	38	76.0	36	81.8	18	75.0	149	79.7
激励机制	8	66.7	28	49.1	29	58.0	27	61.4	16	66.7	108	57.8
培训	3	25.0	33	57.9	18	36.0	12	27.3	9	37.5	75	40.1
学生成长	3	25.0	12	21.1	16	32.0	16	36.4	8	33.3	55	29.4
同事影响	4	33.3	17	29.8	11	22.0	14	31.8	9	37.5	55	29.4
家庭支持	5	41.7	24	42.1	18	36.0	20	45.5	11	45.8	78	41.7
领导扶持	9	75.0	32	56.1	17	34.0	16	36.4	17	70.8	91	48.7
机遇	3	25.0	30	52.6	23	46.0	13	29.5	12	50.0	81	43.3
社会因素	1	8.3	3	5.3	3	6.0	0	0.0	2	8.3	9	4.8
获得荣誉	1	8.3	19	33.3	14	28.0	10	22.7	6	25.0	50	26.7
其他	0	0.0	0	0.0	1	2.0	1	2.3	0	0.0	2	1.1

（五）不同职别特级教师认为影响职业发展外因的认识

由表 9-15 可知,不同职别特级教师认为影响职业发展的外因前 3 位均为"导师引导""学校环境""激励机制"。

相比较而言,在"导师引导""领导扶持""社会因素""获得荣誉"这 4 个选项上,不同职别特级教师所选比例相差不大;职别为单位领导的特级教师选择"学生成长"的比例比仅为普通教师的特级教师低约 16 个百分比。

表 9-15　不同职别特级教师对影响职业发展外因的认识比较

成长外因	单位领导		普通教师		合计	
	N/人	占比/%	N/人	占比/%	N/人	占比/%
学校环境	57	72.2	77	76.2	134	74.4
导师引导	63	79.7	81	80.2	144	80.8
激励机制	49	62.0	56	55.4	105	58.3
培训	37	46.8	34	33.7	71	39.4
学生成长	15	19.0	36	35.6	51	28.3
同事影响	25	31.6	26	25.7	51	28.3
家庭支持	27	34.2	48	48.5	87	48.3
领导扶持	38	48.1	49	48.5	87	48.3
机遇	31	39.2	45	44.6	76	42.2
社会因素	4	5.1	5	5.0	9	5.0
获得荣誉	21	26.6	26	25.7	47	26.1
其他	0	0.0	2	2.0	2	1.1

第四节　本章小结

一、特级教师对优秀教师成因的认知水平很高，认为动力、聪慧和勤毅是成为优秀教师的必备条件

从总体样本来看，不同性别、年龄段、学段、任教学科、职别的特级教师对优秀教师成因认识的均值在 4.58—4.84 之间，均值越趋近 5，预示越认同。可见，不同类型特级教师都高度认同动力、聪慧和勤毅是成为优秀教师的必备条件。不同类型特级教师在优秀成因的认识上不存在显著差异。

二、特级教师对教师成长内因的认识较为一致

从总体样本来看，对教师职业成长影响比较大的前 6 个因素依次是"勤奋努力""内生动力（如喜欢教师）""教学能力""研究能力""协作能力""聪明智慧"和"身体素质"，有 87.7% 的特级教师认为"勤奋努力"是影响教师职业成长的因素之一，选择"内生动力（如喜欢教师）"的特级教师占 83.4%。相对而言，"管理能力"和"体态姣好""气质优美"所占比例较低，分别为 19.3% 和 3.7%。根据韦纳的成败归因理论，这表明大多数的特级教师把可控不稳定内因当作专业成长的因素，有着正确的归因倾向，对自己的工作保持着积极进取的心态。就不同维度比较而言，男性特级教师选择"勤奋努力""研究能力""管理能力""气质类型、性格特征""体态姣好、气质优美"的比例均高于女性特级教师；45 岁及以下特级教师在"聪明智慧"选项上低于 46 岁及以上特级教师 11.9 百分比，表明随着年龄的增长，特级教师倾向于将不可控稳定内因归为优秀教师的成长内因；幼儿园特级教师和职高特级教师选择"身体素质""协作能力"的比例均高于其他学段特级教师，在"研究能力"选项上，在 5 个学段的特级教师中，所选比例有一定差异，小学特级教师最高，为 86.0%，其次是职高特级教师和初中特级教师，分别为 75.0% 和 74.0%，普高特级教师为 63.6%，幼儿园特级教师最低，为 58.3%，这表明不同学段的特级教师对优秀教师成长内因的认识在侧重点上有偏

差；不同任教学科特级教师认为对教师职业成长影响比较大的前 4 个因素均为"内生动力（如喜欢教师）""勤奋努力""教学能力""研究能力"，但是在比例上有所差别；职别为单位领导的特级教师在"管理能力"选项上高出仅为普通教师的特级教师约 15.7 个百分比，这符合二者的身份特征。

三、不同类型特级教师对教师成长外因的认识主要集中在"导师引导""学校环境""激励机制""领导扶持""机遇"等选项

在"导师引导"和"学校环境"选项上，分别有 79.7% 和 74.9% 的特级教师的选择，远高于其他选项的比例。相对而言，"社会因素"所占的比例较低，仅为 4.8%。从不同维度来看，男性特级教师选择"获得荣誉"的比例比女性特级教师高出 21.2 个百分比，有较大差异，这表明男性教师更希望通过精神奖励来激发自己的潜力，从而产生工作的动力和竞争力；45 岁及以下特级教师在"家庭支持"选项上占比为 49.5%，高出 46 岁及以上特级教师约 18 个百分比，这表明年轻的特级教师更渴望得到家庭理解和关怀，有一个坚强的后盾支撑自己，从而可以对工作更加充满热情；不同任教学科特级教师对专业发展外因的认识基本相同，前 3 位均为"导师引导""学校环境""激励机制"，但在"领导扶持"选项上，三者存在较大差异，主要表现为艺体及其他学科特级教师与文科、理（工）科特级教师间的差异，前者比后两者高出约 29 个百分比；幼儿园特级教师选择"领导扶持"的比例均高于其他学段特级教师，为 75.0%，而选择"获得荣誉"的比例在 5 个学段特级教师中最低，仅为 8.3%；不同职别特级教师对专业发展外因的认识无明显差异，在"导师引导""领导扶持""社会因素""获得荣誉"这 4 个选项上，不同职别特级教师所选比例接近。

参考文献

［1］胡定荣. 影响优秀教师成长的因素——对特级教师人生经历的样本分析［J］. 教师教育研究，2006（4）：65-70.

［2］谈永康. 教师专业成长路径的探索［J］. 小学教育研究，2019（22）：6.

［3］田景正. 80 后幼儿园优秀教师成长历程及影响因素探索［J］. 当代教育理论与实践，2019（2）：152-157.

［4］辛涛，申继亮，林崇德. 教师自我效能感与学校因素关系的研究［J］. 教育研究，1994（10）：17.

［5］杨显彪. "师徒制"：新手教师专业成长的必经之路［J］. 中小学教师培训，2006（3）：15-16.

［6］张万祥，万玮. 教师专业成长的途径：30 位优秀教师的案例［M］. 上海：华东师范大学出版社，2005.

［7］VERLOOP N.Teacher knoweldge and the knowledgebase of teaching［J］. International journal of educational research, 2001（35）：441-461.

第十章 现实愿景

这一章我们将分别讨论教育现状、组织关心、才智发挥、愿景希望、最想做的事等 4 个方面的问题。

第一节 教育认识

一、教育现状认识

本维度只有一道题目，采用五点量表题形式设计，题目为"'轰轰烈烈搞素质教育，扎扎实实做应试教育'是当前教育现状的真实写照"，试图探究特级教师对教育现状的认识和感受。

（一）不同性别特级教师的教育现状认识

由表 10-1 和图 10-1 可知，不同性别特级教师在这一维度上的平均得分分别为 3.89 和 3.55，说明不同性别特级教师基本认同"'轰轰烈烈搞素质教育，扎扎实实做应试教育'是当前教育现状的真实写照"这一描述，男性特级教师的认同度高于女性特级教师。独立样本 t 检验表明，不同性别特级教师在教育现状认识这一维度上的得分差异显著。

表 10-1　不同性别特级教师对教育现状的认识比较

性别	N/人	均值	标准差	t
男	110	3.89	0.96	2.345
女	77	3.55	1.03	

注：$p < 0.05$

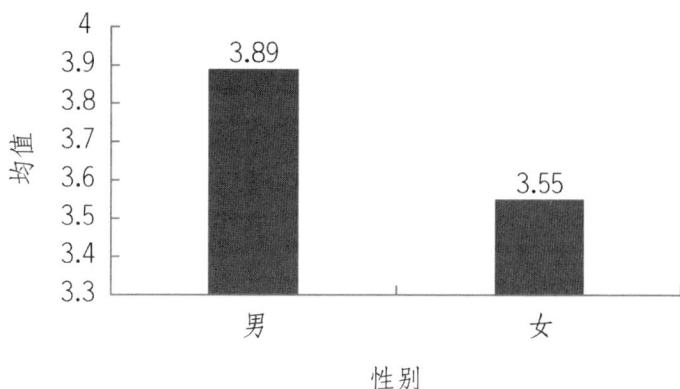

图 10-1　不同性别特级教师对教师教育现状的认识比较

（二）不同年龄段特级教师的教育现状认识

由表 10-2 和图 10-2 可知，45 岁及以下和 46 岁及以上特级教师在这一维度上的平均得分分别为 3.60 和 3.94，说明 45 岁及以下和 46 岁及以上特级教师基本认同"'轰轰烈烈搞素质教育，扎扎实实做应试教育'是当前教育现状的真实写照"这一描述，46 岁及以上特级教师稍高于 45 岁及以下特级教师。独立样本 t 检验表明，45 岁及以下和 46 岁及以上特级教师在教育现状认识这一维度上的得分差异显著。

表 10-2 不同年龄段特级教师对教育现状的认识比较

年龄段	N/人	均值	标准差	t
≤ 45 岁	105	3.60	0.98	2.320
≥ 46 岁	82	3.94	1.01	

注：$p < 0.05$

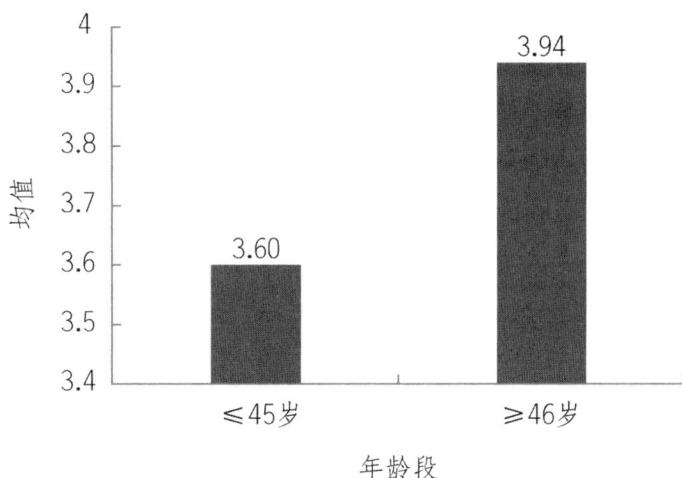

图 10-2 不同年龄段特级教师对教育现状的认识比较

（三）不同学段特级教师的教育现状认识

由表 10-3 和图 10-3 可知，不同学段特级教师对教育现状的认识存在差异：幼儿园特级教师的平均得分为 3.33，小学特级教师的为 3.47，初中特级教师的为 3.82，普高特级教师的为 4.00，职高特级教师为 4.00，可见随着学段的升高，对应试教育现状的认识越来越明显。

单因素方差分析检验结果显示，F（4，182）= 2.822，p = 0.026。这表明不同学段特级教师在教育现状认识这一维度上的得分差异显著。

表 10-3　不同学段特级教师对教育现状的认识比较

学段	N/人	均值	标准差	F	p
幼儿园	12	3.33	1.16	2.822	0.026
小学	57	3.47	1.14		
初中	50	3.82	0.96		
普高	44	4.00	0.81		
职高	24	4.00	0.83		
总数	187	3.75	1.00		

注：$p < 0.05$

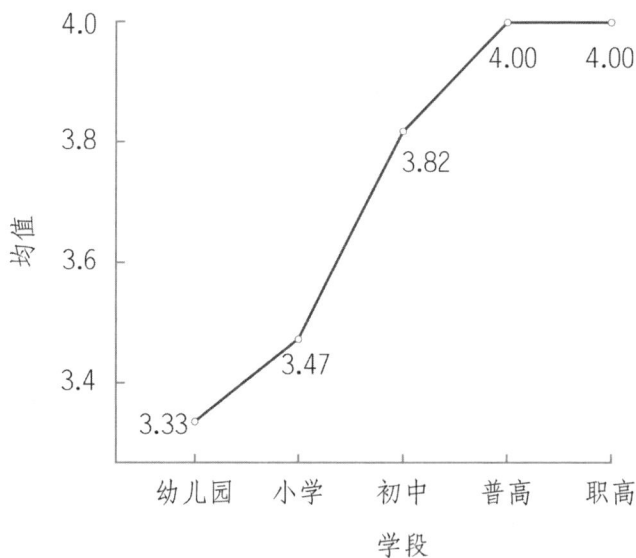

图 10-3　不同学段特级教师对教育现实的认识比较

（四）不同任教学科特级教师对教育现状的认识

由表 10-4 和图 10-4 可知，文科特级教师对教育现状的认识平均得分为 3.62，理（工）科特级教师为 3.82，艺体及其他学科特级教师为 3.97，三者之间略有差异。

单因素方差分析检验结果显示，$F_{(2, 175)} = 1.512$，$p = 0.223$。这表明不同任教学科教师在教育现状认识这一维度上的得分差异不显著。

表 10-4　不同任教学科特级教师对教育现状的认识比较

学科	N/人	均值	标准差	F	p
文科	65	3.62	1.04	1.512	0.223
理（工）科	82	3.82	0.96		
艺体及其他	31	3.97	0.95		
总数	178	3.77	0.99		

注：$p > 0.05$

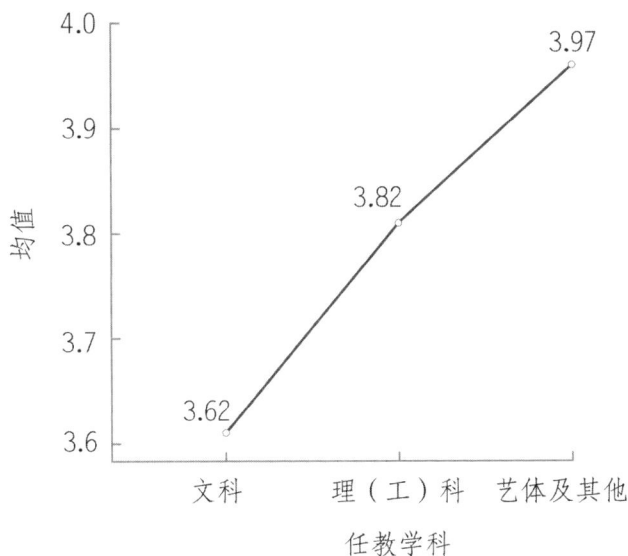

图 10-4　不同学科特级教师对教育现状的认识比较

（五）不同职别特级教师对教育现状的认识

由表 10-5 和图 10-5 可知，不同职别特级教师在这一维度上的平均得分分别为 3.63 和 3.83，说明担任单位领导的特级教师与仅为普通教师的特级教师基本认同"'轰轰烈烈搞素质教育，扎扎实实做应试教育'是当前教育现状的真实写照"这一描述，前者稍低于后者。独立样本 t 检验表明，不同职别特级教师在教育现状认识这一维度上的得分不存在显著差异。

表 10-5　不同职别特级教师对教育现状的认识比较

职别	N/人	均值	标准差	t
单位领导	79	3.63	1.06	−1.307
普通教师	101	3.83	0.97	

注：$p > 0.05$

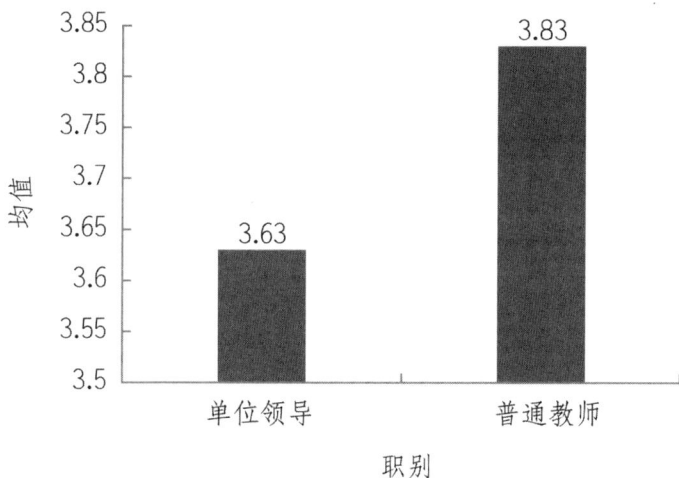

图 10-5　不同职别特级教师对教育现状的认识比较

二、教育问题认识

本维度只有一道题目，采用多项选择题形式设计，共有 12 个选项，题目为"您认为如下教育问题，哪几项比较突出（最多选 6 项）"，试图探究研究对象对教育现实问题的认识。

（一）不同性别特级教师的教育问题认识

由表10-6可知，不同性别特级教师对教育问题的判断位居前5位的排列序位一致，依次是"各类考查评估太多""应试教育倾向仍然严重""教育公平问题突出""外界对学校干扰太多""教师待遇"，有75.9%的特级教师认为教育问题为"各类考查评估太多"。相对而言，在所列的12个教育问题中，频遭社会热议的"学前教育短板"和"留守儿童教育"问题却位居最后，仅分别为8.6%和9.6%。

相比较而言，在"学校安全与质量压力很重"这个问题上，男性特级教师的比例明显高于女性特级教师；其他选项的比例均比较接近，呈现趋同现象。

表10-6 不同性别特级教师对教育问题判断的状况比较

教育问题	男		女		合计	
	N/人	占比/%	N/人	占比/%	N/人	占比/%
教育公平问题突出	69	62.7	49	63.6	118	63.1
各类考查评估太多	82	74.5	60	77.9	142	75.9
应试教育倾向仍然严重	77	70.0	56	72.2	133	71.1
学校安全与质量压力很重	47	42.7	26	33.8	73	39.0
农村基础教育萎缩乃至消亡	19	17.3	9	11.7	28	15.0
校长教师素质提升	30	27.3	18	23.4	48	25.7
学校文化建设与品质提升	24	21.8	18	23.4	42	22.5
留守儿童教育	10	9.1	8	10.4	18	9.6
外界对学校干扰太多	63	57.3	47	61.0	110	58.8
学前教育短板	9	8.2	7	9.1	16	8.6
教师待遇	59	53.6	59	53.6	98	52.4
其他	26	23.6	28	36.4	54	28.9

（二）不同年龄段特级教师的教育问题认识

由表10-7可知，不同年龄段特级教师对教育问题的判断位居前5位的排列序位一致，依次是"各类考查评估太多""应试教育倾向仍然严重""教育公平问题突出""外界对学校干扰太多""教师待遇"。

相比较而言，在"留守儿童教育"这一选项上，45 岁及以下特级教师的比例比 46 岁及以上特级教师低了一半；在"外界对学校干扰太多"选项上，45 岁及以下特级教师的比例比 46 岁及以上特级教师高出约 9 个百分比；在"教师待遇"选项上，45 岁及以下特级教师的比例比 46 岁及以上特级教师高出约 4 个百分比；其他选项的比例均比较接近，呈现趋同现象。

表 10-7　不同年龄段特级教师对教育问题判断的状况比较

教育问题	≤ 45 岁		≥ 46 岁		合计	
	N/人	占比/%	N/人	占比/%	N/人	占比/%
教育公平问题突出	68	64.8	50	61.0	118	63.1
各类考查评估太多	80	76.2	62	75.6	142	75.9
应试教育倾向仍然严重	76	72.4	57	69.5	133	71.1
学校安全与质量压力很重	38	36.2	35	42.7	73	39.0
农村基础教育萎缩乃至消亡	16	15.2	12	14.6	28	15.0
校长教师素质提升	24	22.9	24	29.3	48	25.7
学校文化建设与品质提升	23	21.9	19	23.2	42	22.5
留守儿童教育	7	6.7	11	13.4	18	9.6
外界对学校干扰太多	66	62.9	44	53.7	110	58.8
学前教育短板	10	9.5	6	7.3	16	8.6
教师待遇	57	54.3	41	50.0	98	52.4
其他	28	26.7	26	31.7	54	28.9

（三）不同学段特级教师的教育问题认识

由表 10-8 可知，不同学段特级教师对教育问题的判断位居前 5 位的排列序位基本一致。

幼儿园特级教师对教育问题的判断位居前 5 位的依次是"各类考查评估太多""应试教育倾向仍然严重""教育公平问题突出""外界对学校干扰太多""学校安全与质量压力很重"。

小学特级教师对教育问题的判断位居前 5 位的依次是"各类考查评估太多""外界对学校干扰太多""应试教育倾向仍然严重""教育公平问题突出""教师待遇"。

初中特级教师对教育问题的判断位居前 5 位的依次是"应试教育倾向仍然严重""各类考查评估太多""教育公平问题突出""外界对学校干扰太多""教师待遇"。

普高特级教师对教育问题的判断位居前 5 位的依次是"应试教育倾向仍然严重""各类考查评估太多""教师待遇""教育公平问题突出""外界对学校干扰太多""其他"（后 2 项并列）。

职高特级教师对教育问题的判断位居前 5 位的依次是"教育公平问题突出""各类考查评估太多""应试教育倾向仍然严重""外界对学校干扰太多""教师待遇"。

相比较而言，在"各类考察评估太多"这一选项上，幼儿园特级教师所占百分比达到了 91.7%，远远高于其他学段特级教师。在"学校安全与质量压力很重"这一选项上，幼儿园特级教师的比例比职高特级教师高出约一倍。

表 10-8　不同学段特级教师对教育问题判断的状况比较

教育问题	幼儿园		小学		初中		普高		职高		合计	
	N/人	占比/%	N/人	占比/%	N/人	占比/%	N/人	占比/%	N/人	占比/%	N/人	占比/%
教育公平问题突出	7	58.3	32	56.1	32	64.0	28	63.5	19	79.2	118	63.1
各类考查评估太多	11	91.7	45	78.9	34	68.0	35	79.5	17	70.8	142	75.9
应试教育倾向仍然严重	8	66.7	36	63.2	37	74.0	36	81.8	15	66.7	133	71.1

续　表

教育问题	幼儿园		小学		初中		普高		职高		合计	
	N/人	占比/%	N/人	占比/%	N/人	占比/%	N/人	占比/%	N/人	占比/%	N/人	占比/%
学校安全与质量压力很重	5	41.7	29	50.9	22	44.0	12	27.3	5	20.8	73	39.0
农村基础教育萎缩乃至消亡	3	25.0	11	19.3	7	14.0	4	9.1	3	12.5	28	15.0
校长教师素质提升	2	16.7	12	21.1	17	34.0	13	29.5	4	16.7	48	25.7
学校文化建设与品质提升	1	8.3	14	24.6	11	22.0	11	25.0	5	20.8	42	22.5
留守儿童教育	0	0.0	4	7.0	8	16.0	2	4.5	4	16.6	18	9.6
外界对学校干扰太多	7	58.3	38	66.7	28	56.0	23	52.3	14	58.3	110	58.8
学前教育短板	4	33.3	3	5.3	3	6.0	4	9.1	2	8.3	16	8.6
教师待遇	4	33.3	30	52.6	23	46.0	30	68.2	11	45.8	98	52.4
其他	0	0.0	14	24.6	13	26.0	16	36.4	11	45.8	54	28.9

（四）不同任教学科特级教师的教育问题认识

由表10-9可知，不同任教学科特级教师对教育问题的判断位居前5位的排列序位基本一致。

文科特级教师对教育问题的判断位居前5位的依次是"应试教育倾向仍然严重""各类考查评估太多""教育公平问题突出""外界对学校干扰太多""教师待遇"。

理（工）科特级教师对教育问题的判断位居前5位的依次是"各类考查评估太多""应试教育倾向仍然严重""外界对学校干扰太多""教育公平问题突出""教师待遇"。

艺体及其他学科特级教师对教育问题的判断位居前5位的依次是"各类考查评估太多""应试教育倾向仍然严重""外界对学校干扰太多""教育公平问题突

出"教师待遇""学校安全与质量压力很重"（后2项并列）。

相比较而言，在"学校安全与质量压力很重"这一选项上，艺体及其他学科特级教师和理（工）科特级教师的比例呈现趋同现象，但是比文科特级教师高出约8个百分比；在"各类考查评估太多"这一选项上，不同任教学科特级教师之间的比例非常接近。

表10-9　不同任教学科特级教师对教育问题判断的状况比较

教育问题	文科		理（工）科		艺体及其他		合计	
	N/人	占比/%	N/人	占比/%	N/人	占比/%	N/人	占比/%
教育公平问题突出	39	60.0	53	64.5	20	54.5	112	62.9
各类考查评估太多	48	73.8	85	79.3	23	74.2	136	76.4
应试教育倾向仍然严重	50	76.9	55	67.1	21	67.7	126	70.8
学校安全与质量压力很重	22	33.8	33	40.2	13	41.9	68	38.2
农村基础教育萎缩乃至消亡	10	15.4	12	14.6	5	16.1	27	15.2
校长教师素质提升	14	21.5	23	28.0	7	22.6	44	24.7
学校文化建设与品质提升	17	26.2	17	20.7	6	19.4	40	22.5
留守儿童教育	7	10.8	6	7.3	4	12.9	17	9.6
外界对学校干扰太多	34	52.3	54	65.9	17	54.8	105	59.0
学前教育短板	7	10.8	4	4.9	4	12.9	15	8.4
教师待遇	30	46.2	51	62.2	13	41.9	94	52.8
其他	20	30.8	25	30.5	6	19.4	51	28.7

（五）不同职别特级教师的教育问题认识

由表10-10可知，不同职别特级教师对教育问题的判断位居前5位的排列序位基本一致。

职别为单位领导的特级教师对教育问题的判断位居前5位的依次是"各类考

查评估太多""应试教育倾向仍然严重""教育公平问题突出""外界对学校干扰太多""学校安全与质量压力很重"。

仅为普通教师的特级教师对教育问题的判断位居前5位的依次是"应试教育倾向仍然严重""各类考查评估太多""教育公平问题突出""教师待遇""外界对学校干扰太多"。

相比较而言,在"各类考查评估太多"这一选项上,两者差异较大,前者比后者高出13个多百分比;在"教师待遇"这一选项上,后者比前者高出23个多百分比。

表 10-10　不同职别特级教师对教育问题判断的状况比较

教育问题	单位领导		普通教师		合计	
	N/人	占比/%	N/人	占比/%	N/人	占比/%
教育公平问题突出	47	59.5	65	64.4	112	62.2
各类考查评估太多	66	83.5	71	70.3	137	76.1
应试教育倾向仍然严重	54	68.4	74	73.3	128	71.1
学校安全与质量压力很重	41	51.9	28	27.7	69	38.3
农村基础教育萎缩乃至消亡	9	11.4	18	17.8	27	15.0
校长教师素质提升	20	25.3	24	23.8	44	24.4
学校文化建设与品质提升	15	19.0	26	25.7	41	22.8
留守儿童教育	9	11.4	8	7.9	17	9.4
外界对学校干扰太多	47	59.5	58	57.4	105	58.3
学前教育短板	4	5.1	11	10.9	15	8.3
教师待遇	31	39.2	63	62.4	94	52.2
其他	19	24.1	33	32.7	52	28.9

第二节 才智发挥

本节主要研究2个问题：一是组织关心，二是才智发挥。

一、组织关心

本维度只有一道题目，采用五点量表题形式进行设计，题目为"我认为组织已经很重视对特级教师的培养和使用"，试图探究特级教师对组织关心的感知和认识。

（一）不同性别特级教师对组织关心的认识

由表10-11和图10-6可知，不同性别特级教师在这一维度上的平均得分分别为3.85和3.82，说明不同性别特级教师基本认同"我认为组织已经很重视对特级教师的培养和使用"这一描述，男性教师的得分稍高于女性教师。独立样本 t 检验表明，不同性别特级教师在组织关心这一维度上的得分不存在显著差异。

表 10-11 不同性别特级教师对组织关心的认识比较

性别	N/人	均值	标准差	t
男	109	3.85	0.92	0.258
女	77	3.82	0.90	

注：$p > 0.05$

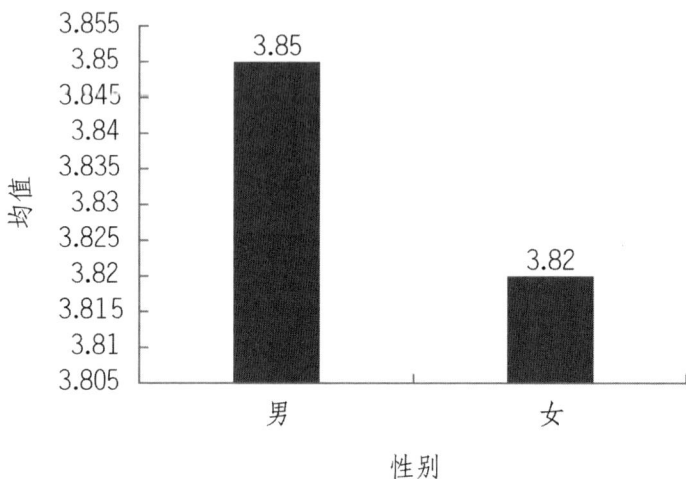

图 10-6　不同性别特级教师对组织关心的认识比较

（二）不同年龄段特级教师对组织关心的认识

由表 10-12 和图 10-7 可知，45 岁及以下和 46 岁及以上特级教师在这一维度上的平均得分分别为 3.86 和 3.82，说明 45 岁及以下和 46 岁及以上特级教师皆基本认同"我认为已经很重视组织对特级教师的培养和使用"这一描述。46 岁及以上特级教师的得分稍低于 45 岁及以下特级教师。独立样本 t 检验表明，不同年龄段特级教师在组织关心这一维度上的得分不存在显著差异。

表 10-12　不同年龄段特级教师对组织关心的认识比较

年龄段	N	均值	标准差	t
≤ 45 岁	104	3.86	0.94	0.287
≥ 46 岁	82	3.82	0.89	

注：$p > 0.05$

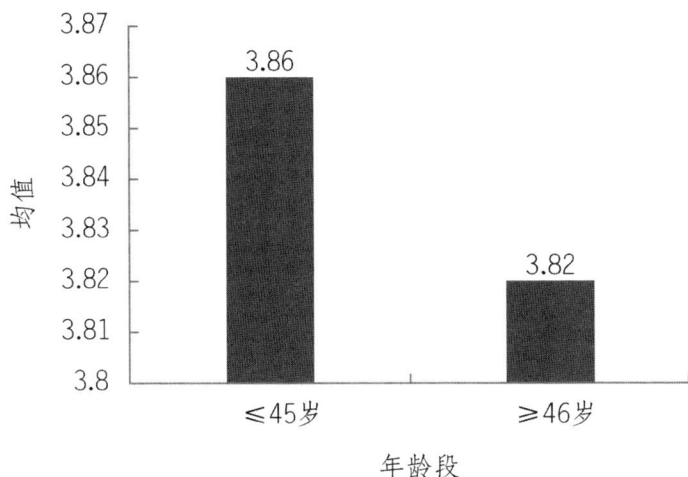

图 10-7 不同年龄段特级教师对组织关心的认识比较

（三）不同学段特级教师对组织关心的认识

由表 10-13 和图 10-8 可知，幼儿园特级教师的平均得分为 3.83，小学特级教师的为 3.84，初中特级教师的为 3.84，普高特级教师的为 3.80，职高特级教师的为 3.91。

单因素方差分析检验结果显示，F（0.21，152.95）＝ 0.062，p ＝ 0.993。这表明不同学段特级教师在组织关心这一维度上的得分差异不显著。从总体样本来看，职高特级教师对组织关心的认识最好，普高特级教师对组织关心的认识居后。

表 10-13 不同学段特级教师对组织关心的认识比较

学段	N/人	均值	标准差	F	p
幼儿园	12	3.83	0.84	0.062	0.993
小学	57	3.84	0.92		
初中	50	3.84	0.98		

学段	N/人	均值	标准差	F	p
普高	44	3.80	0.93		
职高	24	3.91	0.79		

注：$p > 0.05$

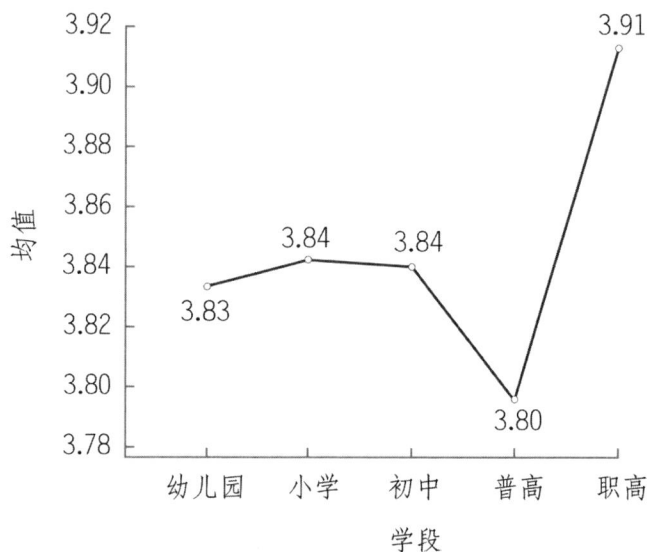

图 10-8　不同学段特级教师对组织关心的认识比较

（四）不同任教学科特级教师对组织关心的认识

由表 10-14 和图 10-9 可知，不同任教学科的特级教师对组织关心的认识非常一致，文科特级教师的平均得分为 3.77，理（工）科特级教师的为 3.88，艺体及其他类特级教师的为 3.81。

单因素方差分析检验结果显示，$F_{(0.428, 149.143)} = 0.250$，$p = 0.779$。这表明不同学科特级教师在组织关心这一维度上的得分差异不显著。从总体样本来看，对组织关心的认识理（工）科特级教师最好，其次是艺体及其他学科特级教师，最后是文科特级教师。

表 10-14 不同任教学科特级教师对组织关心的认识比较

任教学科	N/人	均值	标准差	F	p
文科	65	3.77	0.95	0.250	0.779
理（工）科	81	3.88	0.89		
艺体及其他	31	3.81	0.98		

注：$p > 0.05$

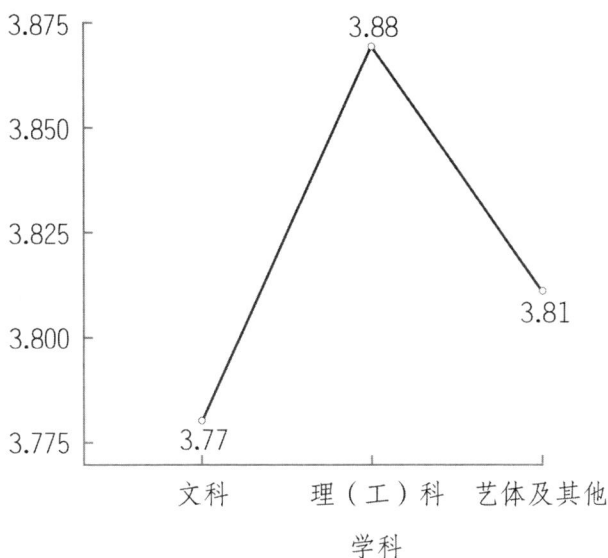

图 10-9 不同任教学科特级教师对组织关心的认识比较

（五）不同职别特级教师对组织关心的认识

由表 10-15 和图 10-10 可知，不同职别特级教师在这一维度上的平均得分分别为 3.91 和 3.78，说明不同职别特级教师基本认同"我认为组织已经很重视对特级教师的培养和使用"这一描述，职别为单位领导的特级教师的得分稍高于仅为普通教师的特级教师。独立样本 t 检验表明，不同职别特级教师在组织关心这一维度上的得分不存在显著差异。

表 10-15　不同职别特级教师对组织关心的认识比较

职别	N	均值	标准差	t
单位领导	79	3.91	0.89	0.963
普通教师	100	3.78	0.92	

注：$p > 0.05$

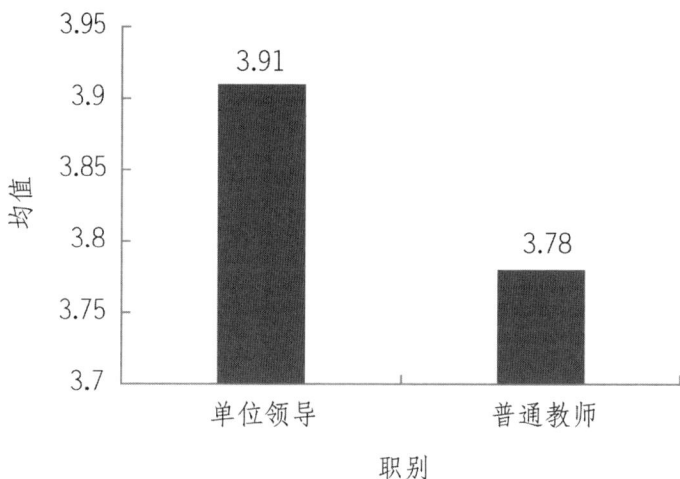

图 10-10　不同职别特级教师对组织关心的认识比较

二、才智发挥

本维度只有一道题目，采用五点量表题形式设计，题目为"现在的工作岗位已能充分发挥我的聪明才智"，试图探究特级教师才智发挥情况。

（一）不同性别特级教师的才智发挥

由表 10-16 和图 10-11 可知，不同性别特级教师在这一维度上的平均得分分别为 4.17 和 4.07，说明不同性别特级教师基本认同"现在的工作岗位已能充分发挥我的聪明才智"这一描述，男性特级教师的得分稍高于女性特级教师。独立样本 t 检验表明，不同性别特级教师在才智发挥这一维度上的得分不存在显著差异。

表 10-16 不同性别特级教师才智发挥情况的比较

性别	N/人	均值	标准差	t
男	109	4.17	0.799	1.288
女	76	4.07	0.774	

注：$p > 0.05$

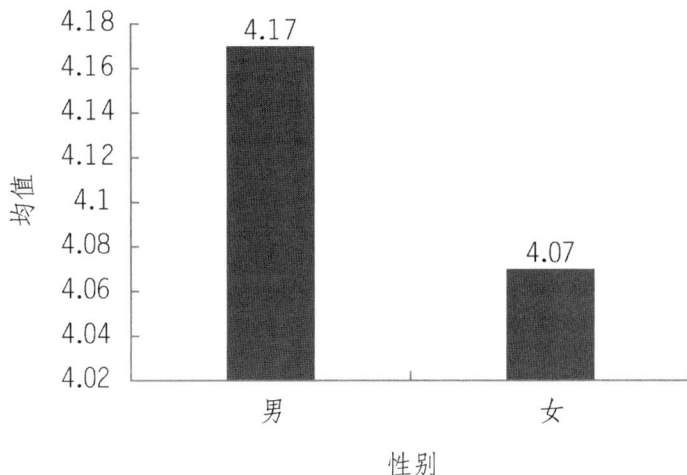

图 10-11 不同性别特级教师才智发挥情况的比较

（二）不同年龄段特级教师的才智发挥

由表 10-17 和图 10-12 可知，45 岁及以下和 46 岁及以上特级教师在这一维度上的平均得分分别为 4.01 和 4.22，说明 45 岁及以下和 46 岁及以上特级教师皆基本认同"现在的工作岗位已能充分发挥我的聪明才智"这一描述，46 岁及以上特级教师的得分稍高于 45 岁及以下特级教师。独立样本 t 检验表明，不同年龄段特级教师在才智发挥这一维度上的得分不存在显著差异。

表 10-17　不同年龄段特级教师才智发挥情况的比较

年龄段	N/人	均值	标准差	t
≤ 45 岁	104	4.01	0.757	1.807
≥ 46 岁	81	4.22	0.822	

注：$p > 0.05$

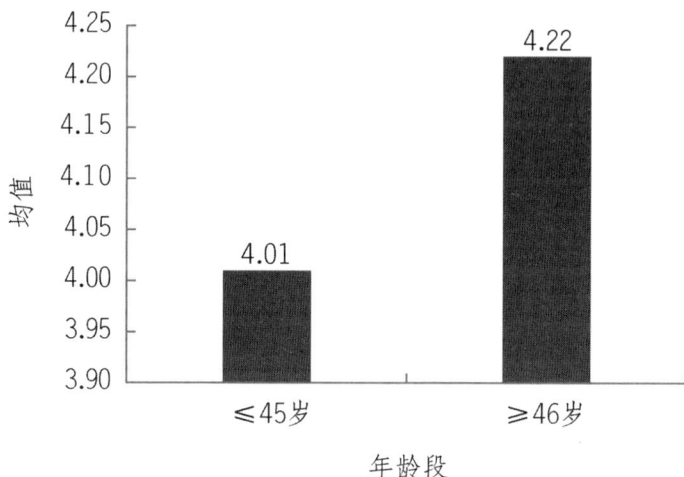

图 10-12　不同年龄段特级教师才智发挥情况的比较

（三）不同学段特级教师的才智发挥

由表 10-18 和图 10-13 可知，幼儿园特级教师才智发挥的平均得分为 4.00，小学特级教师的为 4.25，初中特级教师的为 3.98，普高特级教师的为 4.14，职高特级教师的为 4.00，说明不同学段特级教师皆基本认同"现在的工作岗位已能充分发挥我的聪明才智"这一描述。

单因素方差分析检验结果显示，$F_{(4, 180)} = 0.928$，$p = 0.449$。这表明不同学段特级教师在才智发挥这一维度上的得分不存在显著差异。

表 10-18　不同学段特级教师才智发挥情况的比较

学段	N/人	均值	标准差	F	p
幼儿园	12	4.00	0.603	0.928	0.449
小学	57	4.25	0.714		
初中	49	3.98	0.878		
普高	44	4.14	0.734		
职高	23	4.00	0.953		
总数	185	4.10	0.791		

注：$p > 0.05$

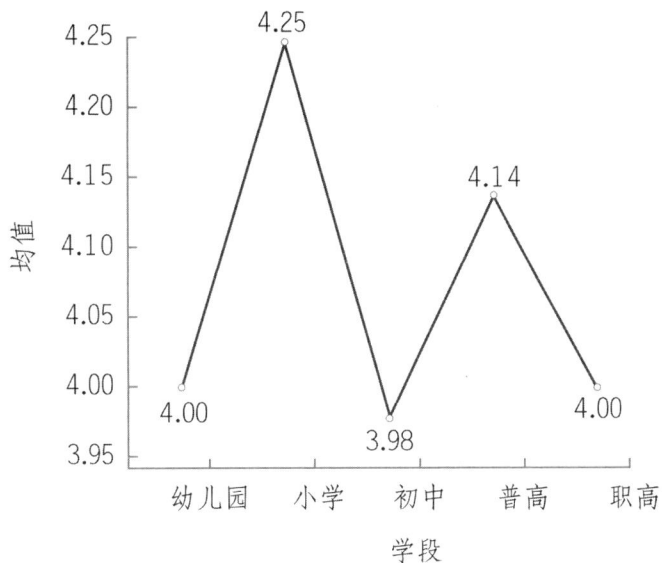

图 10-13　不同学段特级教师才智发挥情况的比较

（四）不同任教学科特级教师的才智发挥

由表 10-19 和图 10-14 可知，文科特级教师在这一维度上的平均得分为 4.08，理（工）科特级教师的为 4.07，艺体及其他学科特级教师的为 4.23，说明不同任教学科特级教师皆基本认同"现在的工作岗位已能充分发挥我的聪明才智"这一描述。

单因素方差分析检验结果显示，$F_{(2, 173)} = 0.472$，$p = 0.625$。这表明不同任教学科特级教师在才智发挥这一维度上的得分差异不显著。

表 10-19　不同任教学科特级教师才智发挥情况的比较

任教学科	N/人	均值	标准差	F	p
文科	63	4.08	0.829	0.472	0.625
理（工）科	82	4.07	0.750		
艺体及其他	31	4.23	0.762		
总数	176	4.10	0.779		

注：$p > 0.05$

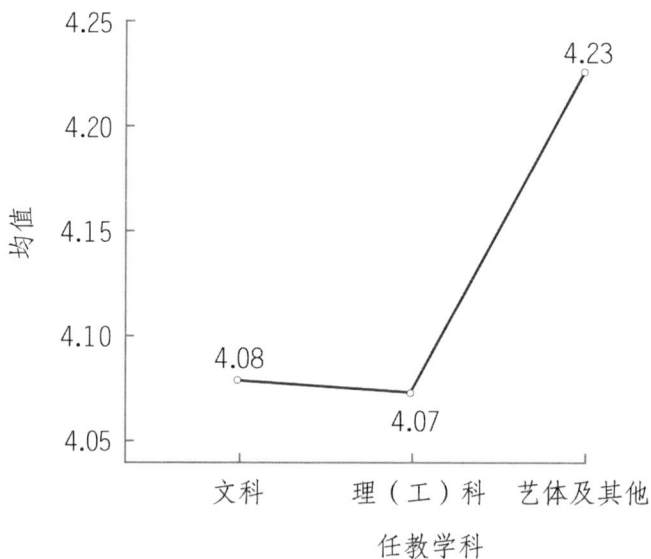

图 10-14　不同任教学科特级教师才智发挥情况的比较

（五）不同职别特级教师的才智发挥

由表 10-20 和图 10-15 可知，不同职别特级教师在这一维度上的平均得分分别为 4.05 和 4.16，说明不同职别特级教师皆基本认同"现在的工作岗位已能充分发挥我的聪明才智"这一描述，前者稍低于后者。独立样本 t 检验表明，不同职别特级教师在才智发挥这一维度上的得分存在显著差异。

表 10-20　不同职别特级教师才智发挥情况的比较

职别	N	均值	标准差	t
单位领导	78	4.05	0.788	−0.931
普通教师	100	4.16	0.762	

注：$p < 0.05$

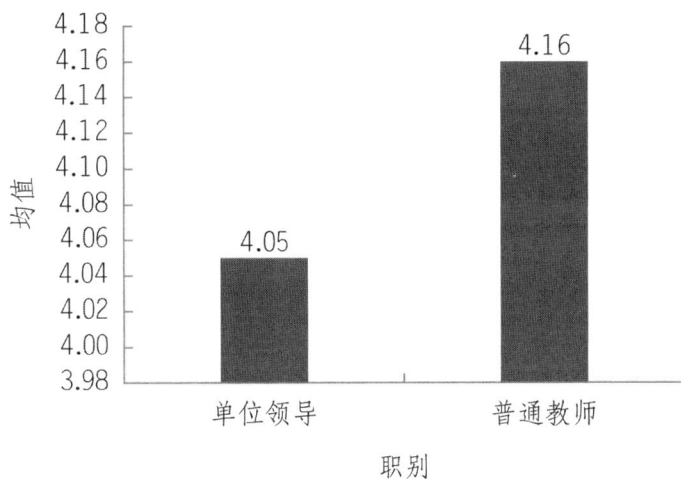

图 10-15　不同职别特级教师才智发挥情况的比较

第三节　愿景行动

一、平台理想

本维度只有一道题目，采用五点量表题形式进行设计，为"我希望能有更大平台发挥自己的作用"，试图探究特级教师对平台理想的认识情况。

（一）不同性别特级教师的平台理想

由表10-21和图10-16可知，不同性别特级教师在这一维度上的平均得分分别为4.32和4.19，说明不同性别特级教师皆高度认同"我希望能有更大平台发挥自己的作用"这一描述，男性特级教师的得分稍高于女性特级教师。独立样本 t 检验表明，不同性别特级教师在平台理想这一维度上的得分不存在显著差异。

表10-21　不同性别特级教师的平台理想比较

性别	N	均值	标准差	t
男	110	4.32	0.69	1.153
女	77	4.19	0.76	

注：$p > 0.05$

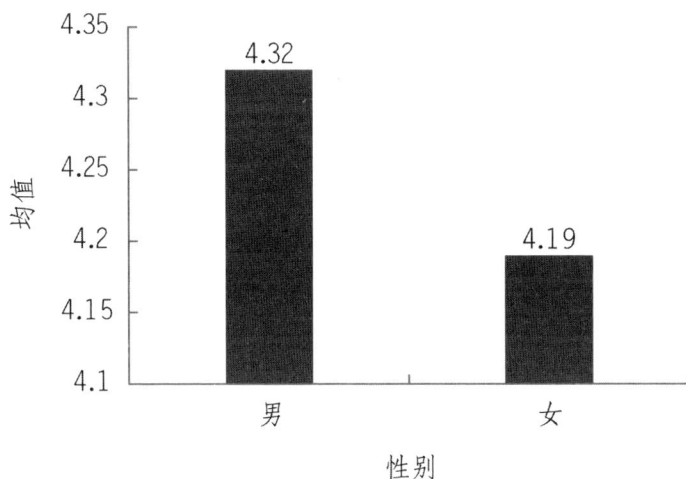

图 10-16 不同性别特级教师的平台理想比较

（二）不同年龄特级教师的平台理想

由表 10-22 和图 10-17 可知，45 岁及以下特级教师和 46 岁及以上特级教师在这一维度上的平均得分分别为 4.33 和 4.18，说明不同年龄段特级教师均高度认同"我希望能有更大平台发挥自己的作用"这一描述，45 岁及以下特级教师的得分稍高于 46 岁及以上特级教师。独立样本 t 检验表明，两类型特级教师在平台理想这一维度上的得分存在显著差异。

表 10-22 不同年龄段特级教师的平台理想比较

年龄段	N/人	均值	标准差	t
≤45 岁	108	4.33	0.64	−1.420
≥46 岁	82	4.18	0.08	

注：$p > 0.05$

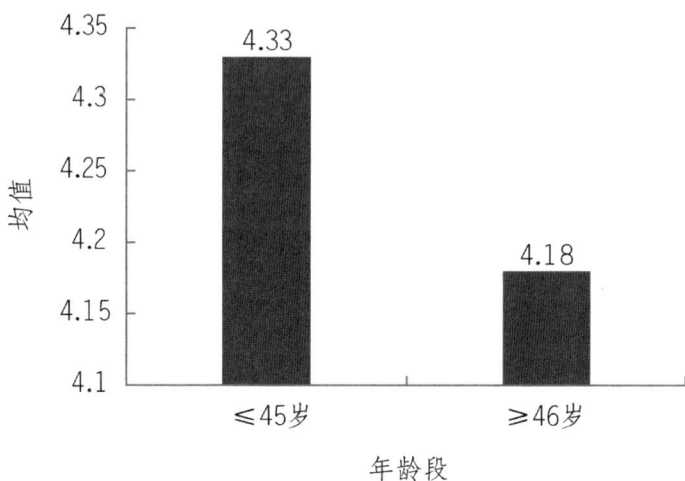

图 10-17　不同年龄段特级教师的平台理想比较

（三）不同学段特级教师的平台理想

由表 10-23 和图 10-18 可知，幼儿园特级教师对平台理想认识的平均得分为 4.08，小学特级教师的为 4.26，初中特级教师的为 4.22，普高特级教师的为 4.36，职高特级教师的为 4.29，说明不同学段特级教师均高度认同"我希望能有更大平台发挥自己的作用"这一描述。

单因素方差分析检验结果显示，$F_{(4, 182)} = 0.448$，$p = 0.774$。这表明不同学段特级教师在平台理想这一维度上的差异不显著。

表 10-23　不同学段特级教师的平台理想比较

学段	N/人	均值	标准差	F	p
幼儿园	12	4.08	0.79	0.448	0.774
小学	57	4.26	0.70		
初中	50	4.22	0.76		
普高	44	4.36	0.61		

续 表

学段	N/人	均值	标准差	F	p
职高	24	4.29	0.86		
总数	187	4.27	0.72		

注：$p > 0.05$

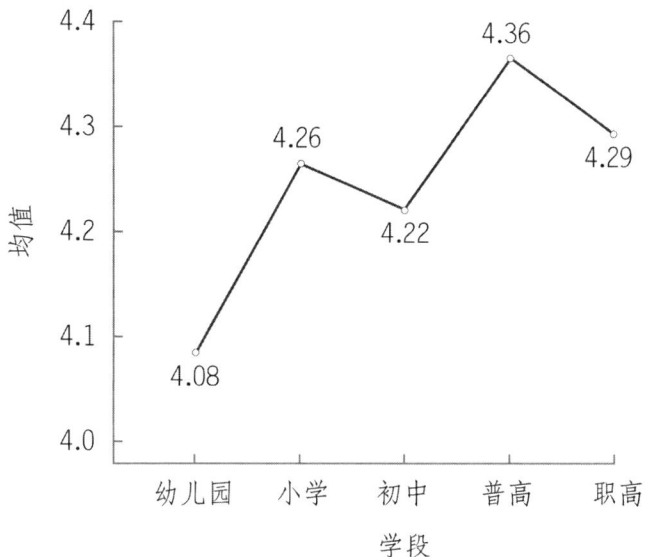

图 10-18 不同学段特级教师的平台理想比较

（四）不同任教学科特级教师的平台理想

由表 10-24 和图 10-19 可知，文科特级教师对平台理想认识的平均得分为 4.34，理（工）科特级教师的为 4.18，艺体及其他特级教师的为 4.29，说明不同任教学科特级教师均高度认同"我希望能有更大平台发挥自己的作用"这一描述。

单因素方差分析检验结果显示，$F_{(2, 175)} = 0.878$，$p = 0.417$。这表明不同任教学科教师在平台理想这一维度上的差异不显著。

表 10-24　不同学科特级教师的平台理想比较

任教学科	N	均值	标准差	F	p
文科	65	4.34	0.69	0.878	0.417
理（工）科	82	4.18	0.74		
艺体及其他	31	4.29	0.74		
总数	178	4.26	0.72		

注：$p > 0.05$

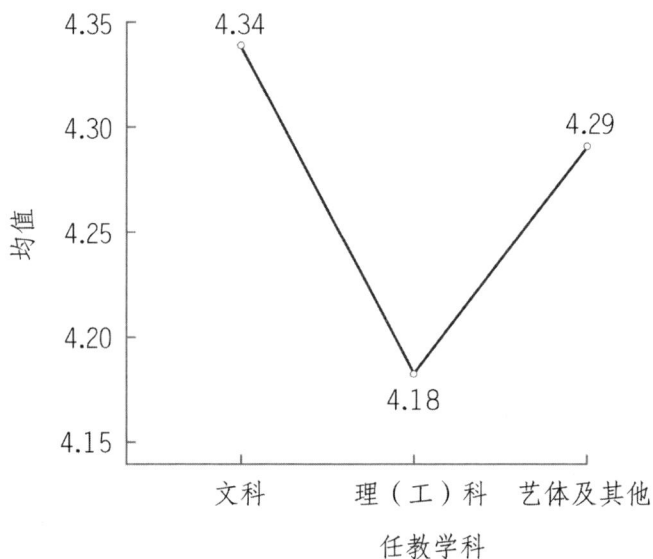

图 10-19　不同任教学科特级教师的平台理想比较

（五）不同职别特级教师的平台理想

由表 10-25 和图 10-20 可知，不同职别特级教师在这一维度上的平均得分分别为 4.19 和 4.31，说明不同职别特级教师皆高度认同"我希望能有更大平台发挥自己的作用"这一描述，后者稍高于前者。独立样本 t 检验表明，不同职别特级教师在平台理想这一维度上的得分存在显著差异。

表 10-25　不同职别特级教师的平台理想比较

职别	N/人	均值	标准差	t
单位领导	79	4.19	0.66	−1.095
普通教师	101	4.31	0.77	

注：$p < 0.05$

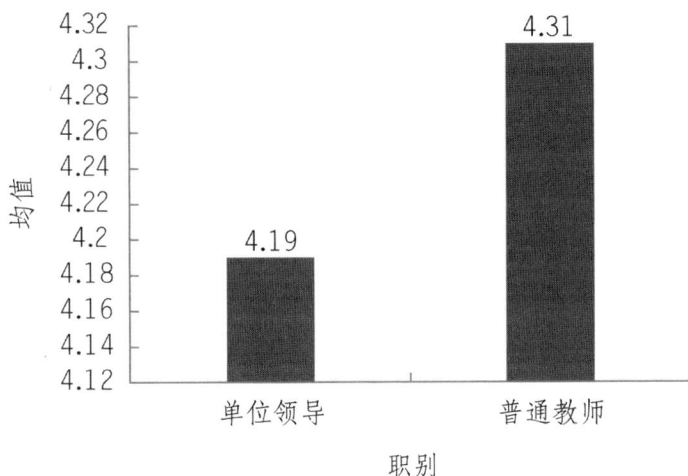

图 10-20　不同职别特级教师的平台理想比较

二、愿景

本维度只有一道题目，采用多项选择题形式进行设计，共有 8 个选项，题目为"我希望（最多选 6 项）"，试图探究研究对象的愿景与希冀。

（一）不同性别特级教师的希望

由表 10-26 可知，从总体样本来看，不同性别特级教师的具体希望居前 5 位的依次是"每 5 年有一次出国培训的机会""每 5 年有半年时间的学术假""提高特级教师的每月津贴""有更大的平台发挥自己的作用""省级层面有专门的组织机构引领我们进一步发展"。有 75.9% 的特级教师希望"每 5 年有一次出国培训的机会"。

相比较而言，在"有更大的平台发挥自己的作用"这一选项上，男性特级教师的比例明显高于女性特级教师，高出约 11 个百分比；在"省级层面有专门的组织机构引领我们进一步发展"这个选项上，女性特级教师的比例明显高于男性特级教师，高出约 14 个百分比；在其他选项上，两者比例呈现趋同现象。

表 10-26　不同性别特级教师的希望比较

教师的希望	男		女		合计	
	N/人	占比/%	N/人	占比/%	N/人	占比/%
有更大的平台发挥自己的作用	79	71.8	47	61.0	126	67.4
每 5 年有半年时间的学术假	80	72.7	55	71.4	135	72.2
每 5 年有一次出国培训的机会	81	73.6	61	79.2	142	75.9
省级层面有专门的组织机构引领我们进一步发展	59	53.6	52	67.5	111	59.4
省级层面有专门系统的针对特级教师的管理规定	35	31.8	31	40.3	66	35.3
提高特级教师的每月津贴	79	71.8	55	71.4	134	71.7
政府应用特殊政策和待遇吸引特级教师到老少边远区域工作	17	15.5	12	15.6	29	15.5
其他	4	3.6	3	3.9	7	3.7

（二）不同年龄段特级教师的希望

由表 10-27 可知，不同年龄段特级教师的具体希望位居前 5 位的排列序位呈现较大差异。

45 岁及以下特级教师的具体希望位居前 5 位的依次是"每 5 年有一次出国培训的机会""提高特级教师的每月津贴""有更大的平台发挥自己的作用""每 5 年有半年时间的学术假""省级层面有专门的组织机构引领我们进一步发展"。

46 岁及以上特级教师的具体希望位居前 5 位的依次是"每 5 年有半年时间的学术假、每 5 年有一次出国培训的机会""提高特级教师的每月津贴""省级层面有专门的组织机构引领我们进一步发展""有更大的平台发挥自己的作用"。

相比较而言，在"有更大的平台发挥自己的作用"这一选项上，45 岁及以下特级教师的比例明显高于 46 岁及以上特级教师，高出约 9 个百分比；在"省级层面有专门的组织机构引领我们进一步发展"和"每 5 年有半年时间的学术假"这 2 个选项上，46 岁及以上特级教师的比例明显高于 45 岁及以下特级教师，均高出约 12 个百分比；在其他选项上，不同年龄段特级教师的呈现趋同现象。

表 10-27 不同年龄段特级教师的希望比较

教师的希望	≤ 45 岁		≥ 46 岁		合计	
	N/人	占比/%	N/人	占比/%	N/人	占比/%
有更大的平台发挥自己的作用	75	71.4	51	62.2	126	67.4
每 5 年有半年时间的学术假	71	67.6	64	78.8	135	72.2
每 5 年有一次出国培训的机会	78	74.3	64	78.0	142	75.9
省级层面有专门的组织机构引领我们进一步发展	60	57.1	51	69.2	111	59.4
省级层面有专门系统的针对特级教师的管理规定	36	34.3	30	36.6	66	35.3
提高特级教师的每月津贴	76	72.4	58	70.7	134	71.8
政府应用特殊政策和待遇吸引特级教师到老少边远区域工作	15	14.3	14	17.1	29	15.5
其他	4	3.8	3	3.7	7	3.7

（三）不同学段特级教师的希望

由表 10-28 可知，不同学段特级教师的具体希望基本趋同，但在具体排序上呈现差异。

幼儿园特级教师具体希望的前 5 位依次是"每 5 年有半年时间的学术假""提高特级教师的每月津贴""省级层面有专门的组织机构引领我们进一步发展""每 5 年有一次出国培训的机会""省级层面有专门系统的针对特级教师的管理规定"。

小学特级教师具体希望的前 5 位依次是"提高特级教师的每月津贴""每 5 年有一次出国培训的机会""有更大的平台发挥自己的作用""每 5 年有半年时间的学术假""省级层面有专门的组织机构引领我们进一步发展"。

初中特级教师具体希望的前 5 位依次是"每 5 年有半年时间的学术假""有更大的平台发挥自己的作用""5 年有一次出国培训的机会""省级层面有专门的组织机构引领我们进一步发展""提高特级教师的每月津贴"。

普高特级教师具体希望的前 5 位依次是"5 年有一次出国培训的机会""有更大的平台发挥自己的作用""提高特级教师的每月津贴""每 5 年有半年时间的学术假""省级层面有专门的组织机构引领我们进一步发展"。

职高特级教师具体希望的前 5 位依次是"5 年有一次出国培训的机会""每 5 年有半年时间的学术假""省级层面有专门的组织机构引领我们进一步发展""有更大的平台发挥自己的作用""提高特级教师的每月津贴"。

相比较而言,在"有更大的平台发挥自己的作用""每 5 年有一次出国培训的机会"这 2 个选项上,幼儿园特级教师的比例明显低于其他学段特级教师;而在"每 5 年有半年时间的学术假"这一选项上,幼儿园特级教师的比例则明显高于其他学段特级教师。

表 10-28　不同学段特级教师的希望比较

教师的希望	幼儿园		小学		初中		普高		职高		合计	
	N/人	占比/%	N/人	占比/%	N/人	占比/%	N/人	占比/%	N/人	占比/%	N/人	占比/%
有更大的平台发挥自己的作用	5	41.7	40	70.2	36	72.0	30	68.2	15	62.5	126	67.4
每 5 年有半年时间的学术假	11	91.7	37	64.9	40	80.0	29	65.9	18	75.0	135	72.2

教师的希望	幼儿园		小学		初中		普高		职高		合计	
	N/人	占比/%	N/人	占比/%	N/人	占比/%	N/人	占比/%	N/人	占比/%	N/人	占比/%
每5年有一次出国培训的机会	6	50.0	44	77.2	35	70.0	36	81.8	21	87.5	142	75.9
省级层面有专门的组织机构引领我们进一步发展	9	75.0	28	49.1	31	62.0	26	59.1	17	70.8	111	59.4
省级层面有专门系统的针对特级教师的管理规定	6	50.0	21	36.8	16	32.0	14	31.8	9	37.5	66	35.3
提高特级教师的每月津贴	10	83.3	49	86.0	31	62.0	30	68.2	14	58.3	134	71.7
政府应用特殊政策和待遇吸引特级教师到老少边远区域工作	2	16.7	10	17.5	7	14.0	7	15.9	3	12.5	29	15.5
其他	1	8.3	1	1.8	2	4.0	1	2.3	2	8.3	7	3.7

（四）不同任教学科特级教师的希望

由表10-29可知，不同任教学科特级教师的具体希望基本趋同，但在具体排序上呈现差异。

文科特级教师具体希望的前5位依次是"每5年有一次出国培训的机会""每5年有半年时间的学术假""有更大的平台发挥自己的作用""提高特级教师的每月津贴""省级层面有专门的组织机构引领我们进一步发展"。

理（工）科特级教师具体希望的前5位依次是"每5年有一次出国培训的机会""提高特级教师的每月津贴""每5年有半年时间的学术假""有更大的平台

发挥自己的作用""省级层面有专门的组织机构引领我们进一步发展"。

艺体及其他学科特级教师具体希望的前 5 位依次是"提高特级教师的每月津贴""每 5 年有半年时间的学术假""每 5 年有一次出国培训的机会""省级层面有专门的组织机构引领我们进一步发展""有更大的平台发挥自己的作用"。

相比较而言,在"每 5 年有半年时间的学术假""提高特级教师的每月津贴"和"省级层面有专门的组织机构引领我们进一步发展"这 3 个选项上,不同任教学科特级教师之间的比例也呈现较大差异。

表 10-29 不同任教学科特级教师的希望比较

教师的希望	文科		理(工)科		艺体及其他		合计	
	N/人	占比/%	N/人	占比/%	N/人	占比/%	N/人	占比/%
有更大的平台发挥自己的作用	45	69.2	53	64.6	20	64.5	118	66.3
每 5 年有半年时间的学术假	47	72.3	57	69.5	26	83.9	130	73.0
每 5 年有一次出国培训的机会	53	81.5	58	70.7	23	74.2	134	75.3
省级层面有专门的组织机构引领我们进一步发展	40	61.5	42	51.2	22	71.0	104	58.4
省级层面有专门系统的针对特级教师的管理规定	28	43.1	21	25.6	11	35.5	60	33.7
提高特级教师的每月津贴	42	64.6	58	70.7	27	87.1	127	71.4
政府应用特殊政策和待遇吸引特级教师到老少边远区域工作	11	16.9	13	15.9	4	12.9	28	15.7
其他	3	4.6	2	2.4	2	6.5	7	3.9

(五)不同职别特级教师的希望

由表 10-30 可知,不同职别特级教师的具体希望基本趋同,但在具体排序上呈现差异。

职别为单位领导的特级教师具体希望的前 5 位依次是"每 5 年有一次出国培

训的机会""提高特级教师的每月津贴""每5年有半年时间的学术假""有更大的平台发挥自己的作用""省级层面有专门的组织机构引领我们进一步发展"。

身为普通教师的特级教师具体希望的前5位依次是"每5年有一次出国培训的机会""每5年有半年时间的学术假""提高特级教师的每月津贴""有更大的平台发挥自己的作用""省级层面有专门的组织机构引领我们进一步发展"。

相比较而言，在"有更大的平台发挥自己的作用""省级层面有专门的组织机构引领我们进一步发展"这2个选项上，身为普通教师的特级教师明显高于职别为单位领导的特级教师；在"每5年有一次出国培训的机会、每5年有半年时间的学术假、提高特级教师的每月津贴"这3个选项上，不同职别特级教师的比例比较接近。

表 10-30　不同职别特级教师的希望比较

教师的希望	单位领导		普通教师		合计	
	N/人	占比/%	N/人	占比/%	N/人	占比/%
有更大的平台发挥自己的作用	49	62.0	71	70.3	120	66.7
每5年有半年时间的学术假	55	69.6	76	75.2	131	72.8
每5年有一次出国培训的机会	57	72.7	79	78.2	136	75.6
省级层面有专门的组织机构引领我们进一步发展	41	51.9	64	63.4	105	58.3
省级层面有专门系统的针对特级教师的管理规定	28	35.4	35	34.7	63	35.0
提高特级教师的每月津贴	55	69.6	73	72.3	128	71.1
政府应用特殊政策和待遇吸引特级教师到老少边远区域工作	11	13.9	15	14.9	26	14.4
其他	3	3.8	4	4.0	7	3.9

三、最想做的事

本维度只有一道题目，采用多项选择题形式进行设计，题目为"您最想做的事是（可多选）"，具体选项有"D1：继续教书育人，没有什么想做的事情""D2：成为学校（单位）的管理者""D3：成立工作室带徒授业""D4：著书立说立功立言""D5：某一领域的专家（研究者）""D6：创办一所理想的学校""D7：换个单位、环境""D8：其他"等 8 个选项，试图探究研究对象的愿景期望。为使图表保持简洁，表中 8 个问题选项分别用 D1—D8 表示。

（一）不同性别特级教师最想做的事

由表 10-31 可知，从总体样本来看，不同性别特级教师最想做的事位居前 5 的依次是"某一领域的专家（研究者）""成立工作室带徒授业""继续教书育人，没有什么想做的事情""著书立说立功立言""创办一所理想的学校"。有 65.6% 的教师最想做的事是"某一领域的专家（研究者）"；相对而言，想"成为学校（单位）的管理者"和"换个单位、环境"这两方面比例较低，分别为 4.3%、4.8%。

相比较而言，在"继续教书育人，没有什么想做的事情"这一选项上，男性特级教师的比例明显高于女性特级教师，高出近 19 个百分比；在"著书立说立功立言"这一选项上，男性特级教师的比例高出女性特级教师近 13 个百分比；而在"成立工作室带徒授业"这一选项上，女性特级教师的比例高出男性特级教师 8 个多百分比。

表 10-31　不同性别特级教师最想做的事比较

最想做的事	男		女		合计	
	N/人	占比/%	N/人	占比/%	N/人	占比/%
D1	47	43.1	19	24.7	66	35.5
D2	6	5.5	2	2.6	8	4.3
D3	45	41.3	38	49.4	83	44.6
D4	31	28.4	12	15.6	43	23.1

最想做的事	男		女		合计	
	N/人	占比/%	N/人	占比/%	N/人	占比/%
D5	73	67.0	49	63.6	122	65.6
D6	26	23.9	16	20.8	42	22.6
D7	7	6.4	2	2.6	9	4.8
D8	3	2.8	1	1.3	4	2.2

（二）不同年龄特级教师最想做的事

由表 10-32 可知，45 岁及以下特级教师最想做的事位居前 5 的依次为"某一领域的专家（研究者）""成立工作室带徒授业""继续教书育人，没有什么想做的事情""创办一所理想的学校""著书立说立功立言"；46 岁及以上特级教师最想做的事位居前 5 的依次为"某一领域的专家（研究者）""成立工作室带徒授业""继续教书育人，没有什么想做的事情""著书立说立功立言""创办一所理想的学校"。

相比较而言，在"某一领域的专家（研究者）""创办一所理想的学校"这 2 个选项上，45 岁及以下特级教师的比例明显高于 46 岁及以上教师，分别高出约 7 个百分比；在"继续教书育人没有什么想做的事情"这一选项上，46 岁及以上的特级教师的比例明显高于 45 岁及以下教师，高出约 7 个百分比。

表 10-32 不同年龄段特级教师最想做的事比较

最想做的事	≤45 岁		≥46 岁		合计	
	N/人	占比/%	N/人	占比/%	N/人	占比/%
D1	34	32.4	32	39.5	66	35.5
D2	4	3.8	4	4.9	8	4.3
D3	45	42.9	38	46.9	83	44.6

续 表

最想做的事	≤45 岁		≥46 岁		合计	
	N/人	占比/%	N/人	占比/%	N/人	占比/%
D4	23	21.9	20	24.7	43	23.1
D5	72	68.6	50	61.7	122	65.6
D6	27	25.7	15	18.5	42	22.6
D7	6	5.7	3	3.7	9	4.8
D8	4	1.9	1	2.5	4	2.2

（三）不同学段特级教师最想做的事

由表 10-33 可知，不同学段特级教师最想做的事呈现显著差异。幼儿园特级教师最想做的事位居前 3 的依次为"成立工作室带徒授业""创办一所理想的学校""某一领域的专家（研究者）"。

小学特级教师最想做的事位居前 3 的依次为"某一领域的专家（研究者）""成立工作室带徒授业""创办一所理想的学校"。

初中特级教师最想做的事位居前 3 的依次为"某一领域的专家（研究者）""继续教书育人，没有什么想做的事情""成立工作室带徒授业"。

普高与职高特级教师最想做的事位居前 3 的均依次为"某一领域的专家（研究者）""成立工作室带徒授业""继续教书育人，没有什么想做的事情"。

相比较而言，在"某一领域的专家（研究者）"这一选项上，职高特级教师的比例明显高于其他学段特级教师，高出幼儿园特级教师近 46 个百分比，高出小学、初中、高中特级教师 20 多个百分比；在"继续教书育人，没有什么想做的事情"这一选项上，普高特级教师的比例高出小学特级教师 24.5 个百分比，高出幼儿园、职高特级教师约 14 个百分比。

表 10-33　不同学段特级教师最想做的事比较

最想做的事	幼儿园		小学		初中		普高		职高		合计	
	N/人	占比/%	N/人	占比/%	N/人	占比/%	N/人	占比/%	N/人	占比/%	N/人	占比/%
D1	4	33.3	13	23.2	20	40.0	21	47.7	8	33.3	66	35.3
D2	0	0.0	3	5.4	3	6.0	2	4.5	0	0.0	8	4.3
D3	6	50.0	26	46.4	18	36.0	20	45.5	13	54.2	83	44.6
D4	0	0.0	16	28.6	10	20.0	10	22.7	7	29.2	43	23.1
D5	5	41.7	36	64.3	33	66.0	27	61.4	21	87.5	122	65.6
D6	6	50.0	19	33.9	10	20.0	3	6.8	4	16.7	42	22.6
D7	0	0.0	3	5.4	3	6.0	2	4.5	1	4.2	9	4.8
D8	0	0.0	1	1.8	1	2.0	2	4.5	0	4.2	4	2.2

（四）不同任教学科特级教师最想做的事

由表 10-34 可知，不同任教学科特级教师最想做的事呈现显著差异。文科特级教师最想做的事位居前 3 的依次是"某一领域的专家（研究者）""继续教书育人，没有什么想做的事情""成立工作室带徒授业"。

理（工）科特级教师最想做的事位居前 3 的依次为"某一领域的专家（研究者）""成立工作室带徒授业""继续教书育人，没有什么想做的事情"。

艺体及其他学科特级教师最想做的事位居前 3 的依次为"某一领域的专家（研究者）""成立工作室带徒授业""继续教书育人，没有什么想做的事情"。

相比较而言，在"某一领域的专家（研究者）"这一选项上，艺体及其他学科特级教师的比例明显高于理（工）科特级教师，高出约 14 个百分比；在"著书立说立功立言"这一选项上，文科特级教师的比例明显高于理（工）科与艺体及其他学科特级教师。

表 10-34　不同任教学科特级教师最想做的事比较

最想做的事	文科		理（工）科		艺体及其他		合计	
	N/人	占比/%	N/人	占比/%	N/人	占比/%	N/人	占比/%
D1	28	43.8	17	32.9	9	29.0	64	36.2
D2	6	9.4	2	2.4	0	0.0	8	4.5
D3	25	39.1	34	41.5	18	58.1	77	43.5
D4	21	32.8	14	17.1	6	19.4	41	23.2
D5	42	65.6	49	59.8	23	74.2	114	64.4
D6	13	20.3	16	19.5	9	29.0	38	21.5
D7	1	1.6	4	4.9	3	9.7	8	4.5
D8	2	3.1	2	2.4	0	0.0	4	2.3

（五）不同职别特级教师最想做的事

由表 10-35 可知，不同职别特级教师最想做的事位居前 3 的均为"某一领域的专家（研究者）""成立工作室带徒授业""继续教书育人，没有什么想做的事情"。

相比较而言，在"某一领域的专家（研究者）""著书立说立功立言"这 2 个选项上，仅为普通教师的特级教师的比例明显高于职别为单位领导的特级教师，分别高出 13.9、12 个百分比；在"创办一所理想的学校"这一选项上，职别为单位领导的特级教师的比例明显高于仅为普通教师的特级教师，高出 15 个百分比。

表 10-35　不同职别特级教师最想做的事比较

最想做的事	单位领导		普通教师		合计	
	N/人	占比/%	N/人	占比/%	N/人	占比/%
D1	25	32.1	40	39.6	65	36.3
D2	5	6.4	3	3.0	8	4.5

续　表

最想做的事	单位领导		普通教师		合计	
	N/人	占比/%	N/人	占比/%	N/人	占比/%
D3	45	41.0	38	46.5	83	44.1
D4	13	16.7	29	28.7	42	23.5
D5	44	56.4	71	70.3	115	64.2
D6	24	30.8	16	15.8	40	22.3
D7	2	2.6	6	5.9	8	4.5
D8	1	1.3	3	3.0	4	2.2

第四节　本章小结

（一）特级教师对"轰轰烈烈搞素质教育，扎扎实实做应试教育是当前教育现状的真实写照"认同度高。从不同维度来看，男性特级教师显著高于女性特级教师；46岁及以上教师显著高于45岁及以下教师；普高特级教师与职高特级教师显著高于其他学段特级教师；文科特级教师略低于理（工）科和艺体及其他科特级教师；非领导特级教师略高于担任领导特级教师。不同性别特级教师和不同年龄段特级教师在教育现状认识上存在显著差异；而不同任教学科、学段、职别特级教师在教育现状认识上不存在显著差异。

（二）特级教师认为教育问题主要集中为"各类考查评估太多""应试教育倾向仍然严重""教育公平问题突出""外界对学校干扰太多""教师待遇"和"学校安全与质量压力很重"这6项。不同性别、年龄段、学段、任教学科、职别特级教师对教育问题的判断呈现趋同现象。

（三）特级教师对组织关心认同度高。从不同维度来看，男性特级教师略高于女性特级教师；46岁及以上特级教师稍高于45岁及以下特级教师；普高特级教师高于其他学段特级教师；理（工）科特级教师略高于文科和艺体及其他科特级教师；职别为单位领导的特级教师高于仅为普通教师的特级教师。不同性别、年龄段、学段、任教学科、职别特级教师对组织关心这一问题判断上不存在显著差异。

（四）特级教师认为才智发挥程度高。从不同维度来看，男性特级教师略高于女性特级教师；46 岁及以上特级教师稍高于 45 岁及以下特级教师；小学特级教师高于其他学段特级教师；艺体及其他学科特级教师稍高于其他学科特级教师；担任领导特级教师稍低于非领导特级教师。不同性别、年龄段、学段、任教学科、职别特级教师在才智发挥程度上不存在显著差异。

（五）特级教师希望有更大的平台发挥自己的作用。从不同维度来看，男性特级教师高于女性特级教师；45 岁及以下特级教师稍高于 46 岁及以上特级教师；普高特级教师高于其他学段特级教师；文科特级教师高于其他学科特级教师；非领导特级教师稍高于担任领导特级教师。不同性别、年龄段、学段、任教学科、职别特级教师在平台理想这一维度上不存在显著差异。

（六）特级教师的具体希望的主要集中在"每 5 年有一次出国培训的机会""每 5 年有半年时间的学术假""提高特级教师的每月津贴""有更大的平台发挥自己的作用""省级层面有专门的组织机构引领我们进一步发展"这几个维度上。不同性别、年龄段、学段、任教学科、职别特级教师在具体希望上呈现趋同现象。

（七）特级教师最想做的事位居前 5 的依次是"某一领域的专家（研究者）""成立工作室带徒授业""继续教书育人，没有什么想做的事情""著书立说立功立言""创办一所理想的学校"。有 65.6% 的教师最想做的事是"某一领域的专家（研究者）"。不同性别、年龄段、学段、任教学科、职别特级教师在这一维度上同中有异。

参考文献

［1］张寿松. 特级教师的发展研究［M］. 杭州：浙江大学出版社，2014.

［2］张万祥，万玮. 教师专业成长的途径：30 位优秀教师的案例［M］. 上海：华东师范大学出版社，2005.

［3］童富勇等. 特级教师专业特征与成长规律［M］. 北京:科学出版社，2015.

［4］ELIZABETH H. 教师的幸福感——关注教师的身心健康及职业发展［M］. 闫慧敏，译. 北京：中国轻工业出版社，2006.

［5］王芳，蔡永红. 我国特级教师制度与特级教师研究的回顾与反思［J］. 教师教育研究，2005（6）：41-46.

［6］胡定荣. 影响优秀教师成长的因素——对特级教师人生经历的样本分析［J］. 教师教育研究，2006（4）：65-70.

［7］杜瑞军. 从教学学术到教学实践：卓越教师基本特征探析［J］. 新疆师范大学学报（哲学社会科学版），2014（2）：119-126.

［8］张寿松. 特级教师与普通教师的教学能力提升及其困惑的比较研究［J］. 上海教育科研，2009（6）：47-49.

［9］张寿松. 特级教师和普通教师的职业压力与工作状况的比较研究［J］. 当代教育科学，2009（23）：35-37.

［10］张寿松. 特级教师与普通教师职业认同的比较研究［J］. 教育理论与实践，2011，31（11）：34-36.

［11］鲁林岳，张寿松. 教师专业发展过程中的几个关键时段的调查研究［J］.教师教育研究. 2010，22（1）：67-70.

［12］VERLOOP N.Teacher knoweldge and the knowledge base of teaching［J］.International journal of educational research, 2010（35）：441-461.

［13］DONALD F. Teacher training, development, and decision making: a model of teaching and related strategies for language teacher education［J］. Tesol quarterly, 2016 23（1）：28-46.